U0630241

◎ 浙江省优势专业（金融专业）建设成果
◎ 浙江金融职业学院"985"工程二期建设成果
◎ 浙江金融职业学院"攀越计划"建设成果

[Study on Hierarchical Governance of
State-owned Commercial Banks]

国有商业银行
科层治理研究

◎ 徐冯璐 著

中国金融出版社

责任编辑：王效端　张　超　刘　醒
责任校对：张志文
责任印制：陈晓川

图书在版编目（CIP）数据

国有商业银行科层治理研究（Guoyou Shangye Yinhang Keceng Zhili Yan-
jiu）/徐冯璐著．—北京：中国金融出版社，2014.12
　ISBN 978 - 7 - 5049 - 7722 - 9

Ⅰ.①国…　Ⅱ.①徐…　Ⅲ.①国有商业银行—银行管理—研究—中国
Ⅳ.①F832.33

中国版本图书馆 CIP 数据核字（2014）第 269709 号

出版
发行　**中国金融出版社**

社址　北京市丰台区益泽路 2 号
市场开发部　（010）63266347，63805472，63439533（传真）
网上书店　http://www.chinafph.com
　　　　　　（010）63286832，63365686（传真）
读者服务部　（010）66070833，62568380
邮编　100071
经销　新华书店
印刷　三河市利兴印刷有限公司
尺寸　169 毫米 × 239 毫米
印张　13.75
字数　240 千
版次　2014 年 12 月第 1 版
印次　2014 年 12 月第 1 次印刷
定价　36.00 元
ISBN 978 - 7 - 5049 - 7722 - 9/F.7282
如出现印装错误本社负责调换　联系电话　（010）63263947
编辑部邮箱：jiaocaiyibu@126.com

摘　要

　　全球范围，随着信息技术革命、金融管制放松、金融一体化、国际金融竞争白热化，各国商业银行把内部治理的变革和创新视为应对环境、降低代理成本和风险、提高效率、培育竞争力的法宝；国内，随着金融市场的全面开放，经济全球化的压力和金融领域的激烈竞争已经将国有商业银行内部治理的改革推向了前台，并将对我国未来金融市场发展产生全局性影响。普遍认为，国有商业银行治理缺陷在于产权主体虚置和产权约束不力，只有理顺国有商业银行产权关系，引入多元化产权制度，才能克服国有银行科层委托代理链条中的本质缺陷，最大限度地提高经营效率和监管效果。但是我们更要看到，在当前国有银行股份制改造过程中，政府依然是最大的股东，具有绝对控制权。而且，由于国有商业银行在国家政治经济中的特殊地位，在相当长的时间内，国有资本在银行产权结构中占据主导地位是必然的也是必需的。在中国现有的经济社会文化背景中，国有商业银行庞大复杂的科层组织能否顺利、彻底地贯彻总行的战略决策？科层经理人的控制权会否在一定程度上影响正常的银行法人治理，导致科层利益或局部小团体利益的最大化？科层治理机制变革能否在既有的产权模式下提高国有商业银行的绩效？国际经验表明，银行科层治理不善极易导致银行经营风险，引发金融危机。在中国目前经济金融大幅转轨的动荡时期，在国有商业银行产权结构没有发生实质性变化的前提下，通过重组科层结构、优化科层权限配置、加强科层激励约束来改进国有商业银行内部治理应该成为提升银行绩效的中心环节之一，这也正是本书的意义所在。

　　委托—代理理论专门研究委托人和代理人之间相互依赖、相互影响的决策行为及其结果，在信息不对称、目标不相同、责任不对等、契约不完全的条件下研究委托人和代理人的理性行为及其相互关系，将问题的根源理解为信息不对称下各级代理人按自身效用最大化而非委托人效用最大化来行动，在委托人无法觉察的情况下牺牲委托人的利益。把问题的解决锁定在设计一套合适的机制减少代理成本：要么增加信息透明度，提高委托人的监控能力；要么引入利益诱导，将代理人的利益与委托人的利益相协调。其严密的逻辑结构和分析方法为现代管理学的理论研究提供了一个有效的分析工具。本书在对既有的关于科层制理论、委托—代理理论以及商业银行公司治理研究的相关文献进行回顾和综述的基础上，把国有商业银行科层治理放到中国转轨经济特定的制度结构中，以委托—代理理论作为整体的分析框架，对科层治理中经理人道德风险行为、组织架构设置、权限配置、激励约束机制等问题进行系统阐述和模型解析，并在实证的基础上提出可行的银行科层治理机制改革思路和建议。全书分为七章，主要结构如下。

第一章为导论。主要提出全书研究的背景和选题意义，界定本书的研究对象，概述全书的研究思路和框架，并解释本书的创新点以及未来值得进一步研究的方向。

第二章为理论综述。介绍科层制理论、委托—代理理论和商业银行公司治理研究的相关文献，作为后续研究的理论基础。

第三章为国有商业银行科层经理人道德风险问题研究。首先，从委托代理角度阐述了科层经理人道德风险的生成机理并进行了实证分析；其次，以委托代理模型来分析科层经理人的道德风险行为的动机，研究影响其道德风险行为动机的因素以及这些因素间的相互作用；最后，对地方政府干预下科层经理人道德风险行为进行分析。

第四章为国有商业银行科层机构设置研究。首先，基于委托—代理理论对银行科层机构设置进行分析，探讨了科层规模、层级与代理成本、委托效率以及组织绩效的关系；其次，从影响委托代理关系的几个因素（信息不对称、总行监控能力、集权程度、分支机构积极性、分支机构间的制衡、总分行目标偏差、代理成本等）比较国际上几种常见的银行科层机构设置模式；再次，阐述我国国有商业银行科层机构设置演进和现实存在的弊端，并用 DEA 实证检验国有商业银行科层机构设置与银行效率的关系；最后，运用进化博弈的复制动态模型，分析国有商业银行科层机构设置变革中的各级代理人动力机制。

第五章为国有商业银行科层权限配置研究。首先，阐述企业权限配置的组织有效性，政治经济文化、组织规模、员工技术条件等因素对不同的权限配置方式的组织有效性产生影响；其次，通过委托代理有限契约模型分析不确定条件下集权和授权的优劣，同时分析了授权的优先次序对代理人激励效应的影响；再次，在回顾国有商业银行科层权限配置演变历程和阐述现状的基础上对目前国有商业银行普遍上收权限的做法进行评析，提出国有商业银行应正确处理总行控制力、分支行应变力与权限配置的关系；最后，研究花旗银行和德意志银行科层权限配置案例，为我国国有商业银行提供借鉴。

第六章为国有商业银行科层激励机制研究。首先，对现代银行科层激励体系进行概述，包括物质激励、精神激励和竞争激励；其次，阐述国有商业银行科层经理人激励现状；再次，国有商业银行科层经理人激励模型分析，包括激励契约的时效、激励契约基数确定以及内外部经理人市场的竞争效应对棘轮效应的改善等；最后，以美国、日本的商业银行和国内其他股份制商业银行科层激励方案为案例，把它们与国有商业银行进行比较，找出国有商业银行科层激励的改进方向。

第七章为国有商业银行优化科层治理的制度安排。在前面各部分分析的基础上，就科层机构设置、科层权限配置、科层内控机制和科层激励机制等方面提出优化国有商业银行科层治理的对策建议。

本书的创新在于：（1）国内外用委托—代理理论来分析银行内部治理的研究主要集中在讨论银行产权改革的必要性方面，而本书深入到银行内部科层，从道德风险、组织结构、权限配置、激励约束机制等几方面来探讨国有商业银行科层治理，使其宏观表现具备更有说服力的微观解释；（2）本书结合当前国际委托—代理理论研究前沿，从实际情况出发建立了若干商业银行科层治理机制委托代理模型，主体部分各章的分析都是在相应模型基础上展开的，逻辑较为清晰，论证较为严密；（3）本书将国有商业银行科层治理问题置于中国转型经济的大背景下，结合我国特殊的国情和国有商业银行的特性来考虑银行科层委托代理关系的特点；（4）本书综合运用 DEA 计量分析、案例分析、对比分析、历史分析等方法对银行科层委托代理问题进行实证研究，更加贴近现实，辩证客观，动态发展，更具有信服力；（5）提出对策建议时，充分结合现有条件，重视改革中会面临的问题和挑战，强调改革的渐进性和阶段性，而不是一味照搬先进银行的模式。

关键词：委托代理　科层治理　国有商业银行

目　录

第一章 引 言

第一节 选题的背景及意义

一、选题背景

国有商业银行是中国银行业的主体，是中国经济建设资金的主要筹集者和供应者，在经济体系中担负重要任务，不但在资源配置、支付渠道等方面作用关键，而且是整个经济体制改革的重要支点。然而，长期以来，由于我国国有商业银行远在一定程度上延续着计划经济的惯性思维，管理效率有待提高，经营管理风险防控不严，离现代、高效率的商业银行运营机制还有一定的差距。

全球范围内，随着信息技术革命、金融管制放松、金融一体化、国际金融竞争白热化，各国商业银行把科层治理的变革和创新视为应对环境、降低代理成本和风险、提高效率、培育竞争力的法宝；国内，随着金融市场的全面开放，金融市场全球化的压力和竞争的加剧已经将中国金融彻底改革推向了前台，而作为我国金融体系核心的国有商业银行的改革又是金融改革的重中之重，将对未来经济和金融发展产生全局性影响，对国家经济和金融安全具有决定性的作用。2003年开始，国有商业银行股份制改革全面铺开，五家国有商业银行已实现股份制改造并成功上市。这意味着国有商业银行改革已经进入攻坚阶段，不再停留在原有修修补补式的浅层次转换经营机制上，而是深入科层治理机制的"硬核"（见表1-1），社会各方面对此给予了前所未有的关注，正如温家宝所指出的，"这是一场输不起的实践"。

近二十年来世界范围内金融危机频频爆发，很多知名大银行在一夜之间破产倒闭，在错综复杂的成因中，银行的科层治理和风险控制开始越来越引起人们的重视。内部治理不力、激励机制不当、风险控制不善、信息传递不畅，必然会引发银行科层内部的委托代理问题，直接导致银行风险的频繁发生。商业银行与一般公司企业的不同之处在于前者具有高负债经营和部分准备金制度的特性。银行的负债具有很大的流动性，债权人可以在不同的金融机构间方便地转换自身的债权，而银行的资产缺乏流动性，这就使商业银行比一般公司企业具有更大的经营风险。而且，商业银行是内外部信息非常不对称的行业，更容易引起内部人控制和道德风险，任何局部的问题都较一般企业有引起全局崩溃的更高概率。国际经验表明，银行科层治理不善会引发金融不稳定和金融危机，给社会经济、政治和社会各方面造成极为严重的、破坏性的危害。中国目前经济金融处在转轨阶段，不确定性因素增加，中国经济金融对外开放步伐加快，体制性风险加大，改善国有商业银行内部科层委托代理关系，改革各种科层治理机制，有效地降低内部人控制和道德风险是关系到中国金融稳定发展的一个大问题。

表 1－1　　　　　　我国涉及银行科层治理机制的主要法规一览表

颁布日期	法规标题
1999 年 1 月 20 日	《商业银行实施统一授信制度指引》
2000 年 3 月 24 日	《金融机构高级管理人员任职资格管理办法》
2001 年 8 月 9 日	《商业银行境外机构监管指引》
2001 年 12 月 1 日	《金融分支机构撤销条例》
2001 年 12 月 23 日	《股份制商业银行分支机构准入管理条例》
2002 年 5 月 15 日	《商业银行各级信息披露暂行办法》
2002 年 5 月 23 日	《股份制商业银行公司治理指引》
2002 年 9 月 18 日	《商业银行内部控制指引》
2003 年 12 月 8 日	《境外金融机构投资入股中资金融机构管理办法》
2004 年 3 月 21 日	《中国银行、中国建设银行公司治理改革与监管指引》
2004 年 4 月 2 日	《商业银行与内部人和股东关联交易管理办法》
2004 年 8 月 20 日	《商业银行内部控制评价试行办法》
2005 年 9 月 12 日	《股份制商业银行董事会尽职指引（试行）》
2006 年 5 月 16 日	《国有商业银行公司治理及相关监管指引》
2007 年 1 月 22 日	《信托公司治理指引》
2014 年 9 月 18 日	《中国银监会关于印发商业银行内部控制指引的通知》

资料来源：根据中国人民银行和中国银监会网站资料整理。

二、实际意义

结合以上的背景，在委托代理框架下研究国有商业银行科层治理具有如下实际意义。

首先，从国外来看，巴林银行、日本大和银行、联合爱尔兰银行等数家国际著名银行倒闭的深层次原因都是科层治理漏洞导致分支机构内部人控制，这为银行科层治理和分支机构监控问题敲响了警钟。银行分支机构的管理和监控不仅关系到银行本身的存亡，由于金融风险的传导扩散效应，更会连带影响到整个金融体系的安危。国际范围内金融危机频频爆发，从 20 世纪 90 年代的墨西哥金融危机、东南亚金融危机，到 2007 年波及全球引发金融海啸的美国次贷危机和 2009 年的欧洲债务危机，其背后的原因固然是错综复杂的，但有一点无法回避，那就是，金融机构科层治理存在缺陷，如金融机构对内部层级风险的分析、管理以及监控的效率不高，信息传递不畅，激励约束机制设计不合理等。国外发达市场经济体制下，这些历史悠久、人员素质高、内部管理经验丰富的银行金融机构在科层治理方面尚且有诸多疏漏有待完善，就更不用说国内尚处于转轨时期的国有商业银行了。受计划经济体制的影响，长期以来，国有商业银行科层治理体制其实就是行政官僚等级制，随着市场化进程的加快，其弊端越来越暴露出来，机构臃肿、开支庞大、管理僵化、经营效率低下、道德风险泛滥、不良资产累积等，而且，国有商业银行分支机构历来是各类银行案件的高发区、重灾区，不但给国有资产带来损失，而且给宏观经济平稳运行和金融安全带来巨大隐患。因此，研究国有商业银行科层治理对化解内部人控制和道德风险，减少金融动荡，维护金融稳定意义重大。

其次，在国家政策的指引下，国有商业银行积极开展内部治理改革，然而这些实践主要还是集中在产权层次上，董事会、股东大会、监事会内部权力制衡，科层组织结构、科层权限配置、科层激励机制和内控机制等改革实践还未被提升到培育核心竞争力的高度。即便是有一些局部的、阶段性的实践和探索，如以提高层级管理效率和降低代理成本为主导的机构扁平化、业务垂直化、内部机构的职能调整等，又大多照搬国际先进银行的某些成功做法以及咨询公司所设计的咨询方案，对西方商业银行管理主流模式的内在精髓认识不够，更缺乏适合我国转型经济特征和国有商业银行特点的系统探索，无法彻底解决传统科层治理的高成本、高风险、低效率的问题。伴随着国有商业银行内部治理机制改革的深入，很多问题热议不断：国有商业银行的问题是否仅仅是国有产权的问题？仅仅关注股东大会、董事会、监事会和经营者之间的治理问题能否真正改变目前国有商业银行经营管理低下和内部人控制问题？科层治理方式变革能否在既有的产权模式下提高国有商业银行的绩效？如何从科层治理的组织结构、权限配置、内部控制和激励等方面着手提高委托人监控能力、增强代理人激励和引入竞争？因此，研究国有商业银行科层治理对改善国有商业银行内部治理和经营绩效以及整个金融改革意义重大。

再次，我国国有商业银行采用的是一级法人、授权经营的管理体制，总行具备独立法人资格，分支行是隶属于总行的机构，受总行的委托从事经营管理活动，上下级行间处于委托代理关系。在统一法人制度下，总分行对外是同一主体，总行是其分支行经营风险的最终承担者，如果分支行丧失了偿债能力，总行必须承担相应的风险。也就是说，国有商业银行总分行委托代理关系具有特殊性，对一般委托代理关系而言，只有经过委托人确认的责任和风险，委托人才有义务承担；没有经过委托人确认的责任和风险，委托人可以拒绝承担。但在国有商业银行总分行关系中，无论总行承认与否，分支行的一切经营风险和责任最终都只能追加给总行，总分行之间的内部委托代理无法约束第三人。然而，虽然统一法人制度要求总行作为一级法人承担全部经营责任，但是经营主体却在分支机构，国有商业银行各分支机构是相对独立的经营实体，可以以自身的名义从事经营业务，如开具存单、提供担保、签订借款合同等，在事实上享有很多独立主体才享有的权利，存在法律主体和行为主体分离的情况。由于地域环境不同、所受的政府干预不同、在管理体系中所处的位置不同、所追求的本位利益不同，总分行之间的效用目标总是存在矛盾，分行的行为往往与总行整体的发展战略和利益相冲突。如果科层治理不善，对分支机构控制失效，就可能给总行带来较大的风险。因此，完善国有商业银行科层治理，加强对分支行行为的监控，减少或避免分支行行为对银行整体利益造成损害，具有很强的现实意义。

最后，与一般企业不同，国有商业银行实行从总行到基层行多重委托代理，除了最底部的管理层次，每一个管理层次中，经理人（如分行长、支行长等）兼有双重身份，既是上级委托经营管理的对象，又是对下级授权（转授权）的授权者；既是委托人，又是代理人。由于多层委托代理关系，加剧了国有商业银行体系内部的信息不对称问题，极易导致总行治理意图的变形与走样，甚至导致总行与分支行业务与管理的脱节。国有商业银行分支机构的风险更容易引发全系统的风险，因此，在委托代理框架下研究科层治理问题，从提高委托人监管能力和增强代理人积极性两方面进行机制设计和改善，从而降低代理成本提高科层治理效率就具有很强的现实意义。

三、理论意义

总体来说，国外对商业银行内部治理的研究历史不长，研究也有很多局限，如研究中简单套用一般企业公司治理思路，抹杀了商业银行内部治理的特殊性，使研究"程式化"。从20世纪80年代开始的银行经营变革研究，到90年代以后的银行再造研究，大多是从银行业务经营的角度，提出业务流程改造、业务创新等思路，较少研究银行内部本身各层级的相互关系。国内用委托—代理理论来分析银行内部治理的研究主要集中在讨论银行产权改革的必要性方面，证明股份制的产权关系优于单一国有，股份制商业银行具有更高的效率，或强调给予经营者以剩余索取权来解决代理问题；其次是关注股东大会、董事会、监事会和经营者之间的委托代理关系，而没有将总行与分支行间、各级分支机构之间的委托代理关系进行考察。实际上，银行分支机构较一般的企业分公司更容易出现问题，而且一旦出现问题对全局有更大的危害性。在市场经济条件下，分支机构的危机往往会演化为全银行的危机，甚至是银行系统和整个金融体系的危机。而且，实际上国有商业银行的问题更为复杂，国家控制、行政化的管理、寻租空间的存在、资金运营的风险，都使单一的激励手段失效，必须要求一系列配套机制从加大委托人监控力、增强代理人积极性以及引入竞争制衡等方面来解决代理问题。本书针对银行业这样的高风险行业以及国有商业银行的特殊性，在委托代理的框架下，深入银行内部科层，从经理人的道德风险、组织结构、权限配置、内部控制、激励机制几方面来探讨国有商业银行科层治理，研究化解银行内部层级代理问题的成套机制体系。

我国正处于从传统的计划经济向市场经济转轨的历史阶段，具有不同于发达市场经济的转轨经济特征。我国银行业属于国家严格监管的行业，离真正的市场化还有相当大的距离，在很大程度上仍然反映的是政府的目标。特殊的金融经济发展历史、不均衡不健全的市场、特殊的政治体系以及立法取向都将影响国有商业银行科层治理方式和改革路径选择。在研究国有商业银行科层治理过程中必须结合我国的转轨经济特征和特殊国情。然而，目前国外关于银行内部治理的研究都集中于发达市场经济，即便是对转轨国家银行的研究也多由西方发达国家的学者来进行，用的也是西方的观点和思维方式。我国相关领域的学者所做的只是把国外理论研究传递给决策者，很少结合我国银行业改革发展的特殊背景，只是简单照搬西方发达国家银行治理经验，研究往往缺乏现实性和可操作性。本书将国有商业银行科层治理问题置于中国转型经济的大背景下，充分结合中国特殊的国情来考虑银行内部科层委托代理关系的特点。

　　本书综合运用合理规范的委托代理数学模型如双项任务委托代理模型、多个代理人的委托代理模型、两阶段动态委托代理模型、多个可观测变量的委托代理模型等深度解释国有商业银行科层的经理人道德风险、组织机构设置、权限配置以及激励约束机制等问题，具有较强的理论说服力。把科层治理中各种问题的根源理解为信息不对称下代理人按自身效用最大化而非委托人效用最大化来行动，在委托人无法觉察的情况下牺牲委托人的利益。把解决各种问题的出路锁定在设计一套合适的机制，或提高信息的透明度，增强委托人对代理人的监控能力，降低信息不对称程度；或采用利益诱导，使代理人自身利益最大化选择与委托人的目标和利益相统一；或引入竞争机制来制约代理人的行为。在分析过程中，采用大量的实证，如计量分析、案例分析、对比分析、历史分析等，使研究更加贴近现实，辩证客观、动态发展，弥补了现有研究中重规范研究轻实证研究的不足。

第二节　研究对象和研究思路

一、研究对象的界定

（一）关于"国有商业银行"

　　基于国有商业银行对中国金融稳定和金融改革意义重大，本书选择国有商业银行作为研究对象。国有商业银行的概念包含两个方面，一是"国有"，指所有权归国家，由国家控股、控制和管理，因此在产权层面上与非国家控股的股份制商业银行和外资银行区分开来；二是"商业银行"，指以经营工商业存、放款为主要业务，并以获取利润为目的的货币经营企业，因此，其与一般企业一样是市场经营主体，自负盈亏，以利润最大化为目标，但在经营业务和对象上又有别于一般企业、专业银行和政策性银行。股改前，国有商业银行包括中行、农行、工行、建行四大国有独资商业银行和交通银行这一国有控股商业银行；现在，通过股份制改革，原来国有独资的中行、农行、工行、建行四大银行已经转变为国家控股的股份制商业银行，因此，国有商业银行已摒除了国有独资的成分，指的是中行、农行、工行、建行、交行这五大国有控股商业银行。在股权结构上，国有独资银行转化而来的四大国有商业银行由国家掌握一半以上的股权，实行绝对控股；而交通银行由国家持有一半以下的股权，实行相对控股。① 中行、农行、工行、建行四大国有商业银行较之交通银行具有更明显的国有属性，受传统体制的影响也更深，在内部治理机制转型变革中更具代表性。因此，本书对四大国有商业银行作重点分析。

（二）关于"科层治理"

国有商业银行一般有总行、一级分行、二级分行、支行、办事处、分理处、储蓄所等多级经营管理机构，每级机构中还有各个职能部门。本书的科层治理着重研究的是总行与分支机构、上下级分支机构中的道德风险行为、组织架构、权限配置、激励约束机制问题；总行内部董事会、监事会、股东大会及总行高级经理人间的关系，同级部门内部的上下级关系，如部门经理与本部门员工关系，本书不作详细研究。另外，本书科层治理的研究主要从信息不对称、委托人的监视能力、内部人控制、代理成本等委托代理因素上来分析，旨在加强上下级行间目标行为的协同性、减少下级行的道德风险和代理成本；对于基于客户和市场角度的银行业务流程的设计等，本书不作探讨。最后，本书认为科层必须要有人格化的代表，才能更好地理解国有商业银行这种超大型组织的运作方式，因此，本书中的科层不仅指国有商业银行组织结构中的各级部门，还特指在这种经济组织中的管理者。

二、研究思路

本书在对既有的关于科层制理论和委托—代理理论以及商业银行内部治理相关研究现状进行回顾和综述的基础上，把国有商业银行科层治理放到中国转轨经济特定的制度结构中，以委托—代理理论作为整体的分析框架，对科层治理中经理人道德风险行为、组织架构设置、权限配置、激励约束机制等问题进行系统分析。在现状考察、历史分析和逻辑思辨的基础上，通过委托代理模型将问题根源理解为信息不对称下各级代理人按自身效用最大化而非委托人效用最大化来行动，在委托人无法觉察的情况下牺牲委托人的利益；把问题的解决锁定在设计一套合适的机制减少代理成本：要么增加信息透明度，提高委托人的监控能力；要么引入利益诱导，将代理人的利益与委托人的利益相协调。在此基础上，本书通过计量分析、案例分析、比较分析、历史分析等方法对所研

---

① 根据2009年银行的年报数据，中行股权结构中中央汇金投资有限公司和社保基金代表国家分别持股67.53%和3.3%；建行股权结构中汇金代表国家持股57.09%；工行股权结构中汇金、财政部和社保基金代表国家分别持股35.41%、35.33%和4.22%；农行股权结构中汇金、财政部和社保基金分别持股48.15%、48.15%和3.7%；交通银行股权结构中财政部代表国家持股26.48%。

究的问题进行实证，本书最后结合前面对各类科层治理问题的阐析，尝试性地提出具体且具备可行性的对策建议。

第三节　研究目标、拟解决的问题及研究方法

一、研究目标

本书针对银行业这样的高风险行业以及国有商业银行的特殊性，充分结合中国转型经济特征和国情特点，在委托代理的框架下，深入银行内部各科层，从道德风险、组织结构、权限配置、激励机制等方面来探讨国有商业银行科层治理，研究化解银行内部科层代理问题的成套机制体系。

二、拟解决的关键问题

国有商业银行的问题是否仅仅是国有产权的问题？仅仅关注股东大会、董事会、监事会和经营者之间的治理问题能否真正改变目前国有商业银行经营管理低下和内部人控制问题？科层治理方式变革能否在既有的产权模式下提高国有商业银行的绩效？如何拓展合理规范的委托代理数学模型来深度解释科层治理中道德风险、组织结构、权限配置及激励约束等各种问题？如何从科层治理中的组织结构、权限配置、内部控制和激励几方面着手提高委托人监控能力、增强代理人激励和引入竞争？

三、研究方法

1. 模型分析法。拓展及应用合理规范的委托代理模型如多任务委托代理模型、多代理人的委托代理模型、多个可观测变量的委托代理模型、两阶段动态委托代理模型等深度解释国有商业银行科层经理人道德风险行为、科层组织结构、科层权限配置以及最优激励契约和激励机制的设计。

2. 案例分析法。在分析过程中，把国外先进银行的成功做法以及国有商业银行现有问题用案例进行分析，增强分析的现实性和客观性。

3. 计量与统计法。将包括国有商业银行在内的 13 家股份制商业银行作为研究对象，选择员工人数、分支机构的数目、固定资产作为投入指标，税前利润作为银行的产出指标，检验 2011—2012 年银行的技术效率、纯技术效率和规模效率。

4. 比较分析法。在讨论国有商业银行科层治理过程中必然会牵扯到一定的参照系，因此，本书对国外发达市场经济国家商业银行和我国国有商业银行的比较研究，以及我国国有商业银行与其他股份制商业银行的比较就用到了横向比较分析法。

5. 历史分析法。由于国有商业银行科层治理制度演进和发展是伴随着国有银行演变和改革的历史进程的，因此本书采用了纵向历史分析法展开研究，如在大量占有历史事实及最新现实情况的基础上，对国有商业银行科层机构设置的历史演变、科层权限配置的历史演变等进行客观描述和实证分析，体现不同历史阶段科层治理的动态演进逻辑。

第四节　本书的创新点和进一步研究的方向

一、研究创新

1. 国内外用委托—代理理论来分析银行内部治理的研究主要集中在讨论银行产权改革的必要性方面，证明股份制的产权关系优于单一国有，而且，股份制商业银行具有更高的效率，或强调给予经营者以剩余索取权来解决代理问题，其次是关注股东大会、董事会、监事会和经营者之间的委托代理关系，而很少将总行与分支机构间、各级分支机构之间的委托代理关系进行考察。本书在委托代理的框架下，深入到银行内部各科层，从组织结构、道德风险、权限配置、内部控制、激励机制等方面来探讨国有商业银行科层治理，研究化解银行内部科层代理问题的成套机制体系。

2. 国外对转轨国家银行的研究多由西方发达国家的学者来进行，用的是西方的观点和思维方式。我国相关领域的学者所做的只是把国外理论研究传递给决策者，较少结合我国银行业改革发展的特殊背景，只是简单照搬西方发达国家银行治理经验，研究往往缺乏现实性和可操作性。而实际上，特殊的金融经济发展历史、不均衡不健全的市场、特殊的政治体系以及立法取向都将影响国有商业银行科层治理方式和改革路径选择。本书将国有商业银行科层治理问题置于中国转型经济的大背景下，充分结合中国特殊的国情来考虑银行内部各科层委托代理关系的特点。

3. 拓展和运用各种委托代理模型如多任务委托代理模型、多代理人的委托代理模型、多个可观测变量的委托代理模型、两阶段动态委托代理模型等来分析国有商业银行科层委托代理的特点，具有较强的理论说服力。

4. 现有研究在研究方法上以规范研究为主，实证较为缺乏。本书用 DEA 计量分析、案例分析、对比分析、历史分析等方法对国有商业银行科层委托代理问题进行实证，使研究更加贴近现实，具有说服力。

二、进一步研究的方向

受文献、数据以及个人学术能力的限制，本书的研究也存在若干不足，而这些不足也是将来进一步研究的方向。

首先，在研究方法上，由于我国银行业信息披露非常不充分，尤其是国有商业银行，不仅样本数量极其有限，而且上市时间不长，缺乏历史时序数据的可得性；也由于经费和时间的问题，本书研究过程中没有进行科层治理相关问题的问卷调查研究。因此，本书分析手法上以案例分析、模型分析、历史分析和比较分析为主，较少采用计量分析来检验有关理论模型推导的结论。在今后的研究中应进一步结合合理到位的问卷调查，设计计量模型，对国有商业银行科层治理问题进行详尽的计量实证分析。

其次，在研究对象上，国有商业银行科层治理除了本书着重研究的总行与分支行、各级分支行间关系外还可包括同级行内各层职级的管理，研究管理者和普通员工间的委托代理问题，如员工的团队合作。另外，本书现有的研究多关注代理人层面的问题，未涉及委托人层面的问题，而实际上国有商业银行科层治理中还存在委托人多头管理的现象，今后可以应用委托—代理理论研究的前沿成果之一——多个委托人的委托代理模型进行深入解析。此外，国有商业银行科层治理中还存在多种串谋问题，如上下级经理人之间串谋、经理人与监管人员的串谋、同级行内部的串谋等，本书尚未进行深入探讨，今后可以尝试结合银行科层治理中不同类型串谋的特点拓展经典串谋模型，找出串谋现象的根源和防范的依据。

再次，在研究的动态时点上，尽管本书从历史演进的长期视角对国有商业银行科层治理进行研究，但有些时候对现象的分析还停留在国有商业银行和我国金融改革之初的阶段，对国有商业银行股份制改革后的新情况新现象还缺乏深入的调查。事实上，在中国这样一个经济转型的国家，现实变化日新月异，研究往往跟不上现实的变化，国有商业银行改革实践不断为理论研究提供新的素材。因此，本书认为今后应该多结合国有商业银行股份制改革后科层治理的新状况，进行更有针对性和现实性的研究。

最后，在研究的对策建议上，本书一些建议的提出是从理论分析出发，可能带有一些理想主义色彩。由于传统机制的惯性，在对策具体操作过程中可能会涉及各种利益的摩擦、新旧观念的冲突、新旧机制的对接等多种问题，不可能一蹴而就，但本书对如何分步骤分阶段就科层治理的一系列问题实行渐进式调整未作过多分析，降低了建议对策的可行性和可操作性。今后的研究可以结合现阶段国有商业银行内部人力、物力、技术、观念等现有条件作出精细化的科层治理优化方案和进度表。

第二章　理论综述与研究现状

第一节　科层制理论

科层指的是一种权力依职能和职位进行分工和分层，同时以规则制度为管理主体，进而形成严密的组织体系和管理方式，因此科层制既是一种组织结构，又是一种管理方式。原始科层制最早产生于军队编制和组织，因为其能够有效组织社会、整合资源、强化管理和高度集权，随后在封建世袭官僚统治体系中被广泛运用。但现代意义上的科层治理出现是在西方资产阶级革命之后，科层治理被广泛地应用于现代大型组织，从根本上保证了资本主义的正常发展，同时，资本主义也是科层组织能以最合理形式赖以存在的最合理的经济基础（韦伯，1998）。

一、国外科层体制的理论研究

（一）马克斯·韦伯的理性科层制理论

德国著名社会学家马克斯·韦伯在他的著作《经济与社会》中提出了理性科层制范式，其终极目标是追求组织效率，与西方法治社会相吻合，因而是大规模机构组织的最有效的内部治理机制。与建立在个人崇拜或者楷模样板基础上的魅力型治理和建立在相信历来适用的传统的神圣性基础上的传统型治理不同，理性科层制是建立在一套严格的既定的规则契约基础上的，下级服从上级有合法章程的、事务的、非个人的制度和指令权力。按照马克斯·韦伯的观点，现代意义上的理性科层制有以下基本特征。

1. 各级各部门有明确规定的工作范围。首先，实行专业化分工，根据工作类型和目的科学划分职责范围，组织内各层各部门成员接受组织分配的工作任务，按分工原则专精于自己的岗位职责；其次，等级制关系，上级组织的权威和责任都有明确规定，职位按等级依次排列，下级必须接受上级主管的命令和监督，上下级之间的职权关系严格按等级划定；再次，规范化操作，上下级的活动和关系都受到规则限制，各级成员都了解必须履行的岗位职责及等级职权运作规范。总之，理性科层制结构中的每个层级每个部门都是构成一个完整组织形态的不可缺少的因素，是整个系统职能中的一个"节点"。各层级不仅仅是职能上的承上启下，而且有明确的职能界限和独立的管理范围，整个科层体系就是通过各层各部门环环相扣的有机组织，从上到下形成一个单向职能流动链，层层负责，各司其职，有协同有制约，有权利也有责任。

2. 非人格化决策。各级各部门成员都按严格的法令和规章对待工作和业务往来，确保工作目标的实施，各级决策都以理性为取向，排除个人意志和个人情绪。只有规章制度许可范围的一切才被认为是正当的合理的，下级服从上级并非服从某个人，而是服从非个人的制度，因此仅仅是在制度赋予的、有合理界限的事务范围内，有义务服从上级的决策。非人格化使得各级各部门在事务处理中忠实于职务的义务，"不因人而异，排除爱、憎和一切纯粹个人的、从根本上说一切非理性的、不可预计的感情因素"，① 从而实现制度面前人人平等。非人格化决策是通过建立一种井然有序的纪律程序，赋予上级决策必要的职务权力以保障上级部门的地位，当上级在进行决策时，职务权力能够使其排除一切干扰，照章办事。因此，韦伯理想中的现代科层制拒绝特权和排除看人办事，使各级各部门在决策中不掺入任何个人情感因素，最忠实地执行制度规定的事务。

3. 技术化任命。各级各部门成员凭自己的专业所长、技术能力获得工作机会，享受工资报酬，按成员的技术资格授予其职位和职务，并根据成员的工作成绩与资历条件决定激励等级。传统的权力阶层只是把职位看成一种占有的财产，可以随心专断和独敛其利，而技术化任命通过公开竞争考试，把职务权力最坚决地建立在专业业务理论和对制度章程的忠诚之上，排斥了那种寻宗问祖作为登堂入阁的资本的世袭官吏制度和建立在纯粹个人服从关系上的职位。理性科层制通过严格的业绩考核制度和薪酬晋升制度最大限度地激励个人的工作热情，全心全意投入所负担的工作以完成制度赋予的职责。

4. 存在一个等级权力体系，上级监督下级。为了完成组织目标，每个层级每个职位都有相应的法定权限和职责范围。马克斯·韦伯强调，存在固定的、通过规则普遍安排有序的、机关的权限的原则，即：对为了达到组织目的所需要的经常性的工作进行固定分工，作为职务的义务；对为了履行这些义务

---

① 马克斯·韦伯. 经济与社会（下卷）［M］. 商务印书馆，1998：298.

所需的命令权力同样进行固定的分割；为经常性的和持续地履行这样分配的义务和行使相应的权利，通过招聘具有一种普遍规定的资格的人员，有计划地事先做好安排。①

上述这些特征既是理性科层制的要素也是表现形式。基于理性科层制的特征，马克斯·韦伯认为"科层体制的组织广泛传播的决定性原因，是由于其纯技术的优势超过了任何其他形式"，② 具体体现在效率、稳定和平等三大方面。

1. 效率。首先，理性科层制通过理性的"制度行为"实现"制度超越"。依靠理性的、精心设计的组织制度克服个体在所难免的缺陷，产生一种"倍增效应"，使得整体的"制度行为"远超越组织中单个的"个体行为"的总和。其次，理性科层制通过技术化的任命渠道，根据专业业务资格任命而不是选举，这样就能确保各级各部门的成员都是各自领域和层级的专家，业务熟练、职责明确、纪律严明，效率得到制度保证。再次，理性科层制可以上下级之间、管理者和被管理者之间出现互动，不仅在制度范围内管理者可以控制和监督被管理者，而且给被管理者提供明确规定的下级向上级呼吁的可能性。被管理者可以通过扩展"公众舆论"的影响，力争通过罢免以实现对管理者统治的制约。

2. 稳定。理性科层制通过科层组织化防治和解决因为"组织缺少规范或制度化程度差而导致的失范"③ 状态，依靠集体生活较完善、较理智的组织将个人整合于有序化的架构和群体之中。理性科层制通过整合作用进而形成社会有机体，从而使得个人与社会融合，形成广泛意义上的统治意志。马克斯·韦伯认为一旦充分实现科层体制，就属于最难摧毁的社会实体，可以在相当长时间里维持组织的稳定，对组织实现有效控制。

3. 平等。首先，马克斯·韦伯认为："在社会方面，理性科层制一般意味着'形式主义'的非人格化统治：没有憎恨和激情，因此也没有'爱'和'狂热'，处于一般的义务概念的压力下，'不因人而异'，形式上对'人人'都一样。"④ 在科层组织内用法律规则或制度规章限定或许可组织成员的活动，形成组织内普遍适用的原则，明确划定可能允许的强制手段和使用强制手段的

---

① 马克斯·韦伯. 经济与社会（下卷）[M]. 商务印书馆，1998：279.
② 马克斯·韦伯. 经济与社会（下卷）[M]. 商务印书馆，1998：211.
③ 宋林飞. 西方社会学理论 [M]. 南京大学出版社，1997：39.
④ 马克斯·韦伯. 经济与社会（下卷）[M]. 商务印书馆，1998：250.

前提条件，从而避免组织内各成员为自我目的效劳，而是"促使其服务与保障在其职务上的纯粹事务的（独立的）、只受准则约束的工作。通过在科层组织内部建立一种井然有序的纪律程序，实现平等"。① 其次，马克斯·韦伯表示："理性科层制能普遍地从专业业务上最有资格的人当中招募人才，倾向于等级平等化，给组织成员提供平等的机会担任官职。"② 最后，马克斯·韦伯指出，"理性科层制实施统治的抽象的规律性。因为这种规律性产生于要求在人与物的意义上的'法律平等'，即产生于断然拒绝'特权'和原则上拒绝'按具体个案一个一个地'解决问题。"③ 显然，理性科层制追求平等的公共秩序，以制度的形式规制一切行为，形成广泛意义上的平等。

马克斯·韦伯认为，现代理性科层制对资本主义的发展起到了制度保证作用，它使西方现代资本主义社会呈现出国家与社会二元的互补发展模式和理性平衡状态。这种通过"博弈"达到理想"均衡"是一个理性过程，也是一种"帕累托改进"。在这种均衡状态下，现代资本主义科层制自上而下的管理体制和自下而上的民主制度使组织各部门成为有机的整体，而且资本主义外在的健全的法律环境也促使科层制良性发展，使科层制的效率、稳定、平等的优良特性得到了充分发挥，"没有科层体制的机构，除了那些自己还占有供应物质的人（农民）外，对所有的人来说，现代生存可能性都将不复存在"。④

马克斯·韦伯关于科层制的理论是迄今为止最权威、最全面的主导性理论。但是韦伯提出的理性科层制观点只适用于西方法治完善的资本主义国家，不适用于法制不健全的或极权体制的国家。

（二）米歇尔·克罗齐埃科层制理论

与马克斯·韦伯对科层制的肯定态度相反，克罗齐埃否定科层制组织的效率和功能，他通过对大型组织非优化状态的各种模型论证，提出了科层制低效率刚性理论，认为"科层制不仅低效率，随时间推移，刚性还会不断增强"。⑤克罗齐埃认为科层制不是有效率的管理方式，是天生的低效率。对于马克斯·韦伯提出的科层制具有促进组织稳定和平等规范组织成员行为的功能，克罗齐埃认为现代科层制固然能在完成组织目标时要求非人格化和排除人为主观因素，但"在科层制所达到的稳定世界里，规则可以管理所有的权变，并不给

---

① 马克斯·韦伯. 经济与社会（下卷）[M]. 商务印书馆，1998：322.
② 马克斯·韦伯. 经济与社会（下卷）[M]. 商务印书馆，1998：307.
③ 马克斯·韦伯. 经济与社会（下卷）[M]. 商务印书馆，1998：307.
④ 马克斯·韦伯. 经济与社会（下卷）[M]. 商务印书馆，1998：294－295.
⑤ 彼得·布劳，马歇尔·梅耶. 现代社会中的科层制 [M]. 学林出版社，2001：140.

个人决策留下空间，而在不确定的世界里，在规则管理不到的地方问题就会发生，并给那些需要做出决策并有能力决策的人，提供了运用权力的机会"。①

克罗齐埃提出科层制中"反功能怪圈"，非人格规则几乎没有给偶发事件和特别事件的处理留有空间，使当事人对事件的处理没有积极性，导致判断性决策的集中化。怪圈的第一个要素就是非人格规则，以管理理性来代替人的判断力。事无巨细的行为和具体的工作安排几乎没有给无法控制的事件留下空间。由于仅有的一些决策必须交给上级处理，当事人对处理的结果就没有任何兴趣。因此，判断性决策的集中化是怪圈的第二个要素。细致的规则与规则触及不到的决策集中化结合起来形成了怪圈的第三个要素：等级地位的彼此孤立。"科层组织具有精细的等级，并从整个体系中排除了决策的相互影响，由于垂直命令相对处于弱势，在没有规则约束的地方，非等级或平行权力关系就应运而生，引发了对新规则和更集中决策的需求，更进一步削弱了垂直命令，促使机构内等级地位的彼此孤立，并为非等级的影响开辟了新的空间。"② 因此，克罗齐埃预测在科层组织中不断增加的规则、集中化、地位孤立和平行权力，会使科层制变得更加刚性。

在《科层现象》一书中，克罗齐埃不是从传统的制度分析出发，而是通过分析组织中微观互动层面上所形成、主导个体间"控制—被控制"局面的影响因素来探讨科层制，强调微观个人因素对科层制的影响，认为，"虽然马克斯·韦伯提出就效率而言，制度化和科层等级模式具有绝对权威，可是对事实的分析证明，这种模式越占上风，组织的效率就越低下"。③ 进一步，他认为，任何一个组织不能在科层制的导引下，像一部机器那样运转，"组织的效率取决于组织所构成的人的总体理性地协调其活动的能力，而这种能力则取决于技术的发展，但也取决于而且有时尤其取决于人们能够以何种方式进行他们之间的合作游戏"。④ 因此，在克罗齐埃看来，科层制并不会带来高效率，而人与人之间充满不确定的互动过程是影响组织效率的重要因素。

克罗齐埃结合法国文化背景提出科层制的普遍形态和具体文化传统的关系问题，明确提出了自己的观点："组织行为特点和关系模式并不能单纯从科层压力来解释，其还与一个国家社会文化中一些非常有特点的常数相对应。"⑤在

---

① 彼得·布劳，马歇尔·梅耶. 现代社会中的科层制 [M]. 学林出版社，2001：142.
② 彼得·布劳，马歇尔·梅耶. 现代社会中的科层制 [M]. 学林出版社，2001：144.
③ 米歇尔·克罗齐埃. 科层现象 [M]. 上海人民出版社，2002：156.
④ 米歇尔·克罗齐埃. 科层现象 [M]. 上海人民出版社，2002：156.
⑤ 米歇尔·克罗齐埃. 科层现象 [M]. 上海人民出版社，2002：259.

科层制框架下，各个层或者各个类别的成员对自己的科层身份有着严格的认同，在层与层之间缺乏交往。法国人关于个人独立和群体关系的偏好使其乐于接受科层制的规章制度，他们宁愿受制于非人格化的科层规定，但绝不愿意接受顶头上司的个人意志，"下级首先保护自己不受上级干预，他们从不会在任何令人感到受辱的个人意志面前低头"。① 科层制与法国文化产生契合，在限制个人利益的同时有效地保护了个人利益，因而在法国能长期稳定下来。克罗齐埃比较了美国的文化特质，指出美国组织内管理者有更大的自由，组织层级之间并不隔离，层级间冲突主要发生在直接上下级之间，而不是指向最高级。

综上所述，克罗齐埃在韦伯之后触及了三个关于科层制的重要问题，一是科层制的反功能怪圈导致科层制低效率，二是组织成员微观互动关系对科层制的影响，三是文化特质对科层制发展和变迁的影响。

（三）罗伯特·默顿科层制理论

著名学者、诺贝尔奖获得者罗伯特·默顿认可韦伯关于科层制结构体现了管理效率的理想，但是他在《科层制结构与人格》② 一书中对韦伯理论进行了批评，指出科层组织中一些为了效率的非常操作化的设计，常常会导致仪式化的或特别刚性的行为，这两种行为都有损于效率。在科层组织中，科层制的规则和规范要求功能以外的象征意义。遵守规则会得到奖励，而违反规则就会受到惩罚。任何为了满足具体需要而表现的规则弹性常常会因为没有做到一视同仁而受到抨击。科层组织中成员的团体精神是建立在对组织规则的理解和服从基础上的。规则原本只是手段，当其变成终极目标，工具性价值变成终极价值时，就会使组织成员的注意力从组织目标转移到规则所要求的行为细节，从而降低效率。

默顿认为科层组织在外界环境变化下弹性会减弱。科层制最大的优点是通过增强组织的可靠性和可预测性来达到效率，但是在强调通过规定和权力进行控制时就容易产生组织行为僵化，从而使整个组织中的个人和各级群体普遍存在防御性态度，不愿意作出风险决策；此外，严密的监督也会在上下级之间造成压力和冲突。同时，更大的可能在于科层制实行控制所需要的授权可使组织中的各层级各部门产生狭隘的以自我利益为中心的观点，不利于整个组织的绩效和目标的实现。

---

① 米歇尔·克罗齐埃. 科层现象 [M]. 上海人民出版社，2002：271.

② Robert K. Merton. Bureaucratic Structure and Personality. in Social Theory and Social Structure, 3rd ed. (New York: Free Press, 1958), pp249–260.

在默顿看来，科层制的过度扩张会带来科层制中的冲突，危及社会功能结构。科层制过度扩张是一个动态过程，引起社会危机和科层制本身危机。这两个问题会严重影响科层制的效能，背离科层制的价值目标，从"功能理论"的观点来看就是出现了所谓的"反功能"，表现为德国哲学家康德批判的"二律背反"，即科层制的形式的合理性与实际的合理性的背离。默顿把这种"反功能"分为两类：第一类是一般功能失调，即一个事物具有减少系统的适应性和调节性的后果。拿科层制来说，科层组织的专业化分工有利于个人才能更好地发挥，有利于组织对环境适应能力的提高。但是，科层组织若按照一成不变的规则仪式主义去办事，组织成员就会把遵守规则看做是目的本身，产生"目标置换"，降低对情况迅速响应的灵活性，导致体制僵化，严重制约组织目标的实现。第二类是相对功能失调，即是否属于功能失调要根据所论对象而定，即看对谁是功能的和对谁是反功能的，对科层制而言，在某些方面可能是功能和谐的，在另一方面就可能是功能失调的。

可以看出，默顿描述的科层制的特征模式，大多数仍在韦伯的框架之内。大型组织中，科层管理要取得协调和控制，少不了规则和对遵守规则的激励。但是，默顿对韦伯理论的重要补充是过分遵从规则，过分扩张就会产生"反功能"，带来低效率。

（四）科层制的官僚化理论

李德全（2004）指出马克斯·韦伯的理性科层制体现出的效率、稳定和平等的价值在现实中并不总是存在的。在一些政府控制、政府主导的大型组织和企业常常会表现出职务权力的扩张和官僚化的非理性，是一种功能耗散型科层结构，表现出低效率的刚性或者是反功能，尤其在那些法治不健全、人治大于法治的专制集权国家更是如此，具体有以下特点。

1. 行政政治化。在受政府控制的大型组织内部科层系统是作为政治体系的附属组织而履行职能的，各级组织成员通过政治联系和政治途径来实现晋升的目标，缺乏科层系统自有的理性的制度化规范，造成职务不明、职权混乱。政治统治（政治系统）与组织科层管理（管理系统）混为一谈，科层管理在政治化的干预下淡化实现组织目标所需的专业知识和技能以及科学精神。作为政治附庸的科层管理在性质上不再是技术性的，管理人员的责任也不再是中立的、客观的、理性的，在某种意义上成为了政治家。制度监督根本不可能，科层体制机构松懈，组织效能大为降低，长官意志、主观主义盛行。

2. 科层管理人格化。在缺乏法治观念的政府主导型组织中，各级领导人往往以言代法，下级把上级的言论或指示当做行动的根据，出现科层管理

"人格化倾向"，其结果就产生下级对上级的"人格依附"，使各级部门在行为导向上以政治领导人的需要为转移，而不是以实际工作为依归；选人用人上以政治忠诚度为标准，而不是以才干和能力；组织各级管理者依靠强有力的派别、核心和非正式组织，为取得他们的支持而不惜进行交易，使组织更难以遵循任人唯贤的原则和不折不扣地执行法律。这种对领导人个人忠诚高于制度和原则造成严重的人格依附，领导人的个人表态比红头文件和规章制度管用、通行，下属对领导一味奉承、迎合，造成严重的"非规则化"和"失范"现象，对普遍行为规则没有真正的需求和遵守的愿望，不重视正式规则的作用，习惯于以非正式约定取代正式规则，从而使正式规则很容易被随意篡改，流于形式。

3. 管理主体结构二元化。政府掌管的组织中，政府有合法授权，代表全社会的普遍利益，并以全社会的名义对组织进行管理。政党是社会一定阶层的集团组织，代表的只是社会中部分人的利益，而不是普遍利益。在科层制组织中如果实行党政二元主体决策就会出现很多弊端：第一，二元主体的存在弱化了政府的权威性和排他性，使得民主与法制的意识大为淡化，人治之势渐长，社会管理的规范化程度降低。第二，导致政出多门、政策矛盾、撞车、冲突、多变。第三，二元主体并存，既增加了管理环节，不利于提高科层制度的管理效率，又使机构重复设置，造成机构膨胀、人浮于事，增大了决策成本和决策难度。第四，二元主体存在使得管理的责任主体不明，不利于各负其责，加剧了扯皮、推诿、不负责任的现象，催生和助长了官僚主义。

4. 权力异化。"权力异化"是指权力在运行中不是按照权力所有者的整体意志，而是按照权力行使者的意志和情绪而行使，妨碍了权力目标的最终实现。权力异化是科层体制逐渐官僚化后的终极结果和最严重阶段，它最具代表性和最典型的表现形式就是人们十分痛恨的以权谋私、贪污腐化、贪赃枉法等权力私有化的行为。正如英国学者保罗·哈里森（1984）指出的：腐败源起于政治势力与经济势力的结合，通过这种结合，金钱买到影响力，权势换来了金钱。美国学者 K. R. 霍普（1988）详细分析了发展中国家国有企业中的腐败现象，并把它归咎于以下原因：（1）国有企业员工普遍缺乏某种"职业道德"，他们缺少目的感和责任感，缺少工作纪律，根本不把规章规则放在眼里，因此利用职权谋取私利，收受贿赂。（2）经济上的贫困和不平等。贫困和收入分配上的两极分化对促使人们走向腐败产生了强大的刺激作用，它不仅迫使人们容忍腐败，而且会在没有腐败的地方造成腐败，在已经存在腐败的地方趁机利用腐败。（3）领导人的软弱无能和没有能力对腐败进行惩戒。这时，有关纪律和规则便会被漠然视之，腐败就会越来越明目张胆和日益泛滥。（4）政府对企业干预增多，从而使机构不断扩大，他们处理问题的权力也越来越大并被用来谋私。（5）有缺陷的文化态度和行为模式也造成腐败，如为了维护个人或宗派的利益而抛弃任人唯贤的原则，行政职权人格化等等。（6）缺乏有效的监督，监督者自己是没有人监督的，于是他们和被监督者一起腐败。

二、现代企业科层治理理论观点

企业的科层治理是指用以协调企业内不同层级、不同部门之间关系的一整套制度安排，由一系列契约组成，界定了权利、利益和风险在不同层级、不同部门之间的分配。企业科层治理的主要内容包括剩余索取权和剩余控制权在不同层级和部门的配置、不同层级和部门人员的监督评价及其激励机制的设计和实施。或者说，企业科层治理主要研究企业内部的科层与科层、科层与最高管理层、最高管理层与委托者（或所有者）之间就组织运营、价值创造和剩余分配等问题形成的经济互动关系（Harro M. Hopfl，2006）。企业科层治理是与股东治理和相关利益者治理都相关的概念。在股东治理倾向的企业科层治理中，由于股东力量强大，导致最高管理层受到强有力的外部约束，同时成熟的资本市场的存在使得企业业绩评价机制比较清晰，因此在这种条件下的科层治理更强调的是科层科学管理和决策，如何发挥各级员工的积极性，科层对剩余的支配和分配权力比较弱。而在相关利益者治理倾向的企业科层治理中，科层作为企业内部员工范畴的特定利益群体，不仅是企业相关利益者的组成部分，而且是对企业剩余的生产和支配起到关键作用的群体。在股东等外部人弱化或委托人虚置的情况下，科层成为经理资本主义或内部人控制企业的关键手段和依靠力量。从实践角度看，科层治理是对公司治理某些类型进行的深化（Stephen Letza et al.，2008）。

企业科层治理经历了一个由集权向分权演变、集权和分权相结合的发展过程。先后采用过集中的一元结构、控股公司结构及多分支单位结构或事业部制。尽管科层治理形式上有很大差别，但基本特征是相似的：一是命令统一。权力自上而下逐级递减，最高层逐级控制人数递增的下层。各个层次的组织构造和权力分布一般由系统内部的分工要求所规定，至于由谁来占据这些职位，取决于上级。科层结构决定了企业各层各部门之间的正式关系模式，各级各部门必须严格遵照最高权力统一制定和推行的政策规则。二是责任分散。由于企业管理者精力、知识、能力、经验的限制，所能管理的下属是有限的。随着下属人数的增加，可能存在的相互人际关系数、信息量和管理难度将呈指数增加。因此，在企业中信息是分散收集，分层集中整理，纵向传递，决策责任也是分层实行的。三是多重交叉。在企业中管理者往往同时也是被管理者，除了最高层和最底层之外，所有层级的管理者在不是同一级的委托代理关系中兼有委托者和代理者身份，但委托授权是单向的，在同一类事情中授权不可逆向实施（梁颖，2004）。

企业科层治理的主要作用：（1）激励。通过将企业各级各部门人员的剩余索取权和剩余控制权相匹配，就明确了各自利益边界和选择集合，并使其有了明确的收益预期，从而使其具有更大的积极性。（2）稳定。各级各部门在管理和经营过程中，经过多次博弈形成一系列规则、奖惩措施和契约安排，提供了一个克服复杂性和不确定性的合作准则，框定了行为空间和方式的选择，使上下级科层的行动不至于出现大的偏差，大大减少了因为有限理性、信息不对称和不完全及机会主义导致的上下级行为的复杂性和不确定性，有助于降低协调的难度和代理成本。（3）效率。降低企业的交易成本，实现高效率的资源交易配置，企业运转效率的高低是衡量科层治理是否有效的显性标志。

科层治理因为其价值理性在现代企业中被广泛运用。现代社会的发展日新月异，人类正迈向后工业社会，跨入信息革命和知识经济时代，社会的发展速度与社会的复杂性已非产业革命时代可比，现代企业科层治理理论遇到了前所未有的挑战，并暴露出某些不足。一是大型企业中繁多而陈旧的规章制度和工作程序使企业各级管理者在决策上缺乏主动性和灵活性，受制于层层的制度约束，压制和阻碍了层级间和各部门间的交流和沟通，妨碍了企业员工的成长和个性的发挥，鼓励了盲目服从和从众心理，压抑创新，不利于企业学习新知识。二是现代企业有一种盲目扩张倾向以取得更多的市场、更大的权力，机构越来越臃肿，根本无法有效解决上下级和各部门之间的矛盾，增加了协调和管理的成本。信息传递和政策下达要经过层层管理路径，常常导致信息失真，实施决策的行动迟缓，执行能力不足，产生严重的内部腐败和浪费。三是企业的集权控制。把大量的资源和决策权集中在总部和高层级部门，大大削弱基层组织的权责范围，降低了基层组织行动的灵活性、适应性、创造性。企业的集权倾向在现代企业市场化竞争中，无法激发内部人的主观能动性和积极性，也容易导致上下级的矛盾和对立，使整个企业失去活力、降低效率。另外，在某些国有企业中的政府干预和控制助长官僚化倾向，科层治理陷入非理性，与韦伯倡导的效率、稳定和平等的价值背道而驰。

法国经济学家萨伊提出"企业家精神"理论，其含义是指"把经济资源从生产率和产出较低的地方能够转移到较高地方"的人，即能运用新的形式最大限度地创造生产率和实效的人。美国学者戴维·奥斯本和特德·盖布勒认为，要用企业家精神和市场机制来改革现代企业科层治理中的种种弊端，使其能不断以新的方式运用资源和提高效率。奥斯本和盖布勒指出了企业科层治理改革的目标是"具有有机的、更多自由度的组织结构，人员精悍，权力分散，标新立异，灵活机动，且能及时地适应环境的变化和很快学会新的东西，并利用竞争、顾客选择和其他非官僚的机制来完成使命，尽一切可能创造性地工作"。① 美国另一位学者詹姆斯·Q. 威尔逊也指出，"减少对市场机制的制约能使企业释放进取的潜能从而产生实际效益，因此必须加强企业内部管理的契约作用而非规章制度的作用，简化程序并下放权力，使信息尽可能畅通并被所有人拥有。"②

第二节　委托—代理理论

一、委托代理关系缘起

从信息经济学角度讲，拥有私人信息的参与人称为代理人（Agent），不拥有私人信息的参与人称为委托人（Principal）；从契约论角度讲，委托人是主动设计契约形式的参与人，代理人是被动接受或拒绝契约中选择的参与人。现代企业中的委托代理关系是商品经济发展的产物。在传统企业制度下，产权主体是单一的、人格化的，企业主拥有绝对的权威和完整的所有者权利，享有企业的全部经营所得，同时对企业的债务负有无限的清偿责任。在这种资产所有者和经营者合二为一、责权利融为一体的制度下，不存在现代企业理论所关注的委托代理关系。随着企业规模、范围不断扩大，企业股东与管理者人数逐渐增加，尤其是企业管理本身日趋复杂化、专业化，资本所有者完全控制企业经营活动越来越受到自身精力、专业知识、时间、协调能力等因素的限制，资本所有者（委托人）就会把企业财产的实际占用、使用和处置权委托给专业经理阶层（代理人）行使，并行使监控企业的职能，这就出现了委托代理的契约关系。从根本上说，导致委托代理关系产生的根源在于委托代理双方对自身利益最大化的追求。当委托人委托其他人来处理某项事务比自己亲自处理能获

①　星星. 改革政府——20 世纪末的政治旋风［M］. 经济管理出版社，1998：21.
②　星星. 改革政府——20 世纪末的政治旋风［M］. 经济管理出版社，1998：25.

得更多的经济利益，同时代理人也能从接受委托中获得比从事其他活动更多的收益时，委托代理关系就会产生，以获得经济学上所说的"分工效益"和"规模效益"。

委托代理关系能创造较大的经济效益是以代理人全心全意地为委托人服务为前提的，但是在现实生活中，这个前提却不一定被满足，从而引发委托代理问题。那么，委托代理问题是如何产生的呢？从代理人的角度来看，他不仅比委托人更了解自己，拥有多于委托人的私人信息，而且他更了解自己的工作努力程度。不仅如此，由于他亲自经营企业，所以更了解外部环境对企业利润的影响。由于付出努力对代理人来说会带来负效用，所以代理人可能利用自己的信息优势，降低工作努力程度，采取有利于自身效用满足而有损于委托人利益的行动。可见，委托代理问题的产生源于三个条件，即契约双方存在非对称信息，存在外部环境影响且代理人存在机会主义行为。

从委托人的角度看，他追求自身效用最大化，同时知道代理人也追求自身效用最大化。然而，两者的效用最大化目标往往是不一致的。因此，委托人必须设计出一个代理人能够接受的契约，这一契约能够使代理人在追求自身效用最大化的同时，实现委托人的效用最大化。委托人在设计上述契约时的困难在于：

1. 效用目标不相同。资本所有者作为委托人拥有剩余索取权，他所追求的目标就是资本增殖和资本收益最大化，最终表现为对利润最大化目标的追求；而代理人的目标是多元化的，除了追求更高的货币收益外（如更高的薪金、奖金、津贴等），还力图通过对非货币物品的追求实现尽可能多的非货币收益（如经理人员的效用函数中还包括舒适豪华的办公条件、较大的经营规模和市场份额以及职业安全、事业成就、社会声望和权力地位等），因而委托人和代理人两者的效用目标函数是不完全一致的。作为追求自身利益最大化的经济人，代理人的目标利益与委托人的目标利益具有冲突性，所以如果没有适当的激励约束机制，代理人就有可能利用委托人的授权谋求更多的个人私利，使委托人的利润最大化目标难以实现。

2. 责任不对等。企业的代理人掌握着企业经营控制权，但不承担盈亏责任，一旦企业出现问题，代理人的损失最多只是收入、名声和职位，不会遭受"血本无归"的实际责任风险；企业的所有人把财产经营控制权委托给代理人行使，失去了企业经营控制权，但最终承担盈亏责任。这种责任的不对等，极大地弱化了对代理人的制约，增大了决策失误的危险性。

3. 信息不对称。代理人直接控制并经营企业，具备专业技能与业务经营上的优势，其掌握的信息和个人经营行为是大量的、每时每刻的，从而形成很多隐蔽的"私人信息"和"私人行为"。委托人由于已经授权，不便也不可能过细干预，加之其专业知识相对贫乏，因而对企业代理人的经营禀赋、条件和努力程度等信息的了解是有限的，而且往往是表面上的，这样就形成两者之间的信息不对称。企业的经营绩效通常是由代理人行为、能力和一些不确定性因素共同决定的，委托人与代理人之间信息的不对称将导致委托人无法准确地辨别企业的经营绩效是由代理人工作的努力程度还是由一些代理人不能控制的因素所造成的，无法准确地判断代理人是否有能力且尽力追求股东的利益，因而也就无法对其实施有效的监督。

4. 契约是不完备的。所谓完备契约，是指合约面面俱到地规定当事人之间的权利义务以及未来可能出现的情况。但由于不确定性的存在，委托人不能通过签订一个完善的合同，有效约束代理人的行为，维护自己的利益不受代理人的侵犯。

考虑委托人和代理人双方利益，有效防止出现委托代理问题，最优契约的设计必须满足三个条件：第一，代理人总是选择使自己的期望效用最大化的行为，任何委托人希望代理人采取的行动都只能通过代理人的效用最大化行为实现，这就是所谓激励相容约束；第二，代理人从接受合同中得到的期望效用不能小于不接受合同时能得到的最大期望效用（即保留效用），这就是所谓参与约束；第三，按照这一契约，委托人在付给了代理人的报酬后所获得的效用最大化，采用任何其他契约都不再会使委托人的效用提高。

关于经营者不会像所有者那样勤奋地经营企业的思想，一直可以追溯到亚当·斯密（Smith，1796），他指出："当合资公司的管理者是非资产所有者时，我们不可能期望他能像那些合伙公司的'伙伴'那样具备同样的警惕性，玩忽职守和随意挥霍将非常盛行……"伯利和米恩斯（Berie & Means，1932）拓展了这一思想，认为由于存在利益分歧，经营者会追求自己而非所有者的利益，他们把解决所有者与经营者之间的利益冲突当做公司治理的核心内容。Ross（1973）首次把这一问题称为"委托代理"问题，Jesen 和 Meekling（1976）开创性地把该理论运用于公司资本结构研究，并创造了"代理成本"这一术语。传统代理理论认为，在企业所有权和经营权分离的前提下，由于经理人（代理人）具有相对的信息优势，其决策和行为与所有者（委托人）的利益最大化产生背离，因此必须建立一套内部和外部互补的治理机制，限制代理人的逆向选择（Akerlof，1970）、道德风险（Alchian & Demsetz，1972；Ross，1973）、敲竹杠（Williamson，2000）等机会主义倾向，协调委托、代理双方的利益冲突。外部治理机制主要包括资本市场、产品市场、代理人市场等，内部治理机制主要包括董事会、基于绩效的激励合约等（Williamson，2000）。

二、国外委托—代理理论的新发展

（一）对代理人激励约束机制的设计

20世纪70年代以来，西方委托—代理理论发生了革命性的变化，研究重点已从过去对企业两权分离的现象描述转向所有者如何约束和激励经营者，激励理论、信息理论、合同理论等引入委托—代理理论研究中。

对代理人激励约束机制的设计，主要有以下三个方面：其一，利用市场竞争机制约束管理者行为。产品市场的竞争，将激励管理者节约开支，而经理市场的竞争，促使经理人员为保持个人在人力资本市场上的价值而努力工作。资本市场上的竞争实质是对公司控制权的争夺，有着较强的替代效应，从而对经理人产生强大的间接控制压力。其二，让代理人拥有剩余索取权，使得委托人与代理人的目标尽可能一致。其三，设计有效的激励约束方案，并对经理的工作进行严格监督和准确评价，在具体操作中，有年终红利、送股、年薪制、奖金、职务消费、股票期权、虚拟股票等措施，并派生出多种激励约束模型，实证研究方法已成为当今委托—代理理论中激励约束分析的主流。

同时，在20世纪70年代后，随着信息经济学的发展，一些学者在不对称信息和不确定性环境下对经营者代理行为进行研究。Williamson（1969）、Spence（1971）、Ross（1973）、Mirrlees（1974）、Holmstrom（1979）以及Grossman和Hart（1983）等委托—代理理论无疑为经营者代理行为的研究提供了重要的理论研究工具。典型的委托代理模型为：风险厌恶的代理人选择一个隐蔽的或不可观测的努力水平e，得到产出$O(e)$，并获得薪酬$S(e)$，其所获效用为$S(e) - C(e)$，委托人所获效用为$O(e) - S(e)$。最优契约设计是最大化委托人的效用，但同时满足两个限制性条件：一个是激励相容约束，即代理人所选择的努力水平e应该最大化其自身的效用$U(S, e)$；另一个是参与约束，即代理人获得的期望效用必须大于代理人的保留效用或其机会成本。典型委托代理模型的建立奠定了在非对称信息条件下对经营者代理行为进行研究的基本分析框架。经营者代理行为的基本分析框架有两个假设前提：一是公司所有者对随机产出没有直接贡献；二是所有者不能直接观察经营者代理行为。这是因为如果所有者对随机产出有直接的影响，那么所有者就可以让经营者承担全部的经营风险。如果所有者能直接观测经营者的代理行为，那么所有者就可以通过警告、惩罚、解雇经营者等方式，使经营者不当代理行为如"逆向选择""行为或道德风险"等不复存在。

（二）代理成本与信息租金

在信息不对称情况下，所有者让代理人经营公司就不可避免地要付出代理成本或信息租金。1976年Jensen和Meckling在《公司理论：管理行为、代理成本和资本结构》中指出："委托人聘请代理人，代理他们来履行一些服务，包括把一些决策权委托给代理人。如果双方都是追求效用最大化的人，那么就有充分的理由相信代理人不会总是以委托人的最大利益为转移。"在Jensen和Meckling的模型中，他们认为，"所有者—经营者"与外部股东们的利益分歧必然会引起代理费用，并把这个代理费用定义为"代理成本"，代理成本可以看做是一种不完全信息下的交易成本。在一般情况下，当事人之间目标的不一致以及信息的不对称，使得委托人难以实施帕累托最优资源配置。为此，他们提出如果要通过资本结构来削减代理人的代理成本，就必须让代理人成为完全剩余权益的所有者。也就是说，如果是不拥有公司所有权的纯粹经营者，其代理成本也可能很大。

Jean（1988）和David（1990）在分析代理人逆向选择的代理行为时，则提出了另一个概念——"信息租金"。他们指出，在委托代理契约中存在着委托人和代理人之间的信息差异，而且这种信息差异在本质上影响了他们的双边契约。为了使资源配置达到帕累托最优，契约的设计必须能够揭示出代理人的私人信息，而这只能通过给予代理人租金的方式来实现。这类租金对于委托人而言是一种成本。因此在契约中，配置功能和信息作用相互冲突，最后导致一个次优的契约。委托人面临的问题就是设计一个契约，使得它既是激励可行的，又可以付出尽可能少的信息租金。

就信息租金和代理成本来说，笔者认为，从适用范围上讲，它们存在着一定的区别，信息租金更适用于逆向选择的代理行为，代理成本则更适用于道德风险代理行为。而从度量上看它们是无差异的，都等于信息对称情况下委托人的总效用与信息不对称情况下的委托人总效用之差。

（三）基于代理行为的模型

早期的委托—代理模型忽略了团队生产、串谋、经理人市场、多任务委托、多委托人委托、契约执行、参与人承诺等因素对代理人行为的影响。近年来，委托—代理理论通过模型的扩展对代理人的行为进行了深入研究并取得了许多新进展。

在团队生产方面，Holmstrom（1982）指出如果代理人的工作表现是相关的，那么即使他们的努力是不相关的，一个代理人的工作表现也可以激励另一个代理人的行为。Holmstrom 提出用相对绩效评价（RPE）激励经营者。他假设产出 $O(e)$ 取决于经营者的努力水平 e、一个干扰项 α 和外界的不确定性 β。其中 α 为市场或行业中其他公司经历的一个共同波动：$O(e)=e+\alpha+\beta$。如果共同波动 α 是不可观测的，那么，通过与行业平均产出水平相比较的相对绩效契约会达到更优的激励效果。相反，如果波动 α 是可完全观测的，那么基于 (e,α) 的薪酬契约就优于基于 e 的薪酬契约，因为尽管两个契约产生了类似的激励，但是基于 e 的契约有较低的薪酬风险。可见，相对绩效评价，除了能准确地揭示代理人的努力程度外，更重要的是可以激发代理人之间的相互竞争。Lazear（1989）关于锦标赛制度的论述也反映了这一论断。锦标赛制度将一笔预先确定的奖金授予产出最高的管理者，它提供的激励取决于"优胜者"与"平庸者"之间的薪酬差距。拉开薪酬差距有利于激励管理者之间相互竞争，从而取得更高的绩效。而工资结构平均化对于团队成员的不合作行为有抑制作用。Alchian 和 Demsetz（1972）认为企业采取团队模式进行生产使得不可能精确度量每一个成员的努力程度，这会导致"搭便车"行为。为此，需要设立监督者来检查队员的投入绩效，并授予监督者分配队员报酬和改变个别队员资格的权力。那么，另一个问题是谁来监督和考核监督者，怎样才能提高监督者的积极性而不至于使监督者偷懒？他们提出的解决办法是，让监督者自己监督自己。为了形成监督者自己主动监督自己的机制，必须赋予监督者剩余索取权的权力。

在串谋模型研究方面，Tirole（1986）认为组织中监督和权威的运作受到集体成员之间串谋可能性的限制，虽然监督者可以帮助委托人部分地克服信息不对称，但监督者有可能与代理人串谋而扣留信息。为此，Tirole（1986）在个人理性约束和激励相容约束的基础上，又增加了串谋激励相容约束来控制这种串谋行为，从而建立了防串谋的激励契约。Laffont（1990）认为，当组织规模扩大到一定程度，委托人又无法监督激励结构时，委托人不仅要担心串谋行为，还要担心暗中博弈行为。Laffont（1990）指出，层级代理引起了监督者的敲诈行为；暗中博弈可能使不依赖于个人产出的激励机制是最优的。Laffont（1990）的模型主要研究的是监督者为了自身效用，隐藏自己观察到的信息，以损害一个或两个代理人的效用为代价，而不是直接以损害委托人的利益为代价的又一种代理问题。Kofman 和 Lawarree（1996）在审计中的串谋研究引入了第二个审计（真实的外部审计者）监督内部审计和经理之间的串谋。Laffont 和 Martimort（1997）的同级代理人之间的串谋模型建立了一个委托人／两个代理人中预防两个代理人之间串谋的数学模型，较为全面地分析了由于信息不对称，如何通过激励的方式控制两个代理人之间的串谋。

Fama（1980）对经理人市场中经营者代理行为的约束问题进行了研究。他认为，在竞争性经理市场上，经营者的市场价值取决于其过去的经营业绩，得出从长期来看，经营者必须对自己的行为负完全责任的结论。Fama 指出，如果经营者想要建立高信誉，那么他就应该实施最优的努力，即使是在没有正式契约的情况下。因此竞争性的经理市场可能会对经营者努力工作提供足够的隐性激励和约束作用。Holmstrom（1999）对此做了进一步的研究，他假设经理的工作表现受到经理天赋、努力程度以及随机干扰的影响，证明仅仅依靠信誉无法给经营者提供足够的激励。李垣（2002）在 Fama 声誉模型的基础上，指出了非物质激励的运用可能使所有者与经营者的效用同时得到改进。

对于多任务模型，Laffont 和 Martimort（2002）对当代理人代理多项任务时，任务之间的性质如何影响代理人的代理行为进行了研究。他们首先根据任务的性质不同，把多任务假设为不相关任务、互补性任务和替代性任务三大类，然后在不对称信息条件下建立了数学模型，对不相关任务、互补性任务和替代性任务三种情况下，代理人最优和次优的努力水平进行了讨论，得出了一些新结论。他们指出，在道德风险下，当任务是替代性的，委托人必须面对一些激励的规模非经济，使得激励两种努力水平是次优的参数集。而在道德风险和有限责任下，互补的任务之间的规模非经济程度是增加还是减少，依赖于局部或全局激励约束是否起作用。

多委托人模型研究。自 Bernheim 和 Whinston（1986）提出多委托人模型以来，Martimort（1996—2004）的一系列研究形成了多委托人理论的研究框架。目前，该领域的研究主要沿着下列四条路径展开：一是从委托人角度来看，委托人的合作与竞争对代理人行为的影响，以 Biglaiser 和 Mezzetti（1993）以及 Mezzetti（1997）为代表。二是从代理人角度来看，当代理人面临多任务情况时的激励问题，以 Sinclair‑Desgagne（2001）的研究为代表。三是研究共同代理博弈均衡的特征，以 Dixit、Grossman 和 Helpman（1997）、Laussel 和 Breton（2001）、Martimort 和 Stole（2002）为代表。四是研究多委托人环境下对代理人行为的激励问题，以 Martimort 和 Stole（2004）为代表。

在委托—代理理论的研究文献中，许多文献忽略了契约执行对最优契约的影响，使得最优契约建立在一个隐含的假设前提之上，即存在一个公正的司法机构保证最优契约执行，并且这种执行不需要委托人支付成本，也就是说契约的执行是无成本的，且是可以完全执行的。但这种严格的假设与现实生活并不相符，有限执行的假设可能更贴近现实生活。为此，Laffont（2000）对契约有限执行下经营者的激励机制进行了探讨，比较了契约有限执行和完全执行下的最优激励机制，得出改进后的最优激励机制优于委托人为防范代理人违约而被迫采用的事前最优激励机制。

传统的委托代理模型刻画的委托人与代理人的冲突与协调是一次性的，即委托人与代理人的行为博弈及均衡是一次性的。也就是说，传统的委托代理模型基于委托人与代理人承诺不对初始契约做事后的重新谈判的假定，也隐含着有一个完备的司法制度能够保证初始契约会被无条件地执行。然而，在现实生活中完备的司法制度事实上并不存在，我们很难保证委托人和代理人事前不会对初始契约进行事后谈判的承诺是有效的。那么研究有限承诺是如何影响代理人的代理行为就显得非常有必要。Dewatripont（1986）最早用模型对这个问题进行了研究，并证明了防范代理人重新谈判原理。后来，Dewatripont（1989）在重复对策的框架下分析了一个最优的防范代理人重新谈判的劳动契约。Dewatripont 和 Maskin（1995）认为信息结构可以防范代理人重新谈判。

三、委托—代理理论在中国的发展

随着我国经济体制改革的深化和现代企业制度的建立，委托—代理理论得以强化并发挥了行政手段不可替代的作用。有关委托—代理研究著作、论文屡见不鲜，然而文献内容大多为定性描述性的，难以发现激励机制中较深层次的问题，与国外委托—代理理论的研究成果相比有一定差距。

（一）张维迎对委托代理的研究

张维迎博士是国内研究委托—代理理论并应用于中国改革实践的代表人物之一。在他的著作《企业的企业家—契约理论》（1995）中，他建立模型解释了企业内部最优委托权安排的决定因素，侧重研究了企业委托权的内生性。他认为资本所有者之所以成为委托人主要是因为资本能表示有关企业家能力的信息，即资本越大我们就可以认为资本所有者的能力越强。他还将现代委托—代理理论应用于中国改革的实践，分析了改革如何提高国有企业绩效等问题。他的两部著作（另一部为《博弈论与信息经济学》）为国内学者研究委托—代理理论奠定了基础。

（二）HU 理论

胡祖光（2000）在研究企业内部委托代理问题时提出的确定委托代理基数的"联合确定基数法"，即"HU 理论"，正是为解决此难题而进行的一种制度创新尝试。

HU 理论是以经济人有限理性和信息不对称为前提，承认委托人与代理人处于不对称的企业信息状态，通过设计一种激励相容的剩余索取权分享机制，使代理人在这种制度安排中能够发生自动努力，达到委托人与代理人效用目标均衡。

HU 理论的基本内容：委托人根据自己掌握的信息在期初提出要求数 D（完成利润的底数），并通过与代理人的协商事先确定代理人的权重系数 W（由于代理人更多地了解生产经营的相关信息，一般有 $0.5 \leqslant W \leqslant 1$），然后让代理人根据自己的实际能力提出一个自报数 S（$S \geqslant D$），委托人和代理人于是共同确定一个合同基数 $C = WS + (1 - W) D$，期末代理人完成基数利润，可以得到一定比例的奖励 $P_0 C$，其中 P_0 为基数留利比例（$0 \leqslant P_0 < 1$）。由于信息不对称，为了防止在签约前代理人隐瞒信息（如个人的实际能力水平），故意少报，合同同时规定一个少报惩罚系数 P_2（$0 < P_2 \leqslant 1$），如果期末代理人的实际净产出即完成的利润 A 大于自报数 S，则代理人必须上缴"少报罚金"$(A - S) P_2$。另一方面，由于委托人不能观测到代理人在签约后的努力程度，为了使代理人能够在签约后努力工作，必须给予一定的激励，即使得代理人具有一定的剩余索取权，如果代理人的实际净产出超过合同基数 C，则超过部分的比例 P_1（$0 < P_1 \leqslant 1$）归代理人所有，不足的部分以同样比例由代理人补足，即代理人享有部分剩余索取权 $(A - C) P_1$。代理人的期末净收益为一个分段函数：

$$N = \begin{cases} P_1(A - C) + P_2(S - A) & （当 S \leqslant A 时） \\ P_1(A - C) & （当 S \geqslant A 时） \end{cases}$$

$$= \begin{cases} (P_2 - WP_1)S - (1 - W)P_1 D + (P_1 - P_2)A & （当 S \leqslant A 时） \\ -WP_1 S - (1 - W)P_1 D + P_1 A & （当 S \geqslant A 时） \end{cases}$$

经过严格的数学方法证明，参数只要满足如下关系：

$$P_1 > P_2 > WP_1$$

即超额奖励系数 > 少报受罚系数 > 代理人权数×超额奖励系数，代理人一定会在期初报出一个他经过努力能实现的最大基数指标，即透漏自己的实际能力，这样，委托人也就没有必要在确定利润额时抬高基数，而只要提出一个保底数即可。

这一方法可以改变委托人与代理人之间的不合作博弈关系，形成一种激励相容机制，委托人既获得了真实信息，同时也使相互之间的气氛变得融洽：委托人无需强压，代理人自会积极进取，从而大大降低谈判、监督等交易费用，并使基数确定过程变得简单、友好。

"联合确定基数法"于 2001 年通过有关专家鉴定，在鉴定会上以中国社会科学经济研究所所长张卓元、中国经济信息学会会长乌家培为首的专家们认为，"联合确定基数法"在理论上具有原创性，研究成果总体上处于国内领先水平，而且在可操作性上也处于世界先进水平。

到目前为止，HU 理论这一模型已在北京、浙江、江苏的一些企业、事业单位应用，效益得到明显提高，仅在北京北辰股份有限公司一家企业的应用就实现了利润增加 3010 万元人民币（江苏平，2001）。

（三）其他研究成果

近几年来国内有关企业委托—代理理论的研究取得了一些成果，研究的侧重点各异，包括以下几项。

1. 报酬方案的设计。孙经纬（1997）探讨了在设计报酬方案的激励特征时应酌情使用会计和市场指标，并通过实证研究了几种报酬形式对业绩的敏感性。翁君奕（1999）指出对经营者和劳动者实施延迟或有性报酬，可以抑制其短期行为，改善公司治理结构，有助于吸引优秀管理人才和技术开发人才，使企业经营活动的有关各方从效率提高中共同受益。

2. 代理成本的分析。赵晓雷（1998）从四个方面考虑了代理成本，包括参与契约的资源的专用性程度、道德危害的大小、对待风险的态度、资产维持费用。根据国有产权的特点，针对国有大型企业探讨了其委托—代理的模式；简新华（1998）认为委托代理的成本导致了委托代理风险，指出了市场经济防范委托代理风险的机制和中国国有企业应该建立什么样的激励监督约束机制才能有效地防范委托代理风险。

3. 国有企业改革中的委托代理问题。闫伟（1999）利用委托—代理理论的分析框架来探讨导致我国目前国有企业经理腐败问题的根源。分析结果表明，改革的不配套使得国有企业背负着越来越沉重的政策性负担，导致所有者和经理间的信息极不对称，政策性负担越重，作为国有企业所有者的国家对企业经理的监督能力就越弱，国有企业经理的腐败行为被发现和查处的可能性就越小。平新乔（2003）借鉴 Ferrall - Shaerer 的研究方法，在设定的生产函数与代理人的效用函数的基础上，主要运用 Broyden - Fleteher - Goldafbr — Shanno 关于最大似然估计的模拟程序，运用中国采掘业、制造业、电力、煤气及水等公用事业、交通运输、服务业、商业七个产业的 376 家国有企业的工资奖金数据，分别在无约束模型与有约束模型的结构模型中估算了激励性契约的关键参数，从而获得了关于中国国有企业在现阶段的代理成本的一种测度。

第三节　国内外研究现状

一、国外关于商业银行公司治理研究现状

1997 年亚洲金融危机爆发后，公司治理的相关议题被重新提出并得到广泛讨论：一方面，各界所提出未来预防金融危机的方法中，强化公司治理已被公认为企业对抗危机的良方；另一方面，银行从一般企业的"治理者"转变为"被治理者"，巴塞尔银行监管委员会（BCBS）针对银行公司治理问题发布了"加强银行公司治理"的指引，将商业银行治理问题提到了空前的高度。由此，国外开始了针对银行公司治理的专门性研究，公司治理研究进入一般企业公司治理与金融机构公司治理并重的阶段。

目前国外基本上是从银行业的两个特性——透明度低和受到严格监管出发，以一般企业的公司治理理论为分析框架来构建银行公司治理理论框架；换言之，其与一般企业公司治理研究的区别主要在于逻辑起点的不同。其中代表性的研究如下。

Penny Ciancanelli 和 Jose Antonio（2002）：金融系统改革波及深远，然而在金融系统改革与系统危机间的相关性的研究中，并未涉及受影响银行的公司治理问题及其在剧烈的金融危机中的作用。同时，在大量关于公司治理的经验研究中，鲜有触及银行所有者和管理层行为者的。所有这些研究都假设银行适用于一般企业使用的委托—代理理论。然而由于监管者存在，商业银行的特殊性在于存在更加复杂的信息不对称问题。监管制约了市场对银行及其所有者、管理层的约束力，必然成为改变银行公司治理的外部力量。

Macey 和 O'Hara（2003）：一般意义上的公司治理是对企业的现金流量有索取权者之间的契约的集合。这些契约在法律上体现为管理层和董事对股东的受托责任。然而商业银行的资本结构具有特殊性，其资金大部分来自存款人等债权人，自有资本的金额及比重很低。因此，作为债务资本提供者的存款人应当与作为权益资本提供者的股东一样，要求管理层和董事会对其承担受托责任。这对包括管理层、监管者以及投资者和存款人在内的各方提出了特殊的公司治理难题。应当坚持管理层和董事的受托责任专属于投资者的一般原则，但是在银行的特殊背景下，受托责任的范畴应当扩大至存款人；监管者应当加强对银行的监管以保护广大存款人，但管理层和董事会对存款人承担不可推卸的

受托责任。

Ross Levine（2004）：有效的公司治理可以保障银行高效运作以吸纳资金、加速资本的集结与形成，有助于企业资本成本的降低，从而促进生产发展和经济增长。银行公司治理的重要性并不影响一般企业的公司治理机制在银行的运用；然而银行的两个特殊属性——较其他行业更高的不透明度，以及更显著的政府监管，确实弱化了很多传统的公司治理机制。政府对银行的监管动机，可能是基于改善透明度、降低信息成本和交易成本，也可能是出于获取财政收入的考虑。政府监管的极端情况就是直接掌握其所有权，实行国有银行。实际上，政府对银行的强化监管政策会妨碍竞争、降低效率、弱化银行的公司治理，这方面已经显现出某些后果与教训。因此，加强私人投资者的能力和动力以发挥公司治理在银行中的功效，要比过分依赖于政府监管重要，这是发展中国家在银行公司治理改革中应当注意的。

Arun 和 Turner（2004）：银行具有较高的不透明度，因而防范管理层的机会主义行为以保护存款人和股东，是银行公司治理的重要任务。银行在发展中国家的金融系统中起基础性作用，监管是防范风险的必然要求。目前这些经济体正在进行广泛的银行改革，其中一个主要部分就是银行私有化；而公司治理改革是成功剥离政府所有权的必要前提，因而公司治理改革在发展中国家的银行改革中至关重要。更进一步，由外资银行进入而引发的激烈竞争可以改善发展中国家银行的公司治理。因此只有审慎运用监管时，银行改革才能充分实行。

文献表明，目前国际上商业银行公司治理研究有四个特点：第一，研究基本上以一般的公司治理理论为依托来构建银行公司治理概念与理论框架（Caprio & Levine，2002；Ross Levine，2004；Macey & O'Hara，2003；Penny Ciancanelli & Jose Antonio Reyes Gonzalez，2002），主要包括公司治理结构（以会为中心，研究股东大会、董事会、监事会功能的强化，各类专业委员会设置，以及与管理层之间的制衡）和公司治理机制（主要包括议事程序、执范和行为守则）。第二，研究多关注于银行所有权安排及其具体化等问题，很少根据银行业这样的高风险特征，围绕"委托代理"深入到银行内部，就分级管理、内部控制、组织结构、激励约束等非传统的治理要素去研究成套的科层治理制度体系。第三，研究的对象主要集中于对欧美发达国家的研究与借鉴，几乎忽略了发展中国家银行治理实践。第四，较一般公司治理领域研究的相对成熟而言，银行公司治理的研究还处于起步阶段，即使是发达国家，对银行治理的研究也是近期的事，而对科层治理的研究更是少之又少。总之，到目前为止，完整的商业银行公司治理的理论框架尚未建立，对公司治理的基本问题并没有形成系统的研究，尤其是缺乏对银行公司治理中重要组成部分的科层治理的研究。现有研究的最终结论基本上都归于采取股权多元化、私有化、引进外资银行与竞争、加强监管、增强透明度等措施（James R. Barth、Gerard Caprio、Jr. & Ross Levine，2002）。图 2 - 1 简要归纳了这些研究的理论逻辑。

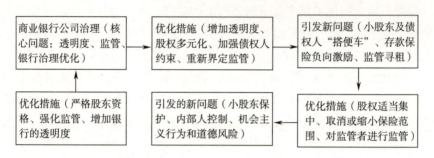

资料来源：曾康霖，高宇辉. 中国转型期商业银行公司治理研究［M］. 中国金融出版社，2005：32.

图 2 - 1　国外商业银行公司治理研究的动态循环

二、国内关于商业银行公司治理研究现状

国内学术界针对我国经济转轨的大背景、持续高速增长的经济环境、国有控股的股权结构、政府乃至政党对管理人员（干部）的直接管理、特殊的政银关系和银企关系等具有中国特色的内外部约束条件，对商业银行的公司治理问题展开了广泛研究，并取得了一系列积极有效的成果。

（一）对于商业银行公司治理特性的认识和研究

李维安、曹廷求（2005）梳理了商业银行的特殊性及其对治理结构的影响后指出，银行合约的不透明性、银行产品的特殊性和银行资本结构的特殊性是商业银行公司治理基础特性，他们的研究还指出了应针对这些特殊性建立商业银行公司治理的特殊机制。银行治理不仅将公司治理理论应用于以商业银行为主的金融中介而大大拓展了公司治理的外延，并标志着公司治理步入新的阶段，更重要的是强化了从公司治理视角探讨商业银行风险控制成因和控制措施的研究倾向，而银行体系的脆弱性和金融风险控制的内在要求也赋予了银行治理新的内涵，并因此对银行治理提出了更高的要求。

作为商业银行公司治理的重要组成部分的科层治理主要是指银行内部的组织结构和权力分配体系，主要包括三个方面的内容：一是基于产权关系的控制

权、经营管理权和收益分配关系的基础框架，体现为利益主体之间的权力结构；二是在基础框架下形成的内部各层次的治理关系，即委托代理关系和契约关系，体现为静态的组织结构；三是对经理和员工的激励和约束机制的设计，体现为动态的组织运行结构（肖刚，2006）。商业银行作为一种公司组织形式，其科层治理的基本原则和框架与一般意义上的公司科层治理是一样的，但作为金融企业，商业银行又具有诸多特殊性，导致了其科层治理与一般公司的科层治理存在差异。商业银行资本结构特殊，其债权人是由众多不具有信息优势且不具备监督控制积极性的存款者构成，这使得商业银行科层治理缺乏外部债权监督和约束。而且，商业银行涉及贷款人、存款人、监管者、股东等多方利益相关者，信息不对称方面要比一般公司复杂。再次，商业银行所在的银行业市场由于多种原因难以达到一般公司所面对的市场公平竞争环境，弱化了市场竞争对商业银行改善科层治理的激励作用，政府管制作为市场机制的补充在一定程度上对内部科层治理产生影响。另外，银行作为资源配置的重要机制，内部治理不善极易诱发金融危机，这决定了其经营目标的特殊性——既要在融通资金的同时实现效益最大化，又要追求金融风险最小化。因此，商业银行科层治理要特别强调建立和实施相关的风险监管和控制，减少银行不同层级运作的过度风险倾向（张文，2004）。

我国国有商业银行所有权控制在国家（政府）手中，所有者是通过庞大的科层结构组织以及相关成员进行管理，其具有不同于一般银行科层治理的特征：一是国家（政府）是持有绝对控股权的最大股东，并存在多目标管理行为；二是即使上市后也不存在现代资本市场中对科层治理结构产生重要制约作用的收购和兼并行为；三是不存在形式上的管理层收购的可能，国有银行的科层治理通过类似于政府行政组织的庞大的科层组织和成员来实现；四是国有商业银行科层治理的实质是普通公司科层治理在特定产权结构背景下的强化和扩张（肖刚，2006）。

（二）对于国有商业银行体制问题的认识和研究

除了信息不对称、政府监管严格以及与此两点相关的债权人治理惰性等商业银行固有的治理特性之外，国有商业银行的公司治理还面临着特有的体制缺陷。谢平（2002）对国有商业银行治理结构的特殊性进行了深入全面的研究，尤其对党管干部原则与现代公司治理结构的冲突进行了开创性的研究。他指出，中国国有商业银行与西方银行在公司治理结构方面最重要的区别在于特有的"党管干部"体制，即国有商业银行的党委书记担负着管理、选拔和任用干部（管理人员）的职责，国有商业银行的行政干部（经营管理人员）的任免必须经党委会批准任命，按照公司治理理论的职能划分，党委书记实际上行使了CEO的部分职能，而且是关键职能。为此，他强调了党管干部原则与市场经济条件下的公司治理结构的不相适应，这种不适应将导致国有商业银行经营管理目标错位，导致对经营管理层的评价、选拔和激励机制扭曲，从而导致国有商业银行的经营管理行为扭曲，对国有商业银行的治理绩效产生严重的负面影响。熊继洲（2004）则对国有商业银行体制再造提出了自己的研究结论。他以四大国有商业银行为研究对象，探讨其体制再造的目标模式和路径选择，并且通过运用现代公司理论，从产权、委托代理关系和组织制度三个基本层面上研究了四大国有商业银行的体制再造问题以及国际上可供借鉴的经验，并指出四大国有商业银行的根本出路在于体制再造，而不仅仅是"技术模仿"，需要将其改造为多元产权主体的现代股份有限公司，使其具备市场化的公司治理和层级组织。张新（2004a）在一篇内部工作论文中十分精辟地分析了中国银行、中国建设银行股份制改革与上市工作中可能存在的具体问题，指出完善两行公司治理结构要解决的特殊性矛盾是防止管理层侵占国有股东的利益和防止外部干预国有商业银行的正常经营，并提出了详尽的解决方案。张新（2004b）在另一篇内部工作论文中就如何充分发挥汇金公司派出董事在中行、建行公司治理中的主导性作用进行了研究，从技术层面就派出董事的性质、派出董事是否有一致投票权、如何防止派出董事被管理层控制或与管理层合谋、如何在董事会及各专门委员会中发挥主导性作用等问题进行了详尽的探讨。

（三）国有商业银行科层治理机制研究

1. 层级委托代理关系。曾康霖（1999）认为，明确委托代理关系，也就是权责明确，使所有者能正确评价经营者的业绩，并给予应有报酬，使经营者真正能自主经营、自担风险、自负盈亏。政企分开的实质意义，也是为了排除这方面的干扰。常琨、杨方步（2003）应用委托—代理理论分析国有商业银行现存管理体制的弊端，并通过一个简单的委托代理模型说明解决问题的关键所在。国有商业银行经营管理效率低下的原因主要在于现行管理体制中管理链过长，激励机制不当。李吉祥（2006）从国有商业银行所有者与总行管理层的层面对国有商业银行的委托代理关系进行分析，认为定期对国有商业银行经营者进行检查和考核，经营者的道德风险行为就容易被发现，经营者从事道德风险活动的成本就越高，从事道德风险活动的可能性就越小。其次，为了使经营者个人效用最大化目标和国有商业银行所有者利润最大化目标相一致，激励追求自身利益最大化的经营者作出符合所有者意愿的行为选择，就必须设计有效的经营者激励机制，具体包括物质激励和精神激励。熊继洲（2004）、姜建清（2001）指出国有商业银行的层级组织弊端集中表现在：管理链条过长、依权限逐级报批和层层转授权模式造成信息的多级传递和决策，加大信息不对称和总行的监督难度，很可能造成内部控制失灵，成为滋生道德风险的温床。商立平（2005）指出国有商业银行现行的多层次管理的组织模式与现代商业银行组织制度的要求格格不入，不利于金融资源配置效率的提高，也不利于银行系统自身效益的最大化，必须借鉴国际上的经验，构建适合我国国情的银行组织制度模式，只有这样，才能有效地推行国有商业银行商业化进程，提高整个银行系统的效率。肖刚（2006）认为国有产权构成使国有银行从总行到各分支行等层次均为代理人，政府与国有商业银行之间无法实现经济化和市场化的委托代理关系，这无疑会造成整个委托代理链运行的目标异化和行为扭曲。由于代表国有产权的主体缺位，各级行意识到中国有银行资产的非己性，会减弱各级代理人对财产保值、增值的努力程度，并造成寻租行为和道德风险的大量滋生。当前的国有银行层级结构加重了信息的不完全和不对称程度，造成委托代理效率低下。

2. 银行科层经理人效用。罗金生（2002）指出由于国有商业银行的多重目标，以及其所存在的严重的委托代理问题，使其科层经理人具有"政治银行家"特质，既追求货币收益（与银行效益挂钩的个人收入）也追求非货币收益（权力、政治支持、社会声誉、成就感等等）。段银弟（2003）运用西方制度经济学的"成本—效益"理论，分析了中国金融制度变迁的利益主体及其效用函数，揭示出中国金融制度变迁的轨迹是政府效用函数与国有商业银行各级经理人的个人效用函数的统一，并在此基础上导出中国金融制度变迁的特质。他认为，我国国有商业银行各级经理人的个人效用函数中的收益变量有货币收益、权力、政治收益、个人声誉、社会支持等，其制约因素有政治势力、能力素质等。与西方国家的银行家面临的相对充分竞争的市场相比，国有商业银行各级经理人面临的是一个不完备的市场。因此，相对新古典企业家而言，国有商业银行各级经理人效用函数有其独特的特征：货币收益与非货币收益的函数，在货币收益与非货币收益的边际替代率等于其价格时，经理人实现了交换效率；国有商业银行各级经理人个人的效用函数和社会效用函数并不完全重叠时，其可以在一定程度上将私人成本外部化，施加于社会其他人（主要是民众）之上，而同时将制度产品的外部收益内在化。迟名海（2003）借助新制度经济学的有关工具找出了影响国有商业银行战略制定的三个行为主体——国家、地方政府和各级分支行经理人，并构建了它们各自的效用函数，国家既具有租金偏好又具有效率偏好，其效用函数则为二者之和；地方政府具有

"暴力潜能"和"社会经济功能"的二重性，它所追求的效用最大化就是要在"对国有商业银行分支机构进行利益渗透"和"发展非国有商业银行"之间实现交换效率；而各级经理人则具有"经济人"和"政治人"的双重性质，其收益函数可分为正常收入和寻租收益两部分，正常收入的大小取决于各级行经理人"令国家满意的程度"和"对银行利润的贡献程度"，寻租收益的大小取决于各级行经理人"令地方政府满意的程度"和"令国家满意的程度"。因此，提高国有商业银行的战略管理水平，可以从两方面着手：一方面是改进国家对国有商业银行的干预机制，规范和完善汇金公司的职能设计和运行机制，避免国家的收益函数直接进入国有商业银行经营者的收益函数，从而削弱国有商业银行的"政治人"特性；另一方面是健全国有商业银行的公司治理结构，完善国有商业银行经营者的激励约束机制，减小地方政府对国有商业银行分支机构的影响能力，消除银行经营者的寻租收益，使其利益追求单一化。

3. 科层组织结构。黄贤福（2002）总结和借鉴了欧洲商业银行组织架构重组原则的演变，提出了我国国有商业银行组织架构重组的思路。外部组织架构的重组应借鉴欧洲银行经验，采取总分行制下的三级组织架构模式和实行中心分行制，即总行、中心分行、分（支）行，撤销市一级分行，在分（支）行和总行之间仅保留一级中心分行；内部组织架构调整的主要思路是面向市场，在信息和技术的帮助下，以业务部门系统为主线，对原有组织机构进行重组，删减重复机构部门，压缩组织层级，形成扁平化的组织架构；组织架构重组的配套支持包括严格的制度、科学的核算系统和考核评价系统要依托现代网络和信息技术，促进管理创新，以科技投入支撑业务发展，满足业务发展和客户需求等。

赫国胜（2004）认为在国有商业银行内部组织架构改革过程中，应采取有效措施调整和改变各级银行内部机构设置一一对应的状况。一是基层行内部机构设置应尽量综合化，而总行、省级分行的机构设置可适当专业化。二是下级行，主要是基层银行可根据自身情况及业务发展的需要，设置上级银行没有的机构。三是上级行可以根据实际需要，设立在自己管辖范围内开展业务的机构，而下级行不再设立此类机构。

邹新、马素红（2004）提出了国有商业银行分支机构调整战略目标以及"一个重心、三条主线"的战略规划，一个重心主要是指以中心城市行为发展为重心；三条主线包括纵向的组织架构扁平化、横向的网点区域布局调整以及按业务流程对组织架构进行整合。

王元隆（2001）认为有两种方案较为符合中国国有商业银行层级机构设

置。一是保持总分行制不变的情况下，对国有商业银行的部分分支机构进行改制使其子公司化；二是把国有商业银行的大部分或全部分支机构改制成子公司，将总分行制改为集团公司制。殷雷（2002）从行为、效率、控制、技术等方面分析了国有商业银行层级机构设置的弊端，并指出，按行政区划、政府层次序列设置的行政体制高度耦合的金字塔式组织层级体系是导致经理人员比重过大，管理成本、协调成本、交易成本较高，内控薄弱，资源损失浪费严重的根源。同时主张建立起总行—分行的层级组织模式，缩短管理链条，以进一步贴近市场。

4. 科层经理人激励机制。姜波克、李军（2001）通过浦发银行重组上市实例总结出中国银行业的商业化改革不仅是一个改变所有权或控制权的问题。就目前国有商业银行本身而言，创建一个适当的向前发展的管理制度及相应的激励机制是根本。管理和激励制度必须对各级组织和各级经理人都进行恰当的激励，必须建立某种程度的个人责任制，要让银行经理人对贷款损失负责。同时，一定企业治理结构下的组织责任制将使银行的管理和激励得到加强，而又不至于造成过度激励。

张延军（2003）认为可以通过相应的制度设计来解决各级经理人的道德风险问题，建立中国化的长期激励机制，比如实行可转换有限制股票计划、虚拟股票分红权计划、奖金延后支付计划和有限制的福利型激励计划等。此外，李富国和杨智斌（2004）认为，国有商业银行经理层的报酬整体水平偏低，市场经济体制各方面还不是很完善，资本市场也不是很发达，外部约束机制的运行条件也还不很成熟，尚且不能发挥比较强的监督约束作用，由此，应制定合理的报酬激励约束机制，提高对银行经理层的经济激励，同时在银行经理层的报酬合约中提高长期激励的比重作用，强化其经营行为的长期化预防其经营行为的短期化。周素彦（2004）认为我国商业银行应当从激励机制的科学设计和激励约束机制的互相协调来降低控制权收益在国有商业银行经理人员收入中的比例，加强制度建设变银行经理人的不可执行合同为可执行合同来改善激励约束状况。王权浩（2003）则认为，应从经济利益激励、权力地位激励和培训激励三方面来完善经营者的激励。

（四）简评

总体而言，国内关于国有商业银行内部治理的研究对我国转型经济时期的特殊性和国有商业银行的特点结合得不充分，习惯于简单套用西方发达国家银行治理理论，国外理论研究未经国情化处理就传递给决策者。有的研究甚至干脆把对一般企业的管理方式照搬到银行部门，没有考虑商业银行尤其是国有商业银行的特殊性，得到的结论片面且缺乏实际基础。在研究内容上国内研究主要集中在讨论银行产权改革的必要性方面，证明股份制的产权关系优于单一国有，股份制商业银行具有更高的效率，或强调给予经营者以剩余索取权来解决代理问题，其次是关注股东大会、董事会、监事会和经营者之间的委托代理关系，但长期以来，探讨国有商业银行内部总行与分支行间以及各级分支行的科层治理机制的文献并不多见。随着国有商业银行商业化改革的逐渐深入，20世纪90年代中后期以后，对国有商业银行层级委托代理关系和科层治理的研究才逐渐涌现。这些研究分别从不同的角度对国有商业银行科层治理结构的现状、存在的问题以及变革和构建进行了分析。然而，对银行科层机构设置、授权模式、激励机制等不同角度的研究仍处在一个相互割裂的状态，缺乏一个统一的分析框架将各个局部的研究统一到一个完整的逻辑中，大多数研究停留在比较肤浅和零散的层次，无法系统深入地探讨国有商业银行科层治理机制。在研究方法上，以规范研究为主，定性研究居多，所得的数据资料不够全面系统，定量研究基础薄弱。

第三章 国有商业银行
科层经理人道德风险

第一节 银行科层经理人道德风险生成机理

在分工为基础的社会中，所有权和经营权相分离，委托代理关系应运而生。因为委托人和代理人之间目标函数的差异，同时两者存在着不同或不对称的信息，因此道德风险广泛地存在于委托代理关系中，又被称为委托代理风险。道德风险指的是拥有信息优势的具有风险规避特征的代理人，为了自身利益最大化，损害拥有不完全信息的委托人的利益的可能性。具体到国有商业银行的科层，道德风险主要指在内部层级委托代理链条下，科层经理人为了增进自身或者是局部小团体的利益，受个人价值取向与道德素养左右，利用信息优势、凭借手中可以控制的资源，以放弃制度规范、职业道德和银行整体长远的利益为代价，从而导致银行资产处于风险状态或经营出现危机。科层经理人的道德风险可表现为偷懒行为，即没有尽全力地为上级行工作，玩忽职守或偷懒无为，并隐瞒其努力水平，向上级行索取大于其付出努力的报酬；也可表现为腐败行为，即违反上级行的意图和规定，利用职务和岗位之便，凭借手中的权力和资源谋求个人私利，损害银行的整体利益；还可以表现为追求部门或短期利益而违规违纪，如过度创新、制造内耗、盲目扩大信贷、操纵会计报表、向上级提供虚假信息等。一般而言，掌握人、财、物的权力部门与要害岗位的经理人和一般员工都可能存在道德风险，而本书则侧重分析科层经理人对于上级行及政府的道德风险行为。

一、道德风险的实质是相关利益主体间的目标冲突

（一）总分行间的目标冲突

总行更多地关注银行整体长远的利益，更加关注银行整体资源的配置和长

期目标的实现，而且由于其所受到的政府约束力量比较大，在决策上往往会体现政府国民经济整体战略布局；而科层经理人的控制权力主要来源于上级行的授权，因此他们会更多地关注上级行对其业绩和能力的评价程度，从局部利益角度出发，更加重视所在分行的业绩指标，关心所在分行短期绩效的提高。由于分行的资源获得取决于对上级行各项指标的完成情况，于是如果分行由于各种原因达不到上级行下达的指标时就会选择成本外溢的方式虚增利润或有意隐瞒生产能力，造成要素利用低下。按照现行的科层人事管理制度，科层经理人三至五年要交换岗位，他们往往考虑的是任期内的阶段性利益，以牺牲资产质量指标来完成利润指标和资产增长指标，保证其任期内经营目标的实现，没有发展有助于全行可持续稳健经营目标实现的战略性业务的动机。

（二）个人与部门间的目标冲突

科层经理人作为理性的经济人，他需要得到个人效用的满足，包括物质性收入、控制权、自我实现的满足感、公众关系和社会地位等，而部门的目标是利润最大化并能保持长远稳健的发展。本部门良好的经营固然能给科层经理人带来更多物质和非物质的利益，然而由于国有商业银行内部不完善的激励约束机制和银行复杂的经营环境常常使银行的利益与科层经理人的个人利益发生偏差，通过提高经营管理的努力水平来得到个人效用的满足往往具有很大的不确定性、不充分性。另外，低下的银行监管效率给科层经理人提供了大量投机空间，有的通过财务、贷款、人事、采购等权力进行公款消费或收取酬金及贿赂；有的在经营活动中重数量轻质量、重短期轻长期，竭泽而渔，炮制"政绩"；有的弄虚作假，粉饰"政绩"；有的通过向地方政府提供交易性贷款，直接"跑官""买官"。在这些行为中，科层经理人以牺牲部门利益为代价满足着个人对物质、权力、地位、自我价值实现的欲望。

（三）银行与各级政府间的目标冲突

国有商业银行作为市场主体，其目标和一般逐利性的企业是一样的，就是要实现长期利润最大化。政府代表的是公众的利益，其目的是社会福利最大化，实现社会的稳定和有序发展。当政府作为国有商业银行的所有者时，银行所有者职能与政府职能合一。一方面，政府作为银行所有者，参与银行经营利润的分配，要求银行利润最大化；另一方面，政府作为全民社会利益的代表，又要保持稳定的社会环境或实现其他政治经济指标。就地方政府而言，其执政目标有诸如经济增长、社会稳定、环境保护、就业率、税收增加等，有些地方政府管理者为了在有限任期内获取政治资本，往往会大规模融资举债，搞开发区，搞城市建设，搞"形象工程"和"政绩工程"。如果国有商业银行公有产权约束松弛，就可能会为各级政府行政干预提供依据和机会。在这种干预下，分支行把经营不善推给政府的能力增强，信息不对称性加剧，总行更加无法识别分支行的经营不善是地方政府行政干预的结果还是自身道德风险的结果，这往往会助长科层经理人从事道德风险行为的动机。

二、道德风险的根源是信息失衡

信息是决定银行科层委托代理关系的重要因素，各级委托人和代理人都有追求信息优势的冲动，以避免因信息缺失使自身利益受损。上级行只有占据有效信息才能对下级行的表现作出正确评价，才能对下级行的道德风险行为进行有效的监督和约束。然而，在国有商业银行分支机构层级过多的情况下，上级行难以全面、真实掌握下级行的经营情况，对经营不善的甚至存在内部人控制的下级行不能及时发现并加以处罚，某些下级行能趁机通过多发奖金、集团消费、转移收入、关系贷款等手段侵蚀利润。银行分级次管理屏障极易导致信息不对称，如果下级行对其经营风险隐瞒不报，上级行尤其是总行很难及时掌握。有些科层经理人往往通过追求资产负债规模的扩张、银行网点的增加来追求自己和职工的眼前利益，而不顾及资产收益、资产质量、负债成本和利润增长等关系到总行整体利益和长远利益的指标，银行规模日益膨胀的背后积聚了大量经营风险。这从前几年个别分支行发生巨额的经营风险，而总行却一无所知的事实可见一斑。除了国有商业银行多级次的管理带来信息失衡外，由于某些分支行可能承担地方政府的政策性公司贷款，会进一步加重信息不对称，不易识别科层经理人的经营性努力和渎职行为。在政策性不良贷款的掩盖下，科层经理人可以轻松地推卸道德风险责任，利用职权谋私、追求寻租收益。总之，科层经理人直接从事经营管理，掌握充分的信息，并由于信息优势在与上级行的博弈中取胜，信息的优势更激励了其为自身利益最大化而去从事道德风险行为。

三、道德风险行为的诱因

（一）所有权虚置

国有商业银行的终极所有者是全体人民，国家作为全体人民的代表，代为行使所有者的职责。然而，国家是个抽象的概念，是个虚拟的非人格化的所有者，不具备财产委托人和所有者所具备的行为能力，无法实际行使所有者的各项权利，也无法承担财产中的任何一部分的损失责任。现实中国有商业银行的实际控制权集中在政府的多个部门和各级组织的官员手中，他们无法像真正财产所有者那样有内在动力来关心银行的经营行为和经营成果（王华，2008）。

股份制改革后，国有商业银行基本保持了国家的绝对控股，所有权由中央汇金公司行使，未能从根本上解决国有商业银行所有权虚置问题（窦洪权，2005）。而且，所有权虚置在中央与地方政府之间的层层委托代理下被进一步放大。政府与国有商业银行的分支机构间所有者与被所有者的关系更加淡化、更加模糊，没有人能合法占有分支机构的剩余，也没有人真正有监督分支机构经营管理的积极性，导致监督效率低下。实际占有分支机构财产的是各级经理人，而且他们拥有对投资、利润使用等方面的控制权。另外，所有权虚置有利于各级政府对分支行的行政干预，加剧信息不对程和预算软约束。上文曾指出科层经理人追求个人收入、地位、权力等短期利益目标与银行稳健发展的整体长远目标存在冲突，科层经理人为了追求自身利益的最大化，不顾风险扩大银行资产规模，不计成本增加银行负债，甚至徇私舞弊、贪污受贿而不惜牺牲银行的资产。所有权虚置下监督的疲软、风险约束的软化、信息不对称的加剧必然助长科层经理人道德风险行为的发生。

（二）考核激励机制缺陷

在对分支行绩效考核中，存在重市场拓展、经营效益类指标，轻资产风险、内控管理类指标的倾向，指标权重和计分方式无法在两类指标间很好地平衡，误导分支行重规模、重即期效益。而且由总行到分支行采取自上而下逐级考核，下级行被动地接受上级行的考核，各级经理人面临着很大的任职考核压力。科层经理人要获得资源、得到晋升关键在于指标的完成情况，于是，各级行往往会给下级行下达高于上级给自己下达的指标，并且力争本期指标完成情况高于上期实际水平。绩效考核的"棘轮效应"是科层经理人道德风险的催化剂，致使科层经理人产生隐瞒或虚增业绩和生产能力的冲动。不仅如此，异化的考核制度更易导致用人不当。事实证明一些道德素养、业务能力低下、没有风险管理意识的人员凭着能拉存款、能增贷款被不断重用提拔，为日后的道德风险埋下隐患。另外，"在分支行绩效考核中将业务费用、工资奖金与考核指标直接挂钩，会导致财务核算失实。对业务费用特别是营销费用的使用缺乏明确的、详细的财务核算制度，导致银行不同程度地放松了对费用支出的监控，无法形成良好的内控环境，给科层经理人的道德风险行为提供了可乘之机"。①

"国有商业银行对科层经理人激励方式主要采取薪酬激励和控制权激励、

---

① 许学军．现代商业银行绩效考核与激励机制［M］．上海财经大学出版社，2008：22－23．

侧重控制权激励。"① 在薪酬激励方面，目前的薪酬体系单一，工资、奖金等短期激励方式占据绝对的主体地位，实施股票期权甚至管理者持股的银行为数不多，长期激励严重缺乏，助长了科层经理人短期投机行为。虽然年薪制在银行业的普遍推广使报酬和绩效联系更加紧密，但传统的行政工资体制还或多或少地影响着国有商业银行科层经理人。薪酬福利不能很好地体现简单重复劳动与复杂经营、技术劳动之间的价值区别，对有能力、责任大、努力工作的人的激励效果不佳，致使一些科层经理人心态扭曲，畸形追求权力的控制，通过以权谋私获得补偿。在控制权激励方面，由于长期受"官本位"文化的影响，某些上级行按照选拔官员的办法选拔下级行经理人，但不对选择结果承担责任。为了加强人脉控制，某些上级行往往唯亲是举而不是唯贤是举，为日后道德风险行为的发生埋下伏笔。而且，对科层经理人的控制权缺乏必要的监督和约束，甚至形成专制。有的科层经理人在决策中说一不二，不遵循民主化、科学化程序；在人员选聘上，想用谁就用谁，想怎么用就怎么用；在财务管理上，收入开支"一支笔"；等等。总之，薪酬激励不足，控制权分配的非市场化以及控制权监管的缺失都在一定程度上滋生了科层经理人的道德风险行为。

（三）管理控制机制失效

银行的管理控制机制包括组织管理和内部控制。在国有商业银行的组织管理上，多层次的行政层级管理体制使得委托代理链条过长，导致激励约束机制、风险控制机制、信息传导机制和资源配置机制失灵，增加了管理成本和代理成本，削弱了总行对分支机构的控制力和监管效率。层层的委托代理容易使下级行经理人产生只对上级行负责的倾向，对总行的战略意旨可以忽略。由于上级行掌管下级行的资源配置和重要人事任免，让上级行重要领导人满意、搞好与上级行的关系来获得稳固的地位成了一些下级行经理人的工作重心。这种多层级行政管理体制在风险控制方面明显不足，导致分支行出现道德风险，分支行资产管理甚至处于失控状态。就内部控制而言，银行内部还没有形成浓厚的内部控制文化，没有建立动态、实时的风险认知和评估体系，往往是等问题最后暴露时才采取事后补救。银行在行使监控职能时，集业务活动组织和业务经营监督于一身，职责不明确，权责失衡，监督效率大打折扣。在机构设置上，将内部稽核部门作为同级行的内部机构，稽核人员又处于同级行经营管理之下，地位不超脱，职能不独立，无法对经营行为实施有效监督。在组织结构、岗位职责和授权授信方面都缺乏相应完善的银行风险预警、识别和控制制

度。全行管理信息系统运行的质量和效率都不高，缺乏刚性程序限制、关联企业控制、自动风险预警、交叉违约锁定等功能，信息来源有待扩充，系统结构有待改进，系统档次有待提升。总行还不能充分利用信息技术平台实时监控二级分行乃至全行的经营管理，无法对各分支机构的关键业务了如指掌，及时准确地掌握贷款状态和资产质量状况，给分支机构道德风险提供了可乘之机。

四、科层经理人道德风险行为的实证

2005 年，银监会官员在接受新华访谈时提到，国有商业银行案件大多发生在基层，职务犯罪占了大部分，尤其是一把手犯罪问题严重。表 3－1 对国有商业银行科层经理人道德风险典型个案进行了不完全汇总，通过这些案件的分析不难发现如下特点：第一，这些案件都存在长期隐蔽的特点，当事人在数年甚至十余年的过程中逐步、渐进地为自身谋取不当利益，隐蔽性极强，上级行乃至总行很难及时发现。如在中行开平支行案件中，几任行长相互勾结掩护，历时 10 年转移资金折合人民币超过 40 亿元，他们所用手段并不高明，却可在这么长时间持续地疯狂作案，究其原因，与金融系统内部对"权力拥有者"在监管上的长期失位有着莫大的关系。第二，曝光的案件损失惊人，少则百万元，多则上亿元甚至数十亿元，充分暴露了某些国有商业银行分支行在激励约束、内控管理等方面的低效。第三，每起案件都是通过权力寻租，涉案的科层经理人利用手中人、财、物等控制权，违规违法捞取灰色收入。这些科层经理人手中权限的行使充满了专制色彩，而且缺少必要的制衡和监控。如农行韩文明一案中，完全由韩文明操纵发放信贷业务各个环节，误导总行决策，幕后操控违规审批贷款，违规贷款总额达 3.68 亿元。而且，在未经任何程序和会议研究的情况下，擅自将西藏农行营业部在拉萨购置的一块土地交给地方有关单位使用。又如吴让捐一案中，当事人对业务主管部门提出的正确意见不予采纳，违反信用证审批程序，没有经过市分行信贷部门审查及贷款审查委员会集体审批，自己介绍、自己签批、直接决定，指使下属违规给不符合开证条件的企业开出数额巨大的融资性信用证。再如交行刘昌明案中，刘昌明从2003 年 1 月到 2004 年底期间，频繁地在各家银行间调任，先后担任民生银行深圳分行行长、民生银行总部行长助理及副行长、建设银行广东分行副行长、交通银行广州分行党委书记及行长等职。在这一过程中，刘昌明就制造了大量违规放贷，而这些贷款也随着他的调动而迁徙。据广交行高层人士透露，刘昌明做事专断，很多支行行长甚至没有签字，贷款就放出去了。由于缺乏严密的内控监管机制和相关权力的制衡，刘昌明能肆无忌惮地在仕途上不断得到重用并不断制造违规贷款。第四，当事人通过在外勾结地方势力集团，在内培植亲信，逐渐形成与上级行和总行对立的"诸侯行"，竭力向上级行封锁信息，屏蔽信息。如吴让揖在垫付问题发生后，向市分行国际业务部施加压力，阻止其向总行报告。银行分级次管理屏障和滞后的银行管理信息系统极易导致信息不对称，给下级行封锁信息带来极大便利。第五，案件当事人里外合谋，科层经理人与地方势力集团权钱交易，合伙侵占国有资产。案件中的关联企业很多都具有国企背景或与地方政府有千丝万缕的联系，如农行韩文明一案中涉及的就是有政府背景的基建工程投资项目，而且韩文明将西藏农行营业部在拉萨购置的一块土地交给地方有关单位使用。又如农行刘卫案中的关联企业六安市华康粮油食品公司、中行高山案中的关联企业东北高速公路股份有限公司等都是国有企业，与当地政府联系密切。在地方政府的交易性政治干预下，一些科层经理人与地方官员在公司性政府贷款项目中合谋进行权力寻租、贪污受贿、侵吞国家财产。

表 3 - 1　　　　国有商业银行科层经理人道德风险
典型案例不完全汇总

典型案例	案例简况
农行刘彦彬案	农行蠡县支行原行长刘彦彬在 1995—2006 年期间，利用职务之便，多次索取或收受他人贿赂共 236 万元，并为他人谋取利益
农行韩文明案	农行西藏分行原行长韩文明在 2001—2006 年间利用职务之便，在投资基建工程等建设项目中巨额受贿总计高达人民币 430.9 万元、美元 16 万元
农行吴让揖案	农行重庆市分行原行长吴让揖违反职权和相关规定，非法为四川盛世集团出具 3313 万美元的金融票证，导致 2.2 亿多元人民币和 1474 万美元没有收回
农行刘卫案	农行六安市分行原行长刘卫 2001—2005 年任职期间收受六安市华康粮油食品公司 40 万元现金，违规给该公司贷款 7700 万元，造成银行重大经济损失
中行胡伟东案	中行双鸭山四马路支行原行长胡伟东等 5 人非法开具银行承兑汇票，合计涉及金额 4.325 亿元
中行高山案	2005 年 1 月中行黑龙江省分行所辖河松街支行发生涉嫌内外勾结票据诈骗案，涉及东北高速公路股份有限公司等数家企业及金融机构，行长高山携数亿元款项逃之夭夭
中行王雪冰案	中行纽约分行原总经理王雪冰在 1993—2001 年期间利用职务上的便利为华晨（中国）控股有限公司、北京再东方广告有限公司等企业谋取利益，并为此非法收受这些公司给予的钱款、艺术品、名牌手表等贵重礼品，共计折合人民币 115.14 万元

续表

典型案例	案例简况
中银香港案	中银香港总裁刘金宝涉嫌经济犯罪，中银香港副总裁朱赤和丁燕生涉嫌私分"小金库"
中行开平支行案	中行开平支行先后4任行长历时10年抽逃资金4.83亿美元
建行分行行长引咎辞职案	2004年建行75%的大案要案都发生在5个省级分行，占全行案件总数的41%，占所有涉案金额的91%。相关分行行长引咎辞职
建行杨森、郭强案	1999年12月至2001年4月间，建行吉林分行所辖铁路支行原副行长郭强与长春市铭雨集团相互串通，采取私刻印鉴、印章、制造假合同、假存单证明书，伪造资信材料、担保文件等手段，进行贷款、承兑汇票的诈骗，诈骗总金额32844万元，而这其中吉林省分行党委委员、原副行长杨森负有不可推卸的责任
建行黄学良和工行杨红霞案	2003年初建行珠海丽景支行原行长黄学良和工商银行河南省分行营业部经纬支行原副行长杨红霞收取广州某公司贿赂，以私刻印鉴、虚构合同、虚开增值税专用发票方式向该公司提供银行资金1.3亿元
交行刘昌明案	2007年底至2008年初，交通银行广州分行原行长刘昌明放出的违规、违法贷款累计90多亿元，其他重要涉案人员还包括原授信管理部高级经理张立和原番禺支行行长麦天亮

资料来源：通过查阅收集相关网上资料所得。

第二节　银行科层经理人道德风险行为动机模型

本节通过委托代理模型来分析科层经理人的道德风险行为的动机，[①] 研究影响科层经理人道德风险行为动机的因素以及这些因素间相互作用，从而进一步揭示科层经理人道德风险生成机制及诱因。

一、道德风险动机模型

假设科层经理人风险中性，若不存在道德风险行为，其效用来自于他所取得的薪酬收入 $w = \alpha + \beta\pi$，α 为固定收入，β 为激励系数，即以经理人所在科层每年创造产值的一定比例支付给经理人，$0 < \beta < 1$。因此，科层经理人不存在道德风险行为时的效用函数为 $u_n = w = \alpha + \beta\pi$。若科层经理人存在道德风险

---

① 模型的构思借鉴了闫伟的经理道德风险模型思想。参见：国有企业经理道德风险程度的决定因素 [J]. 经济研究，1999 (2)：3-21.

行为，其被发现的概率为 p。若没有发现，其效用为薪酬收入 w 和灰色收入 y 之和；若被发现，其将被解雇，并没收全部灰色收入，仅有所得 v，显然，$v <$ w（当 $v < 0$ 时，则意味着不仅剥夺科层经理人再就业的权力，而且对其进行罚款以赔偿损失）。可得，科层经理人存在道德风险行为时的效用函数为 $u_m =$ $(1 - p)(w + y) + pv$。以 Δu 表示科层经理人从事道德风险行为后效用的变化，$\Delta u = u_m - u_n = (1 - p)y - pw + pv$。当 $\Delta u > 0$ 时，科层经理人就有动机从事道德风险活动，而且 Δu 越大，科层经理人就越热衷于从事道德风险活动，对银行和社会产生的负面影响也越严重。因此，Δu 体现了科层经理人道德风险行为动机的强弱。

二、影响道德风险行为动机的因素

从 Δu 的函数表达式可以看出，科层经理人从事道德风险行为时得到的灰色收入 y，科层经理人的薪酬结构（固定工资 α 和激励系数 β），科层经理人违规违法行为一经发现后所得 v，以及科层经理人道德风险行为被发现和处罚的概率 p 都不同程度地影响着其从事道德风险行为的动机。下面，用求偏导数的方法具体分析其中的关系。

$$\frac{d\Delta u}{dp} = -y - (\alpha + \beta\pi) + v < 0 \qquad (3-1)$$

$$\frac{d\Delta u}{dy} = 1 - p > 0 \qquad (3-2)$$

$$\frac{d\Delta u}{d\alpha} = -p < 0 \qquad (3-3)$$

$$\frac{d\Delta u}{d\beta} = -p\pi < 0 \qquad (3-4)$$

$$\frac{d\Delta u}{dv} = p > 0 \qquad (3-5)$$

（3-1）式说明科层经理人从事道德风险行为的动机与其违规违法行为被发现和处罚的概率负相关。信息越透明、监督效率越高，科层经理人道德风险行为越无处遁形，冒险从事的代价也越大，因此，科层经理人从事道德风险行为的动机就会受到抑制。相反，若信息不对称度高，总行和政府无法明确知晓下级行的经营和管理情况，科层经理人的行贿受贿、贪污腐化很难被发现，那么其从事道德风险活动的动机将非常强烈。

（3-2）式说明科层经理人从事道德风险活动带来的灰色收入与其从事道德风险活动的动机正相关。科层经理人假公济私的机会越多，获得的灰色收入数额越大，那么科层经理人面对物质诱惑，不惜铤而走险，以权谋私的动机也会空前膨胀。

（3-3）式说明科层经理人薪酬中固定收入与其从事道德风险行为的动机负相关。固定收入越高，科层经理人从事道德风险活动的成本越大，就越没有动机从事；反之，科层经理人则可能失去职位忠诚度，道德风险问题更严重。这与"高薪养廉"的理论如出一辙。

（3-4）式说明科层经理人薪酬中激励系数与其从事道德风险行为的动机负相关。也就是，科层经理人的产出贡献与回报的关联度越大，那么薪酬对其激励效果就越大，一方面意味着其从事道德风险行为的机会成本越大，另一方面意味着科层经理人通过规范的经营管理就能收到满意的个人效用，因而其就没有动机冒险从事道德风险行为。反之，若科层经理人的薪酬与产出贡献关联度不高，能力、责任、付出得不到应有的补偿，那么，科层经理人则更有动力通过道德风险行为取得私利。

（3-5）式说明科层经理人道德风险行为一经发现所得收益与其从事道德风险活动动机成正比。若对科层经理人道德风险行为打击力度越大，处罚程度越重，那么将大大抑制其动机；反之，如果打击力度不够，科层经理人的道德风险行为即便被发现也无需付出惨重代价，那么其就会强化贪赃枉法、贪污渎职的动机。

三、影响因素间的相互作用

接下来，用隐函数求导法则进一步分析道德风险发现处罚概率 p 是如何与固定工资 α、激励系数 β、灰色收入 y、道德风险发现后所得 v 这些因素相互作用的。易得，$\alpha = \dfrac{\Delta u - (1-p)y - pv + p\beta\pi}{-p}$，$\beta = \dfrac{\Delta u - (1-p)y - pv + p\alpha}{-p\pi}$，$y = [\Delta u + p(\alpha + \beta\pi) - pv](1-p)^{-1}$，$v = \dfrac{\Delta u - (1-p)y + p(\alpha + \beta\pi)}{p}$，将 α，β，y，v 关于 p 求导，得

$$\frac{d\alpha}{dp} = \Delta u p^{-2} - y p^{-2} < 0 \qquad (3-6)$$

$$\frac{d\beta}{dp} = -\frac{1}{\pi}(-\Delta u p^{-2} + y p^{-2}) < 0 \qquad (3-7)$$

$$\frac{dy}{dp} = (\alpha + \beta\pi - v)(1-p)^{-1} + [\Delta u + p(\alpha + \beta\pi) - pv](1-p)^{-2} > 0$$

$$(3-8)$$

$$\frac{dv}{dp} = -\Delta u p^{-2} + y p^{-2} > 0 \qquad (3-9)$$

从以上各式可知，假定科层经理人从事道德风险行为的动机维持不变，p 下降，则 α 上升，β 上升，v 下降，y 下降，也就是说，在监督效率无法显著提高、违规违法案件发现查处概率不高的情况下，想要控制科层经理人从事道德风险行为动机，一是可以通过改善薪酬报酬的结构，加大基本固定工资的同时提高激励系数，将收入与绩效紧密挂钩。然而，若监督效率很低，单单通过"高薪养廉"的做法来遏制道德风险行为的成本是巨大的，缺乏实现的可行性。二是可以通过加大对科层经理人道德风险行为的处罚力度，降低其违规违法行为被发现后所获收入水平。三是可以控制科层经理人的权限，减少其利用手中权限谋私利的途径和机会，减少灰色收入所得。

接下来，通过求二阶偏导数的方法来分析道德风险发现处罚概率 p 对其他因素对科层经理人道德风险行为动机的影响有何作用。

$$\frac{\partial^2 \Delta u}{\partial p \partial y} = -1 < 0 \qquad (3-10)$$

$$\frac{\partial^2 \Delta u}{\partial p \partial \alpha} = -1 < 0 \qquad (3-11)$$

$$\frac{\partial^2 \Delta u}{\partial p \partial \beta} = -\pi < 0 \qquad (3-12)$$

$$\frac{\partial^2 \Delta u}{\partial p \partial v} = 1 > 0 \qquad (3-13)$$

（3-10）式表明，如果 p 下降，那么 $\frac{d\Delta u}{dy}$ 就上升，即如果缺乏有效监督，科层经理人的道德风险行为很难被发现，那么其从道德风险行为中获得的灰色收入对助长其道德风险行为动机的边际效果随之加大。科层经理人就更容易受一些私利的诱惑而从事道德风险行为。

（3-11）式和（3-12）式表明，如果 p 下降，那么 $\frac{d\Delta u}{d\beta}$ 和 $\frac{d\Delta u}{d\alpha}$ 就上升，$\left|\frac{d\Delta u}{d\beta}\right|$ 和 $\left|\frac{d\Delta u}{d\alpha}\right|$ 就下降，即在道德风险行为不易被发现及查处的情况下，增加固定工资和激励系数对抑制科层经理人道德风险行为动机的边际效果随之减弱，也就是"高薪养廉"的有效性随着监督效率下降而下降。

（3-13）式表明，如果 p 下降，则 $\frac{d\Delta u}{dv}$ 下降，即在缺乏有效监督的情况下，通过加大对科层经理人道德风险行为的处罚力度来抑制其动机的边际效果随之下降。当对科层经理人的监督效率很低时，其从事道德风险活动有很大可能不被发现、逃脱处罚，那么，再严厉的制裁措施的威慑力也是有限的，科层经理人总会抱侥幸心理而不断从事有损于委托人的活动。

四、结论

从上述分析得到，科层经理人从事道德风险行为的获益，科层经理人的薪酬激励结构以及对科层经理人违规违法行为监督效率和处罚力度都不同程度影响着其从事道德风险行为的动机。而且，这些因素互相作用，对道德风险行为动机产生综合影响。这就是要求在现实中，对科层经理人合理授权并对权限行使进行有效监控，多进行民主集体决策，降低经理人以权谋私的机会；改变传统以控制权激励为主的激励方式，以市场化的激励取代"官本位"的激励，优化薪酬激励结构，突出绩效导向、体现长效性；从外部健全市场竞争环境到内部优化治理结构、加强组织管理和控制，系统性地提高对科层经理人职权的监督效率，加大对违法犯罪的打击力度。这些举措要多管齐下，互为补充。另外，监督效率的高低对其他因素对道德风险行为动机的影响的边际效果也能产生作用，当监督效率提高时，其他措施对道德风险行为动机的抑制作用就会明显增强，这就说明，加大信息透明度，提高监管效率是各项措施中的重中之重。

第三节　地方政府干预与银行科层经理人道德风险行为

多年来我国对国有商业银行的股份制改革措施不断。经国务院批准设立的中央汇金投资有限责任公司完成对中行、建行、工行和农行的注资，成为四大国有商业银行的第一大股东，代替政府行使国有出资人的权利和义务。四大国有商业银行都根据现代公司治理结构要求，设立股东大会、董事会、监事会、高级管理层等治理框架，而且全部成功上市。相比原有的传统体制，这些措施显然是向市场化方向迈进了一步。然而，实质上国家仍然对四大国有商业银行保持绝对控股地位（见表3-2），各级政府是国有产权政治化的代理人，即便在新的市场环境下，政府干预和预算软约束问题也未真正销声匿迹。而且，某些地方政府及官员为了追逐地方利益和局部利益对银行的经营管理进行"交易性软干预"，要求银行提供政府性公司贷款。这是过去行政干预的新变种，隐蔽性更强，对科层经理人的代理行为产生重大影响。比行政干预直接引致不良贷款更为严重的是科层经理人的道德风险行为。科层经理人在参与政府性公司贷款的任务后，信息不对称程度加深，行政干预引致型不良贷款与道德风险引致型不良贷款无法清晰鉴定，在预算软约束和寻租收益的双重激励下，科层经理人就有强烈动机从事道德风险行为，捞取寻租收益。

表 3 - 2　　　　　　　2009 年我国国有商业银行股权结构　　　　　单位：%

项目	工商银行	农业银行	中国银行	建设银行
一、国家持股	70.7	100	67.52	57.09
其中：中央汇金公司	35.4	50	67.52	57.09
财政部	35.3	50	0	0
二、外资持股	20.6	0	26.65	36.17
其中：境外战略投资者	7.2	0	12.58	24.78
三、其他	8.7	0	5.83	6.74
其中：全国社保基金	4.2	0	4.46	0
合计	100	100	100	100

资料来源：根据各行 2009 年年报的有关数据整理得出。

一、国有商业银行所有者虚置下各级政府的干预

（一）国有商业银行所有权特征利于各级政府行政干预

众所周知，国有商业银行的终极所有者是全体人民，国家和政府作为全体人民的代表，代为行使所有者的权力，享有初始委托人的资格，是国有产权政治化的代理人。然而，国家和政府都是抽象的概念，不具备财产委托人和所有者具备的行为能力，既无法享有明确的财产权利也无法承担财产损失的责任，是虚拟的、非人格化的所有者。股份制改革后，国有商业银行基本保持了国家绝对控股地位。中央汇金公司在完成了对几大国有商业银行的注资后，国有股权由汇金公司代为行使。由于缺乏真正意义上的所有者，所有权约束松弛，为各级政府行政干预提供了依据和机会。显然，政府代表的是公众的利益，其目的是社会福利最大化，实现社会的稳定和有序发展。当政府作为国有商业银行的所有者时，银行所有者职能与政府职能合一。一方面，政府作为银行所有者，参与银行经营利润的分配，要求银行利润最大化；另一方面，政府作为全民社会利益的代表，又要保持稳定的社会环境或实现其他政治经济指标。所有

者双重职能导致国有商业银行的所有权虚置、异化、软约束等问题。这些问题在中央与地方政府之间的层层委托代理下被进一步放大。地方政府是中央政府在地方的代理机构，与国有商业银行之间的所有者与被所有者的关系更加淡化、更加模糊。地方政府虽然也希望国有商业银行在当地的分支机构有较好的经营业绩，但出于维护统治地位的考虑，往往把实现当地的社会目标放在第一位。在国有商业银行分支行的部门效益与当地经济增长、社会稳定之间，地方政府更为关注的是后者，为此其有着强烈的倾向要求分支行配合当地政府的经济政策，为当地经济发展提供必要的资金支持。

（二）行政委托代理与地方政府的利益

在区域经济合作为引擎的新一轮经济发展中，各地竞争愈加激烈，落后地区要发展经济，发达地区不仅要面对落后地区的追赶压力，而且还要面对更为发达地区的现行压力。地方政府的竞争是在中央与地方政府的委托代理框架中进行的（李军杰、周卫峰，2005）。在行政的委托代理中，各级地方人大不能有效地监督和制约当地政府，地方政府行政官员的任免主要由上一级政府决定。在行政委托代理链条中，地方政府实际上要承担来自上级政府的多任务委托，如经济增长、社会稳定、环境保护、就业率、税收增加等。而且，从评价的直观性和便利性考虑，上级政府考量和选拔任用地方政府官员时主要看招商引资力度、城市发展水平、GDP 增长多少等。在地方人大监督不善的情况下，地方政府最理性的选择就是拿出主要精力用于上级可观可查的"政绩显示"。为了在有限任期内获取政治资本，不惜一切代价大规模融资举债，搞开发区，搞城市建设，搞"形象工程"和"政绩工程"。地方经济超速增长导致城市建设资金需求急增，一些项目缺乏充分论证就盲目上马，大量投资回报不确定的城市建设项目遇到地方有限财政资金的约束。向资金实力雄厚的国有商业银行举债就成了地方政府解决地方经济发展和地方财政有限之间矛盾的首选。地方官员的任期通常有三到五年，这些地方政府项目的长期贷款不会在任期里对地方官员构成还债压力，而且还能拉动暂时经济增长。万一项目失当，其显现需要很长时间，那时现任官员可能早已提拔，脱离了责任负担。地方官员任职的短期性和目标功利性助长了短期行为。

（三）地方政府的干预方式和后果

地方经济超速增长导致城市建设资金需求激增，在地方财政正常收入无力支撑的情况下，向资金实力雄厚的国有商业银行举债就成了地方政府解决地方经济发展和地方财政有限之间矛盾的首选。为了绕开中国目前法律对政府直接向商业银行借款的限制，地方政府往往用地方财政出资创立政府性公司。这些公司属于地方政府全资或绝对控股的国有企业，服务于地方政府的施政目标，在地方政府的直接干预下开展经营活动，负责人全部由政府部门各级领导兼任或调任。地方政府向国有商业银行要求地方建设资金就是通过国有商业银行向这些政府性公司发放贷款实现的，形成政府性公司贷款。这些贷款主要用于城市基础设施和公共事业等非经营性项目，承担了本应由公共财政承担的城市建设功能，因此金额大、期限长。贷款项目不以营利为目的，追求的是社会性、公益性效益。而且，地方政府能为此类贷款提供或变相提供担保，如地方财政还款承诺、国有土地使用权抵押、公共事业收费权利质押等。国有商业银行在各地设行经营，在很多方面都对地方政府存在依赖，与当地政府建立密切的关系，不仅能获得当地金融资源和市场资源的控制权，而且在设立网点、建设住宅、招收职工、子弟就业及各种职工福利等方面享受广泛的实惠。目前，地方政府凭借着垄断性的行政资源对国有商业银行进行交易式干预越来越频繁，政府性公司贷款在国有商业银行的信贷规模中所占的比重越来越大。有些国有商业银行近几年的信贷资金全部投向了政府性项目，如工商银行某县支行2007年末，政府性公司贷款占其总贷款的比例高达45.81%（吴国联、周荣俊，2008）。政府性公司贷款由于制度和管理上的欠缺，存在很多潜在的风险。某些地方政府在举债时较少考虑债务成本，风险意识比较淡薄，项目选择存在一定盲目性，贪大、求新，没有根据本地经济发展实情、宏观经济政策等进行可行性分析，一旦项目收益下降或亏损，就会形成风险。当地方政府的债务规模超越其在偿债能力就会引发新的不良贷款。据统计，目前被银行部门列入"关注"的有潜在风险隐患的政府性公司贷款占所有政府性公司贷款比例已经接近10%（凌华等，2006）。显然，地方政府通过交易式干预加大向国有商业银行分支行进行政府性贷款力度，对银行的信贷资产质量已经构成了新的威胁。

二、预算软约束、寻租收益与科层经理人道德风险

（一）分支行的预算软约束

中国人民银行行长周小川曾对在20世纪90年代国有商业银行形成的大量不良资产的主要构成作出分析，指出大约有60%来自于各级政府直接和间接的行政命令和行政干预。对于这些历史性的不良资产，政府通过一次次剥离和注资使国有商业银行获得重生（见表3-3）。政府对国有商业银行剥离与复剥离、注资与复注资的行为在事实上形成了国有商业银行对政府坏账报销机制的预期，所谓下不为例的承诺已经被证明是不可信的，只要银行的所有人是政

府、只要政府的行为对不良资产的形成有责任，普遍认为政府是不会置之不理的，最后损失还是由财政承担，这就形成了国有商业银行分支行的预算软约束。一方面，国有商业银行普遍放松对政府性公司贷款的风险控制和管理，甚至不惜降低贷款条件和降低贷款利率，造成收益与风险失衡。另一方面，分支行很容易出现道德风险行为（陆磊，2004）。分支行承担了政策性任务，使得经营性努力不易识别，加重了信息不对称，为科层经理人利用职权谋私、追求寻租收益提供了极大的便利。在政策性不良贷款的掩盖下，科层经理人可以轻松地推卸道德风险责任，期待政府补偿。甚至，某些科层经理人与地方政府官员产生互相交易及合谋，在预算软约束和寻租收益的双重激励下，牟取个人或小集团的私利，在政治性过度信贷之外还会提供更多的超额违规信贷，在政策性不良贷款之外滋生出更多道德风险性不良贷款。

表 3 - 3   中国政府对四大国有商业银行的救助行为（1994—2009 年）

时间	内容
1994—1998	国家将四大国有银行的不良资产剥离给新成立的三家政策性银行；财政部向四大国有商业银行发行 2700 亿元长期特别国债，所筹资金全部用于补充国有商业银行资本金
1999—2000	国家从四大国有商业银行剥离不良资产 12940 亿元，按账面价值卖给新成立的四家资产管理公司处置
2003—2005	国家对中行、建行、工行的不良资产实行第三次剥离，剥离不良资产 11628 亿元
2008	国家剥离农行不良资产 8156.95 亿元。其中，中国人民银行以等额免息再贷款对农行置换不良资产 1506.02 亿元；其余 6650.93 亿元形成应收财政款项，应收财政部款项由农行与财政部建立"共管基金"
2003—2009	国家分别向中行、建行注资 225 亿美元，向工行注资 150 亿美元，向农行注入 190 亿美元的外汇储备，由汇金投资有限责任公司管理

资料来源：宋清华，傅仲仁，林秉旋. 论政府主导型国有商业银行改革［J］. 财贸经济，2008（6）；苗燕. 农行公布股改后首份年报，披露不良资产剥离细节［N］. 上海证券报，2009 - 04 - 27。

（二）分支行的地方情结和寻租收益

分支行的地方情结来源于其从中获得的寻租收益。广义上来说，分支行的寻租收益可以由两部分构成：一是通过对地方政府进行关系投资、建立交易性政银关系来获得地方的重要资源；二是通过向特定贷款主体发放违规贷款来获得灰色收入。

1. 分支行员工地方性社会心理。国有商业银行在各地设行经营，在很多方面都对地方政府存在依赖，如设立网点、建设住宅、招收职工、子弟就业及各种职工福利等。在目前我国劳动力市场发育还未完善的情况下，一方面，分支行员工的收入水平受到地方政府政策规定的影响，分支行的人力资源配置也以地方性调剂利用为主；另一方面，分支行员工的生活服务以及子女教育就业等也在一定程度上受地方政府影响。分支行员工的社会心理状况对科层经理人也会形成外在无形的压力，迫使其在具体金融决策过程中为满足员工社会群体心理的需要而产生一系列不合理、不规范的行为选择（冯继康，2010）。

2. 分支行寻求局部利益倾向。各大商业银行分支机构如得罪了地方政府，地方政府会运用行政力量将地方设立的各项基金、其他财政资金、地方国有企业的资金业务转存到它自己管辖的地方银行，将优质客户和优质项目转由地方性银行经营，甚至滥用行政权力开展税费及各类执法检查进行干扰。因此，国有商业银行在当地的分支机构必须与当地政府建立密切的关系，才能获得当地金融资源和市场资源的控制权，才能利用地方政府的行政庇护与当地竞争者进行不公平竞争。于是，地方政府凭借着垄断性的行政资源对商业银行进行交易式干预就这样应运而生。在发达地区，由于地方政府财力相对更为雄厚，土地、基础设施等资源回报率更高，而项目或资源的控制权是诱使银行履行行政意图的重要手段。所以，发达地区的地方政府干预分支行的能力更强（贤成毅、覃合，2007）。此外，国有商业银行各分支行间经营状况很不平衡，在内部利益协调与制衡机制不完善的情况下，银行整体利益与分支行局部利益的矛盾很难协调，强化了分支行不合理的经济利益追求与非理性的存贷。国有商业银行都是全国性银行，拥有众多的各级分支机构，由于委托代理链条过长，总行的控制力减弱，许多科层经理人在经营业务的过程中为了依靠当地的社会关系拓展市场、赢得更多当地政策上的优惠或取得更多私利，逐步借助银行的平台与地方政府势力紧密结合，甚至演化成"地方割据分行"或"诸侯分行"，使总行难以控制。

3. 科层经理人个人利益的地方倾向。科层经理人以前多采用行政任命的方式，职务与地方政府的行政级别对应，可以互相调动，受地方政府的钳制和管束，政银勾结顺理成章；改革后科层经理人虽然接受垂直管理，地方政府形式上不再干涉其考查、交流、聘任和解聘，但仍无法避免地方政府的影响。相当一部分科层经理人都是从当地选聘，在当地有一定的社会背景和人脉资源。他们依赖于地方政府取得各种私人的实惠、加强控制力和在当地稳固的地位，大多对地方政府的要求言听计从。而且，对科层经理人的任期考核只注重短期经营指标，地方政府的信贷项目往往金额大、期限长，既能使科层经理人迅速做大业务规模，达到考核指标，获得职务提升或其他个人实惠，又不会在任期里形成不良资产。因此，科层经理人从个人利益出发在经营中不断加大对政府性公司贷款的投入，支持地方政府投资建设。

　　4. 科层经理人的灰色收入。科层经理人最大化个人效用主要有三种途径，一是从分支行利润中提成，表现为年薪；二是通过与地方政府的良好关系获得政治性收益，如更稳固的地位、更有利的仕途、享有更多对地方关键资源的控制权等；三是在地方政府性公司贷款的掩盖下的灰色收入。一般而言，第一种年薪收益与分支行经营利润直接相关，受地方经济发展水平、经理人个人能力局限和历史资产质量等影响，不由或不完全由科层经理人决定，有很大的不确定性；而第二种和第三种收益则可由科层经理人决定，只要他能够借助银行的平台与地方政府紧密结合，加大对政府性公司贷款的投入来支持地方政府的投资建设，就能顺利达到，而且通过提供政府性公司贷款带来的后两种收益往往要超过第一种收益（俞乔、赵昌文，2009）。由于信息不对称，科层经理人便可在政策性贷款的掩护下与地方政府相勾结，扩大过度信贷进行寻租，攫取高额灰色收入。行为之一，对不具备法律或规章明确的条件、不符合行业政策指导意见的固定资产建设项目发放贷款。比如对未经有权审批部门审批立项，无用地批复或超过用地规划，没有环境影响评估报告及批复等项目发放贷款。对自有资金比例严重不足，或者第一还款来源明显不足的项目提供贷款。对一些国家禁止或限制的过热行业继续给予大量信贷支持等。行为之二，为减少审批环节或绕过审批权限制，发放流动资金贷款用于固定资产项目建设。这种行为导致项目评估和论证的过程被忽略，贷款调查和审查流于形式，短贷长用的结果致使贷款风险加大。行为之三，不按工程进度发放贷款，而且贷后管理不力，导致资金被移用（凌华等，2006）。分支行不良资产的形成不仅仅是地方政府政策性贷款单独作用的结果，很大程度上是受分支行贷款寻租活动的影响。在预算软约束和灰色收入双重激励下，科层经理人会和地方政府官员相互交易甚至合谋，主动调整或有意扭曲银行信贷供给函数，不仅在发放政府性公司信贷过程中出现种种违规行为，而且在地方政策性贷款之外还提供更多超额的违规信贷。可见，除了政策性不良贷款，科层经理人的道德风险也是分支行不良资产产生的重要原因，而科层经理人有强烈动机混淆这两种性质的不良贷款。

三、科层经理人双重任务下的道德风险行为模型

（一）模型的基本假设

　　假设一：政府是国有商业银行的名义所有人也是委托人，包括中央政府和地方政府，风险中性。代理人为科层经理人，其效用函数具有不变绝对风险规

避特征，用 $\rho > 0$ 代表绝对风险规避量，ρ 越大表明经理人越害怕风险。总行受中央政府委托并授权各级行经营管理，科层经理人的年度薪酬按年薪制发放，即由上级行（归根到底是中央政府）根据经营业绩的大小决定。同时，各级行立足不同的省份和地区，受到地方政府行政干预，地方政府根据银行为当地经济的贡献大小，决定分配给银行关键资源控制权的大小。

假设二：国有商业银行科层经理人的活动分为经营性活动 a_o 和政策性活动 a_n，经营性活动是指在不承担政策性任务时经理人经营银行的业务活动，政策性活动是经理人在承担政策性任务时开展的活动，分别产生一定的经济效益 $\pi(a_o, \theta_1) = a_o + \theta_1$ 和社会效益 $P(a_n, \theta_2) = a_n + \theta_2$。$\theta_1 - N(0, \sigma_1^2)$，$\theta_2 - N(0, \sigma_2^2)$，也就是说，$\theta_1$ 和 θ_2 分别服从均值为 0，方差为 σ_1 和 σ_2 的正态分布。θ_1 和 θ_2 的决定因素各不相同，θ_1 主要取决于市场竞争程度和市场环境，而 θ_2 取决于政府的评价标准及政银关系，因此，θ_1 和 θ_2 相互独立。政府对政策性任务的偏好为 γ，$1 > \gamma > 0$。

假设三：科层经理人任职期内的主要收入来源有两种，一种是货币形式，即根据该级行的经济效益给经理人一定的工资奖金 $S_1(\pi) = \beta_1 \pi$；另一种是控制权形式，即授予经理人对当地某些重要资源要素的占有权和支配权，主要是地方政府根据银行对当地建设的金融支持程度决定。将控制权货币化，用 $S_2(P)$ 表示，$S_2(P) = \beta_2 P$。这里 β_1 和 β_2 为激励强度，$0 \leq \beta \leq 1$。$\beta = 0$ 代表经理人不承担任何风险，$\beta = 1$ 代表经理人承担全部风险。

假设四：政策性任务加重了信息不对称，各级经理人的道德风险行为不易被发现，对当地重要资源的占有支配权还能给各级经理带来额外的灰色收入 y，以侵占所创造的经济效益和社会效益的一定比例来表示，$y = K_1 \pi + K_2 P$。K_1, K_2 分别表示科层经理人从创造的经济效益和社会效益中非法攫取的灰色收入的比例，$K_1 = k_1 \dfrac{i}{fb}$，$K_2 = k_2 \dfrac{i}{fb}$，与发现灰色收入的概率 f 和腐败现象打击力度 b 成反比，与信息不对称程度 i 成正比，$f, b, i, k_1, k_2 > 0$。科层经理人攫取灰色收入不用付出努力成本，但是灰色收入一旦被发现就会带来政治成本，$C_f = \dfrac{1}{2} b K_1^2 \pi^2 + \dfrac{1}{2} b K_2^2 P^2$，这也可看做银行监管有效带来的社会效益和经济效益的补偿。灰色收入如果没有被发现，就成了经济效益和社会效益的额外损失 $(1 - f)(K_1 \pi + K_2 P)$。

假设五：为简化分析的需要，设定科层经理人执行经营性和政策性活动时的成本函数为 $C(a_o, a_n) = \dfrac{1}{2} b_1 a_o^2 + \dfrac{1}{2} b_2 a_n^2$，$b_1$ 为科层经理人付出经营性努力所带来的负效用系数，b_2 为科层经理人付出政策性努力所带来的负效用系数。$b_1, b_2 > 0$。

（二）模型的建立、推导与分析

1. 信息对称时银行委托代理模型。科层经理人的期望效用函数可以表示为

$$EU = S_1 + S_2 - C = \beta_1 a_o + \beta_2 a_n - \frac{1}{2} b_1 a_o^2 - \frac{1}{2} b_2 a_n^2 \qquad (3-14)$$

科层经理人确定性等价（Certainty Equivalence）效用为

$$EU - \frac{1}{2}\rho\beta_1^2\sigma_1^2 - \frac{1}{2}\rho\beta_2^2\sigma_2^2 \qquad (3-15)$$

其中，根据 Arrow – Pratt 的结论，$\frac{1}{2}\rho\beta_1^2\sigma_1^2 + \frac{1}{2}\rho\beta_2^2\sigma_2^2$ 是科层经理人的风险成本，当 $\beta_1 = \beta_2 = 0$ 时，风险成本为零。

令 $\overline{w}$ 为科层经理人的保留效用水平，如果其确定性等价效用小于 $\overline{w}$，科层经理人将拒绝付出努力。因此，科层经理人的参与约束（IR）必须使其确定性等价效用不小于 $\overline{w}$，可以表述如下：

$$\beta_1 a_o + \beta_2 a_n - \frac{1}{2} b_1 a_o^2 - \frac{1}{2} b_2 a_n^2 - \frac{1}{2}\rho[\beta_1^2\sigma_1^2 + \beta_2^2\sigma_2^2] \geqslant \overline{w}$$

在信息对称条件下，政府可以观测到银行科层经理人的活动情况（a_o，a_n）。此时，激励约束 IC 不起作用，任何水平的（a_o, a_n）都可以通过满足参与约束 IR 实现。因此，政府仅需选择 a_o, a_n 和 β_1, β_2 使自己的期望效用 EV 最优，政府的期望效用包括了中央政府和地方政府的效用总和，解下列最优化问题：

$$\max_{a, \beta} EV$$
$$= \max_{a, \beta} E(\pi + P - S_1 - S_2) \qquad (3-16)$$
$$= \max_{a, \beta} (1-\gamma)a_o + \gamma a_n - \beta_1 a_o - \beta_2 a_n$$

$$s.t. \ \beta_1 a_o + \beta_2 a_n - \frac{1}{2} b_1 a_o^2 - \frac{1}{2} b_2 a_n^2 - \frac{1}{2}\rho[\beta_1^2\sigma_1^2 + \beta_2^2\sigma_2^2] \geqslant \overline{w}$$

因为在最优条件下，政府没有必要支付科层经理人更多，上述最优化问题可重新表述如下：

$$\max_{a, \beta}(1-\gamma)a_o + \gamma a_n - \frac{1}{2} b_1 a_o^2 - \frac{1}{2} b_2 a_n^2 - \frac{1}{2}\rho(\beta_1^2\sigma_1^2 + \beta_2^2\sigma_2^2) - \overline{w}$$

$$(3-17)$$

最优化的一阶条件为：$a_o^* = \dfrac{1-\gamma}{b_1}, a_n^* = \dfrac{\gamma}{b_2}$。$\beta_1 = \beta_2 = 0$。此时，$E(\pi)^* =$

$\dfrac{1-\gamma}{b_1}, E(P)^* = \dfrac{\gamma}{b_2}$。

因为政府是风险中性的，科层经理人是风险规避的，帕累托最优风险分担要求科层经理人不承担任何风险（$\beta_1^* = \beta_2^* = 0$），激励机制对科层经理人没有任何影响。政府所希望的最优努力程度与科层经理人必须选择的最优努力程度一致。经营性活动的边际期望利润等于经营性活动的边际成本，即 $1 - \gamma = b_1 a_o$；政策性活动的边际期望利润等于政策性活动的边际成本，即 $\gamma = b_2 a_n$。所以，信息对称时帕累托最优能够达到。

2. 信息不对称时银行委托代理模型。信息不对称时，科层经理人的激励相容约束起作用。给定 S_1 和 S_2，科层经理人选择以 a_o 和 a_n 进行经营性和政策性活动所得到的期望效用大于以 a_o' 和 a_n' 进行活动时的期望效用。即

$$EU(a_o, a_n) \geqslant EU'(a_o', a_n')$$

也就是求下列最大化问题：

$$\max_{a_o, a_n} \beta_1 a_o + \beta_2 a_n - \frac{1}{2} b_1 a_o{}^2 - \frac{1}{2} b_2 a_n^2$$

$$- \frac{1}{2} \rho \beta_1{}^2 \sigma_1^2 - \frac{1}{2} \rho \beta_2{}^2 \sigma_2^2$$

得到：$a_o = \dfrac{\beta_1}{b_1}$，$a_n = \dfrac{\beta_2}{b_2}$。

政府在参与约束（IR）和激励约束（IC）下，选择 a 和 β 解下列自身效用最优化问题：

$$\max_{a, \beta} EV$$

$$= \max_{a, \beta} E(\pi + P - S_1 - S_2) \tag{3-18}$$

$$= \max_{a, \beta} (1 - \gamma) a_o + \gamma a_n - \beta_1 a_o - \beta_2 a_n$$

$$\text{s. t. (IR)} \beta_1 a_o + \beta_2 a_n - \frac{1}{2} b_1 a_o{}^2 - \frac{1}{2} b_2 a_n^2$$

$$- \frac{1}{2} \rho \beta_1{}^2 \sigma_1^2 - \frac{1}{2} \rho \beta_2{}^2 \sigma_2^2 \geqslant \overline{w}$$

$$(IC) a_o = \frac{\beta_1}{b_1}, a_n = \frac{\beta_2}{b_2}$$

解得最优一阶条件为

$$\beta_1{}^{**} = \frac{1 - \gamma}{b_1 \left(\rho \sigma_1^2 + \dfrac{1}{b_1} \right)} \tag{3-19}$$

$$\beta_2^{**} = \frac{\gamma}{b_2(\rho\sigma_2^2 + \frac{1}{b_2})} \tag{3-20}$$

$$a_o^{**} = \frac{1-\gamma}{b_1^2(\rho\sigma_1^2 + \frac{1}{b_1})} = \frac{1-\gamma}{b_1^2\rho\sigma_1^2 + b_1} \tag{3-21}$$

$$a_n^{**} = \frac{\gamma}{b_2^2(\rho\sigma_2^2 + \frac{1}{b_2})} = \frac{\gamma}{b_2^2\rho\sigma_2^2 + b_2} \tag{3-22}$$

$$E\pi^{**} = \frac{1-\gamma}{b_1^2\rho\sigma_1^2 + b_1} \tag{3-23}$$

$$EP^{**} = \frac{\gamma}{b_2^2\rho\sigma_2^2 + b_2} \tag{3-24}$$

与信息对称时 $\beta_1 = \beta_2 = 0$ 不同，$\beta_1 > 0$ 且 $\beta_2 > 0$，帕累托最优无法实现。政府必须采取适当的激励措施，使科层经理人的收入与其在经营性活动和政策性活动中付出的努力水平挂钩，而不是固定工资，否则政府无法获得期望效用。

再比较信息对称情形下的 a_o^*，a_n^* 和信息非对称条件下的 a_o^{**}，a_n^{**}，可发现 $a_o^* > a_o^{**}$，$a_n^* > a_n^{**}$，同时也不难得出 $E(\pi)^* > E(\pi)^{**}$，$E(P)^* > E(P)^{**}$。说明在信息不对称情况下，科层经理人在从事经营性活动和政策性活动时，倾向于付出较少的努力水平，产生的经济效益和社会效益的期望值也低于信息对称时。

由 $\frac{\partial\beta_1^{**}}{\partial\rho} < 0, \frac{\partial\beta_2^{**}}{\partial\rho} < 0$ 和 $\frac{\partial E(\pi)^{**}}{\partial\rho} < 0, \frac{\partial E(P)^{**}}{\partial\rho} < 0$ 可知，科层经理人风险规避度越高，对其激励的效果越差，同时政府的最优期望效用也越低。国有商业银行的科层经理人的任命带有较强的行政色彩，如果能听命于政府，就能得到稳定的地位和相当的利益，即使出现大量不良资产，也会被理解为是金融支持社会发展的必要成本，由政府出面解决。因此，科层经理人是风险高度规避的，"不求最好，但求无过"，按政府意图办事，就是他们的最优选择，为银行创造的效益要低于其他完全市场化的商业银行。由 $\frac{\partial\beta_1^{**}}{\partial\sigma_1^2} < 0, \frac{\partial\beta_2^{**}}{\partial\sigma_2^2} < 0$ 和 $\frac{\partial E(\pi)^{**}}{\partial\sigma_1^2} < 0, \frac{\partial E(P)^{**}}{\partial\sigma_2^2} < 0$ 可知，σ^2 越大，说明科层经理人努力产生的经济效益和社会效益受一些不确定性因素干扰程度越大，政府激励措施的强度削弱，最优期望收入也下降。当分支行承担了政策性任务后，科层经理人经营性

努力与银行经济效益之间就有很多的不确定性，政府无法通过银行绩效直观地判断科层经理人从中的努力和投入。这时，科层经理人对各种激励表现得不敏感，缺乏努力的积极性，导致银行效益下滑。

3. 信息不对称下科层经理人灰色收入的深入分析。地方政府有较强的政策性偏好，通过对国有商业银行分支机构"交易性干预"，密切政银关系，强化地方政府在当地金融市场中的影响力，得到发展地方经济和打造政绩的足够资金。科层经理人通过搞好与地方政府的关系，不仅能为银行争取到大笔低成本的存款、优质的客户和项目、税费减免等优惠，而且自身也可借助地方政府的行政控制权占有更多地方性资源，得到地方政府更多的行政权力庇护。一些科层经理人把主要精力放在完成地方政府交代的政策性任务上，以迎合地方政府的偏好来获取更大的权力、更高的地位。由于国有商业银行分支机构内部存在较长的委托代理链条，分支行的经营情况总行往往难以正确掌握。而且分支行政策性活动进一步加深了信息不对称性，总行无法区分政策性亏损还是经营性亏损，也无法从财务指标中准确判断分支行经营性努力水平，使科层经理人能在政策性活动的掩盖下从事非法交易，捞取灰色收入，损害了银行的经营利润和社会效益。当科层经理人从事道德风险行为获得灰色收入时，其确定性等价效用函数变为

$$
\begin{aligned}
EU &= \beta_1 a_o + \beta_2 a_n + (1-f)(K_1 a_0 + K_2 a_n) \\
&\quad - f\frac{1}{2}b\left[(K_1 a_0)^2 + (K_2 a_n)^2\right] - \frac{1}{2}b_1 a_o^2 - \frac{1}{2}b_2 a_n^2 \\
&\quad - \frac{1}{2}\rho\left[(\beta_1 + K_1 - fK_1)^2 \sigma_1^2 + (\beta_2 + K_2 - fK_2)^2 \sigma_2^2\right]
\end{aligned}
\tag{3-25}
$$

在激励相容约束 $\left(a_o = \dfrac{\beta_1 + (1-f)K_1}{fbK_1^2 + b_1}, a_n = \dfrac{\beta_2 + (1-f)K_2}{fbK_2^2 + b_2}\right)$ 和参与约束 $(EU \geqslant \bar{w})$ 下求政府效用最大化：

$$
\begin{aligned}
&\max_{a,\beta} EV \\
&= \max_{a,\beta}(1-\gamma)a_o + \gamma a_n - (1-f)(K_1 a_0 + K_2 a_n) \\
&\quad + f\frac{1}{2}b\left[(K_1 a_0)^2 + (K_2 a_n)^2\right] - \beta_1 a_o - \beta_2 a_n
\end{aligned}
\tag{3-26}
$$

解得最优一阶条件是

$$
a_o^{***} = \frac{1-\gamma}{b_1 + \rho(fbK_1^2 + b_1)^2 \sigma_1^2} = \frac{1-\gamma}{b_1 + \rho\left(\dfrac{k_1^2 i^2}{fb} + b_1\right)^2 \sigma_1^2}
\tag{3-27}
$$

$$a_n^{***} = \frac{\gamma}{b_2 + \rho \, (fbK_2^{\,2} + b_2)^2 \sigma_2^2} = \frac{\gamma}{b_2 + \rho \, (\frac{k_2^{\,2} i^2}{fb} + b_2)^2 \sigma_2^2} \qquad (3-28)$$

$$E\pi^{***} = \frac{1-\gamma}{b_1 + \rho \, (\frac{k_1^{\,2} i^2}{fb} + b_1)^2 \sigma_1^2} \qquad (3-29)$$

$$EP^{***} = \frac{\gamma}{b_2 + \rho \, (\frac{k_2^{\,2} i^2}{fb} + b_2)^2 \sigma_2^2} \qquad (3-30)$$

由于承担政策性任务后加深了信息不对称程度，总行无法区分由于经营不善还是承担政策性任务导致的亏损，科层经理人可以利用信息不对称推卸责任从事道德风险行为，利用职权获取灰色收入，从而降低了从事经营性活动和政策性活动的努力程度，即 $a_o^{***} < a_o^{**}$，$a_n^{***} < a_n^{**}$，最终降低了银行的整体效益（包括经济效益和社会效益），即 $E\pi^{***} < E\pi^{**}$，$EP^{***} < EP^{**}$。此外，信息不对称也产生了大量的代理成本，这是由于灰色收入的产生降低了社会效益和经济效益，降低了政府的总效用。另外，从 a_o^{***} 和 $E\pi^{***}$ 的表达式可知，要增加科层经理人经营性努力，提高经济效益的方法主要有四种：减少 i，即加强银行的信息披露制度，减少信息不对称程度；增加 f，即健全银行的会计制度和金融监管制度，加大发现银行分支机构道德风险行为的概率；增加 b，即加大对科层经理人腐败现象的打击处罚力度，提高灰色收入的政治成本；减少 γ，即制约地方政府对银行"交易性干预"的行为，使科层经理人能以市场为导向进行经营管理，提高经营效益。目前，某些地方政府干扰国有商业银行信贷活动的情况时有发生，以牺牲国有商业银行的资产和利益来保护地方利益。地方政府以向科层经理人分配关键资源的控制权为利诱换取信贷支持，政银勾结，使权力在银行部分人手中膨胀。再加上我国银行外部缺乏成熟的经理人市场和资本市场，内部缺乏完善的现代企业治理结构，监管约束机制有待健全，缺乏发现制约经理人腐败行为的有效制度，所以 f 值和 b 值很小，i 值和 γ 值很大，大量资金作为灰色收入落入个人腰包，产生不了应有的经济效益和社会效益。这正是目前国有商业银行分支行在地方政府"交易性软干预"下，经营不善、腐败迭出的内在机制。

四、总结

国有商业银行虽历经股份制改革，国家仍是其第一大股东，政府仍然是其产权的行政代理人，地方政府干预无法避免。现阶段，我国中央政府对国有商业银行的直接干预比市场化改革前有所减轻，但地方政府凭借着对当地各种资源的占有分配权对国有商业银行的分支机构施加的各种"交易式干预"却有蔓延的势头，成为新时期行政干预的变种。为了打造政绩，提升地方经济，地方政府需要分支行的资金支持，各种政府性公司贷款应运而生；而科层经理人从本部门和自身利益的考虑往往热衷于和当地政府搞好关系，承接了很多政府性建设项目的融资。一些项目盲目上马，缺乏科学论证和规划，隐含着较大的风险，一旦地方政府的信贷举债负担超过地方财政的支付能力，就会殃及国有商业银行。更为重要的是，在行政干预下，分支行承担了政策性任务，加重了信息不对称，无法分辨行政干预引致型不良贷款与道德风险引致型不良贷款。在外部缺乏成熟的经理人市场和资本市场、内部缺乏完善监管约束机制的情况下，给分支行道德风险行为和内部人控制留了可乘之机，加大了监管的难度。由于预算软约束和寻租收益双重激励，科层经理人的最大化个人效用的理性选择就是在政策性任务掩盖下从事道德风险活动，在政策性信贷之外扩大过度信贷进行寻租，提高灰色收入，严重恶化了银行资产质量，将使政府财政不堪重负，如图3-1所示。因此，新时期地方政府"交易式干预"对科层经理人的行为产生的负面影响应引起上级行和总行的高度重视，从授权和内控上加强对分支行的管理，使其在地方政府的干预下引发的道德风险降到最低。

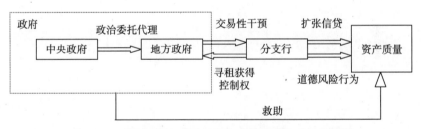

图3-1　政府干预下科层经理人道德风险行为机理简图

本章小结

国有商业银行科层经理人的道德风险发生的实质是分支行与总行间、经理人个人与部门组织间、银行与政府间的目标冲突，根源于委托代理双方信息不对称。科层经理人直接从事经营管理，掌握充分的信息，信息的优势激励其为自身利益最大化而去从事道德风险行为。国有商业银行所有权虚置、考核激励机制缺陷、管理控制机制失效等因素都诱使科层经理人道德风险行为的发生。

从科层经理人道德风险行为动机模型分析可以得出科层经理人从事道德风险行为的获益，科层经理人的薪酬激励结构以及对科层经理人违规违法行为监督效率和处罚力度都不同程度影响着其从事道德风险行为的动机。而且，这些因素互相作用，对道德风险行为动机产生综合影响。现阶段，我国中央政府对国有商业银行的直接干预比市场化改革前有所减轻，但地方政府凭借着对当地各种资源的占有分配权对国有商业银行的分支机构施加的各种"交易式干预"却有蔓延的势头，政府性公司贷款成为新时期行政干预的变种。在行政干预下，分支行承担了政策性任务，加重了信息不对称，无法分辨行政干预引致型不良贷款与道德风险引致型不良贷款。在外部缺乏成熟的经理人市场和资本市场、内部缺乏完善监管约束机制的情况下，给分支行道德风险行为和内部人控制留了可乘之机，加大了监管的难度。由于预算软约束和寻租收益双重激励，科层经理人从事道德风险活动愈显猖獗，严重恶化了银行资产质量，应引起有关部门高度重视。

第四章　国有商业银行科层机构设置

第一节　基于委托—代理理论的银行科层机构设置分析

一、科层机构设置的委托代理观

现代银行就是个大企业，所有权和管理权分离，所有者委托各级代理人从事经营和管理活动，形成委托代理关系。所有者是委托人、各级经营管理者是代理人。他们之间目标函数通常不相同，存在利益上的冲突。而且，委托人没有参与经营管理，不能直接观察到代理人的行动，不具备代理人掌握的信息优势，要依靠代理人汇报的信息来进行决策，而代理人凭借着自身的信息优势，操纵信息，在经营管理上实施内部人控制，牺牲所有者利益使自身效用最大化，这就出现了委托代理问题。现代化的大型银行往往规模庞大、业务品种复杂多样、地域覆盖面广，需要设置众多的科层机构才能实现经营管理，基于委托代理视角的最优化的科层机构设置应该首先尽量减少代理成本，改善信息的不对称性，加强所有者对科层机构的透视力和监控力，尽可能遏制科层机构的内部人控制倾向；其次，要尽量调动科层机构的积极性和主动性，引导其追求自身利益最大化的经营活动，更好地服从和服务于所有者的目标取向；再次，要加强同级科层机构间相互制衡、竞争和监督的关系，减少各级分支机构中出现道德风险的机会。

二、委托效率、代理成本与机构层级

从委托效率和代理成本的角度，对银行机构层级进行研究。假设一个委托代理链条中除了初始委托人和最终代理人之外，还存在既是上级委托人的代理人、又是下级代理人的委托人的中间人。用 p 表示委托效率，a 表示代理成本，则有：$0 \leqslant p \leqslant 1$，$0 \leqslant a \leqslant 1$。其中，$p = 0$，表示委托没有任何效率，代理人

完全不按委托人要求从事经营活动，是内部人控制的极端情况；$p=1$，表示委托充分有效，代理人完全根据委托人要求从事经营活动，不存在内部人控制情况；$a=0$，表示没有任何代理成本，代理人等同于委托人；$a=1$，表示代理成本极高，风险成本和管理开支都非常大。一般情况下，委托效率越高，代理成本就越低，因此，假设 $p+a=1$。p 和 a 的大小受到委托人监控能力、代理人的素质、代理层级等因素的影响。显然，委托人监控能力越强、代理人素质越高，相应的委托效率就越高，代理成本就越低。下面，着重分析代理层次对委托效率和代理成本的影响。用 m 表示委托代理链中委托人的监控能力，n 表示代理人素质，$0 \leqslant m \leqslant 1$，$0 \leqslant n \leqslant 1$，$l$ 表示代理层次，可得：$p_l = f(m_l, n_l, p_{l-1})$，$l = 1, 2, \cdots$

假设 p_l 与 m_l，n_l 之间存在着下列关系：$p_l = m_l n_l p_{l-1}$，$l = 2, 3 \cdots$，且 $p_1 = m_1 n_1$。那么，p_2 受到 m_2，n_2 和 p_1 的影响，有：$p_2 = p_1 m_2 n_2 = m_1 m_2 n_1 n_2$，依此类推有：$p_l = \prod_{i=1}^{l} m_i n_i$，为了便于分析，假设各级委托人的监控能力和代理人素质都相同，即 $m_1 = m_2 = \cdots = m_l = m$，$n_1 = n_2 = \cdots = n_l = n$，则有：$p_l = (mn)^l$，$0 \leqslant m \leqslant 1$，$0 \leqslant n \leqslant 1$。

因此，当代理层次越多，委托效率相应就越低，代理成本就会增加，这种关系可用图 4-1 来表示。银行分支机构设置层级的增加，会增加银行的委托风险和代理成本，降低委托效率，出现管理失控，竞争力下降。

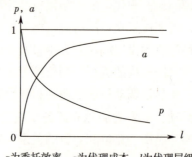

p 为委托效率，a 为代理成本，l 为代理层级

图4-1　代理层级、委托效率与代理成本关系图

三、银行科层机构规模和层级研究：基于委托—代理模型

本节拟在委托—代理理论的基础上，借鉴张维迎（1995）关于公有制经济中委托人—代理人关系模型，探讨商业银行科层机构规模、层级等因素对银

行利润的影响。

（一）模型的基本假设

假设一：初始委托人为银行的董事会，总行为第一层代理人，一级分行为第二层代理人，依此类推共有 l 个代理层次，最终代理人为基层行。这是多层委托代理关系，除了最终代理人之外，每个代理人又是其下一层的委托人。除了初始委托人以外每个代理层次中的管理跨度都相同，为 s，总行控制了 s 个一级分行，每个一级分行又控制了 s 个二级分行。可以得出，基层行数量为 $n = s^{l-1}$。

假设二：银行的董事会代表股东占有剩余索取权，其追求银行利益的最大化，董事会通过监管的行为激励约束总行，各级行的努力体现为对下一级的监管行为，并通过基层行最终的经营行为转化为银行的收入。设董事会的监管努力为 G_p，第 L 级行监管第 $L+1$ 级行的努力为 G_L，$L = 1,2,\cdots(l-1)$，基层行的经营努力为 G_a。

假设三：总行的监管努力来源于董事会的监管，同样，其以下各级行的努力来源于上一层行的监管。董事会把追求银行利益最大化的自发性努力通过银行内部一系列约束激励机制和配套的监管技术，转化为各层行的努力。设董事会下面直接的代理人只有 1 个，D_p 为其努力转换系数。从总行开始，各中间委托人的直接代理人为 s 个，D_L 为第 L 级行监管第 $L+1$ 级行的努力转化系数，$L = 1,2,\cdots(l-1)$。设除了 D_p，各级 D_L 均相同，$D_L = D$ 且 $D \geq 1/s$（如果 $D < 1/s$，该层委托人将不再选择代理人）。

假设四：根据假设二，银行的最终收入仅仅与基层行的经营努力 G_a 有关，并只属于银行的董事会及股东。设 π 为单个基层行的经营收入，$\pi = \pi(G_a)$，$\pi'(G_a) > 0, \pi''(G_a) < 0$，为分析方便，进一步设定 $\pi = (G_a)^{\frac{1}{2}}$。

假设五：董事会和各级行的监管努力（对于基层行来说是经营努力）要承担相应的成本，假设成本为各自努力的函数 $C = C(G), C'(G) > 0, C''(G) > 0$，为分析方便，进一步设定 $C = \frac{1}{2}G^2$。

（二）模型的建立与推导

根据前面假设可知银行最终剩余所有权是属于最初委托人即银行董事会的，为基层行创造收入的总和 $T\pi$，银行各层监管和经营努力花费的总成本为 TC。

$$T\pi = s^{l-1}(G_a)^{\frac{1}{2}} = s^{l-1}(G_pD_pD^{l-1})^{\frac{1}{2}} \tag{4-1}$$

$$TC = C(G_p) + C(G_1) + sC(G_2) + \cdots + s^{l-1}C(G_l)$$

$$= \frac{1}{2}G_p^2 + \frac{1}{2}(G_pD_p)^2 + s\frac{1}{2}(G_pD_pD)^2 \qquad (4-2)$$

$$+ \cdots + s^{l-1}\frac{1}{2}(G_pD_pD^{l-1})^2$$

（4-1）式与（4-2）式的差即为银行董事会的净利润：

$$TV = s^{l-1}(G_pD_pD^{l-1})\frac{1}{2} - \left[\frac{1}{2}G_p^2 + \frac{1}{2}(G_pD_p)^2\right.$$

$$\left. + s\frac{1}{2}(G_pD_pD)^2 + \cdots + s^{l-1}\frac{1}{2}(G_pD_pD^{l-1})^2\right] \qquad (4-3)$$

为了使银行董事会利润最大化，对（4-3）式进行关于 G_p 一阶求导，得

$$MV = \frac{1}{2}s^{l-1}D_p^{\frac{1}{2}}D^{\frac{l-1}{2}}G_p^{-\frac{1}{2}} - G_p(1 + \sum_{L=1}^{l}s^{L-1}D_p^2D^{2(L-1)}) \qquad (4-4)$$

令（4-4）式等于零，得到银行董事会的最佳监管努力水平为

$$G_p^* = \left(\frac{\frac{1}{2}s^{l-1}D_p^{\frac{1}{2}}D^{\frac{l-1}{2}}}{(1 + \sum_{L=1}^{l}s^{L-1}D_p^2D^{2(L-1)})}\right)^{\frac{2}{3}} \qquad (4-5)$$

容易得到，基层行最佳经营努力水平为

$$G_a^* = \left(\frac{\frac{1}{2}s^{l-1}D_p^{\frac{1}{2}}D^{\frac{l-1}{2}}}{(1 + \sum_{L=1}^{l}s^{L-1}D_p^2D^{2(L-1)})}\right)^{\frac{2}{3}}D^{l-1}D_p$$

$$= \left(\frac{\frac{1}{2}s^{l-1}D_p^2D^{2(l-1)}}{(1 + \sum_{L=1}^{l}s^{L-1}D_p^2D^{2(L-1)})}\right)^{\frac{2}{3}} \qquad (4-6)$$

由（4-5）式、（4-6）式可得以下模型结论：

1. 基层行经营努力与管理层级的关系。随着管理层级的增加，基层行经营性努力将下降。

2. 基层行经营努力与努力转换系数的关系。当努力转换系数随着银行内部激励约束机制的完善以及监管技术的提高而增加时，基层行经营性努力的程度随之增强，其创造的银行总体利润也增加。

3. 基层行经营努力与管理跨度的关系。当管理跨度增加时，基层行经营

性努力程度随之增加，其创造的银行总体利润也增加。

4. 基层行的经营努力与董事会对总行的监管转化系数的关系。当董事会对总行的监管转化系数增加时，基层行经营性努力程度随之增加，其创造的银行总体利润也增加。

第二节　银行科层机构设置模式

一、科层机构设置原则

国际上银行业机构设置模式呈现多样化的格局，机构设置原则各异，主要有单一银行制、集团银行制、连锁银行制和总分行制。单一银行制在美国银行业比较多见，银行全部业务都由一家单独的银行集中经营，在地理位置上高度集中，不设立分支机构。这种机构设置模式比较适合于规模较小的银行，与区域经济发展相适应；但是规模的局限性容易阻碍业务发展和金融创新，难以大幅度提高效率和降低经营风险。集团银行制是指在一个较大的银行集团内部，其中的控股公司以被控制的两家以上银行公司的股票作为其资产，实际上是单一银行下利用控股公司的形式在其他地区变相设立分支机构的途径，用于避开对开设分支机构以及防止银行进入其他行业的限制。连锁银行制是指两家或两家以上银行形式上保持各自独立性，而实质上所有权操纵在同一集团之手的一种方式。

总分行制以英国为代表，也是国际上最普遍采取的银行机构设置原则。采取总分行制的银行在各大中心城市设立总行，并在国内外广泛设立分支机构，地理上很分散，形成系统化的网络体系，提供多层次服务且广泛吸收社会闲散资金；银行规模较大，可实现规模经济效益，易于调剂资金分散风险，因此这种模式已被世界绝大多数国家的银行体系采用。因此，本节将重点分析总分行制。根据总行与分支行的管辖关系分，又有三种方式：一是直属式，也就是总行直接指挥和监督所有分支机构；二是区域行制，也就是将分支机构划分为若干区，每区设立一区域级行为管理机构，该管理行不对外营业，只代表总行监督区域内各分支行，各分支行直接接受区域行领导，我国国有商业银行实行的就是这种方式；三是管辖行制，由各分支行中地位较重要的行作为管辖行，代表总行监管附近的其他分支行，同时对外经营。采用总分行制的国外先进银行大致经过了三个阶段的演变：从 20 世纪 70 年代以前的直线职能制到 70 年代后期开始的事业部制，再到 90 年代后期的矩阵式结构。现在国外发达国家银行业的主流模式是矩阵式结构。

二、三种科层机构设置模式比较

（一）直线职能制

直线职能制把直线制结构与职能制结构结合起来，以直线为基础，在各级行负责人之下设置相应的职能部门，分别从事专业管理，作为该级行行长的参谋。职能参谋部门拟定的计划、方案只能通过该级行行长批准下达，职能参谋部门只起到业务指导作用，无权直接下达命令，各级行行长实行逐级负责，实行高度集权。

优点：总行对分支行实施集权控制，稳定性较高，在外部环境变化不大的情况下，易于发挥银行的整体效率。缺点：上下级行间信息传递路线长，信息失真和不对称下容易激化内部人控制和决策偏差；各级职能部门职能交叉重叠、机构臃肿、人浮于事，各级人员积极性不高，上级行的协调工作量大；结构刚性大，适应性差，容易因循守旧，对新情况不易及时作出反应。

（二）事业部制

事业部制即在总行下按银行产品、地区或顾客为依据设立多个事业部，各事业部是独立经营、独立核算的利润中心，在各事业部内设立前中后台的职能部门。总行工作重点是集中力量研究和制定银行发展战略和经营方针、监控各事业部的经营管理，将日常经营管理权限下放给各事业部。

优点：对事业部实现分权管理使之有更大的灵活性、积极性和创造性，有利于成本控制和集约化经营，总行可以摆脱日常经营管理，集中精力抓好战略决策。同时，各事业部之间相互比较和竞争，有利于内部激励机制的建立。缺点：各事业部容易产生部门本位主义，影响银行整体长远的利益，对总行的管理能力要求更高；分支行原有高利润业务集中到事业部后，如何处理事业部和分支行之间利益关系成了一个难题。

（三）矩阵式结构

矩阵式结构结合了直线职能制和事业部制的长处，即将同一级行的专业化板块（各事业部）和上下垂直型领导关系（总分行）紧密结合，使同一名管理人员既同原职能部门保持组织上、业务上的联系，又参与到某个事业部任务的工作。其精髓首先是实现银行各项活动的双线监控，实行双重命令链，更有利于对银行机构经营管理活动的监督控制；其次是分权和集权相统一，在赋予各事业部更多自主性和积极性的同时，通过上下垂直型总分行关系，总行对事业部实现行政、利润、风险三方面的集权管理,减少了中间层次,实现了管理结构的扁平化,更有利于提高总行的监控能力;再次是加强了各事业部间的联系和沟通,具有较大机动性,有助于银行各部门统筹协调、服务于银行总行的战略方针。

(四) 三种模式比较

银行科层机构设置是通过各种关键因素的作用,来影响上下级委托代理效率和成本的,如信息不对称程度,扁平化程度,总行监控能力和集权程度,分支机构积极性、反应力、合作性、制衡程度,总分行间利益偏差等。通过在这些方面对三种银行科层机构设置结构进行比较分析(见表4-1),可以进一步看出矩阵式结构显示出明显优势:可以有效降低总分机构间信息不对称程度;在提高总行对分支机构的监控能力、降低分支机构中道德风险发生的同时,又给分支机构机动空间,易于激发其积极性和主动性,提高对市场的快速响应能力;通过部门间更好的分工配合,减少了局部目标与整体目标的偏差,组织间的凝聚力增强。因此,在金融业务开放和金融管制放松、银行规模和业务不断扩大、金融市场竞争日趋激烈、客户需求越发多样化的今天,矩阵式结构成为西方发达国家银行科层机构设置的主流,也是我国国有商业银行科层机构设置的改革方向。

表4-1   **银行科层机构设置结构比较**

	直线职能制	事业部制	矩阵式结构
信息不对称程度	高	中	低
扁平化程度	低	高	高
总行监控能力	中	中	强
总行集权程度	高	低	适中
分支机构积极性	低	高	高
分支机构反应力	低	强	强
分支机构间制衡	低	低	高
分支机构合作性	低	低	强
总分行间目标偏差	中	大	小
代理成本	高	中	低
价值导向	规模最大化	利润最大化	市场最大化

第三节　我国国有商业银行科层机构设置的演进和现状

一、国有商业银行科层机构设置的演进

在中国银行业改革的不同时期，银行发展的外部环境不同、主导战略不同、委托代理的特点和目的不同，银行科层机构设置也就相应不同。国有银行改革的历史背景与西方商业银行是完全不同的，分析我国国有银行科层机构设置的演进过程和变化趋势，有利于对新时期我国国有商业银行科层机构设置变革方向的正确把握。其演进路径大致可以分为以下几个阶段。

阶段一：单一银行时期的国有银行科层机构设置

新中国成立初期，资金短缺是约束新中国经济建设的最大"瓶颈"，为了解决资金对经济建设的制约，中国银行业的主要任务就是集中计划调配有限资金，融资成为当时中国银行业的主导战略。在外部环境上，我国实行高度集中的统一计划体制，银行由国家经营，实行"大一统"的统收统支，银行实际上是国家的"出纳机关"，银行体系是以中国人民银行为核心单一的组织结构。整个中国就只有一个银行——中国人民银行，而且其兼具商业银行和中央银行的双重身份。中国人民银行按照当时的行政区划来设置分支机构，形成"总行—区行—分行—支行—分理处"的基本结构。这一时期国有银行科层机构设置的特点是：结构单一，呈现高度的简单性和同一性；以纵向层级为主，每一层级与一定的行政级别对应，带有很强的行政色彩；上下级的委托代理关系以计划指令的下达和服从为特点，层层委托采取命令式的行政手段，要求各级代理人只要严格服从和执行各项指令，不必对银行的盈亏负责。下级行没有任何自主权和能动性，只是被动地完成上级层层下达的工作任务。这种科层机构的设置是与当时国家通过完全控制银行业来计划调配有限资金用于重点建设的需要相适应的。

阶段二：专业化银行时期的国有银行科层机构设置

这一阶段，国家逐步认识到像市场主体一样获取利润才是银行的主要目标。1983年，国务院发出《关于人民银行专门行使中央银行职能的决定》，人民银行不再经营商业银行，只履行监管职能，四大国有银行开始成为独立经营、独立核算的国有专业银行。为了适应目标和职能的转变，四大国有银行开始调整科层机构设置。在横向机构上，按业务品种设置部门，相继开设了储蓄

业务部门、国际业务部门、信贷业务部门等，如建设银行在 1993 年增设筹资储蓄部、信贷部、投资部、建设经济部、房地产信贷部、国际业务部六个业务部门。除了按业务设置部门外，原有的职能部门也进行调整，设置了计划部门、监察部门、稽核审计部门、财会部门、决策支持和研究部门。在纵向机构上，受到原有组织结构惯性的影响，依然采取按照行政区划设置总分行的方式，实行"三级管理、一级经营"的非市场化科层管理模式。总行设在北京，在各省、自治区、直辖市设立一级分行，在各市、地、州政府所在地设置二级分行，二级分行所在市设立支行，大中城市分行以下各县（市），按城区设立支行，归二级分行管辖。支行下设储蓄所、分理处，各分、支行与当地政府对应设立。网点的设立不是以效益为目的，也不进行成本效益分析，只是简单根据行政区划或项目所在地原则设置。国有专业银行分支机构数目在这一时期大量膨胀，如建设银行在 1993 年的分支机构共有 32456 个，是 1978 年分支机构数量的 18 倍。这一阶段的国有银行科层设置特点是横向上分支机构各部门职能分工不清晰，重叠交叉，纵向上虽然行政命令化的委托方式有所淡化但依然以纵向控制为主。分支行设置模式是行政机构设置向银行领域的延伸，层级过多，委托代理链条过长，缺乏灵活性，管理成本高，也在一定程度上助长了地方政府的行政干预和片面追求外延规模的扩大。

阶段三：商业银行时期的国有商业银行科层机构设置

1995 年，我国出台了《中华人民共和国商业银行法》，促使四大专业银行向商业银行转变，真正意义上的商业银行出现，原有的金融管制得到放松，现代银行业务得到了快速发展。四大国有商业银行打破传统的专业分工和业务范围，以"效率为中心"实行业务交叉和相互竞争。这一时期银行主要的战略就是扩大规模，销售多样化的银行产品满足客户需求，利润最大化成为国有商业银行追求的终极目标。在这一阶段，国有商业银行科层机构设置表现出以下特点：开始呈现"扁平化"趋势，纵向管理层级有所减少，压缩了委托代理层级，增加管理幅度，如最近几年各行逐渐开始撤并县级分行。横向上从按产品设置业务部门向按客户设置业务部门转变，如 1998 年中国银行按客户类型设置了公司业务部、零售业务部、金融机构部、结算业务部、资金部、营业部六个业务部门，而建设银行在 2000 年按客户设置部门的原则将原有的部门变更为公司业务部、个人银行业务部、房地产金融业务部、中间业务部、金融机构业务部五个部门。以委员会作为决策机构，与过去单纯行领导决定不同，由相关部门负责人担任委员会成员共同决定重大事项，如在中国银行董事会下就有资产负债管理委托会、风险管理委员会、稽核委员会、预算和财务控制委员会、业务发展协调委员会，在建设银行设置了资产负债管理委员会、风险与内控管理委员会、信息与开发委员会。

二、现阶段国有商业银行科层机构设置的弊端

总体而言，近一段时期以来，国有商业银行科层机构设置上扁平化和垂直化的尝试，相对前几个演进阶段，一定程度上提高了银行的控制力和灵活性；对横向机构间的权责利有了较明晰的界定，对互相推诿、搭便车和偷懒现象有一定遏制作用，有助于合作协调关系形成；风险控制和监督力度得到加强。然而，由于受传统计划政治经济体制的影响，国有商业银行科层机构设置的传统主流模式仍未有大的改变，还是延续了职能型"块块"管理的总分行架构。在这种模式下，银行业务和客户按行政权力和行政区划被割裂于各级分支机构，本质上仍然是直线职能式的块块分割，呈现如下弊端。

（一）纵向多层委托代理削弱总行对分支机构的控制力和监管效率

我国国有商业银行实行统一法人制度，总行对分支机构实行统一核算、统一调度、分级管理、逐级授权转授权。各分支机构是按行政区划而不是按经济区域设置，以行政级别确定各级分支行的授权标准和资源分配标准。总行下设一级分行、二级分行、支行、办事处、分理处、储蓄所等多级经营管理机构，在每级机构中还有部、处、科、股等部门，从总行行长到基层客户经理之间的间隔层级为 7 ~ 9 级。多层次的行政管理体制使得委托代理关系多层化，拉长了激励约束机制的传导链条，削弱了总行对分支机构的控制力和监管效率（见图 4 - 2）。在实践中，表现出以下问题。

1. 激励约束机制失灵。二级分行是国有银行的基本经营核算单位，但总行却不直接管辖它们，两者之间还有一级分行管理机构，这加大了信息不对称程度，使总行难以全面、真实掌握基层行的经营情况，结果一方面不能对经营良好的基层行优先配置金融资源，扩大其业务发展；另一方面对经营不善甚至存在内部人控制的基层行不能及时发现并加以处罚，某些基层行可乘机通过多发奖金、集团消费、转移收入、关系贷款等手段侵蚀利润。

2. 风险控制机制失灵。银行分级次管理屏障极易导致信息不对称，如果下级行对其经营风险隐瞒不报，总行很难及时掌握。有些分支行的行长往往通过追求资产负债规模的扩张、银行网点的增加来追求自己和职工的眼前利益，而不顾及资产收益、资产质量、负债成本和利润增长等关系到总行整体利益和长远利益的指标，银行规模日益膨胀的背后积聚了大量经营风险。这从前几年个别分支行发生巨额的经营风险，而总行却一无所知的事件可见一斑。

3. 资源配置机制失灵。以行政级别确定授权和资源分配标准的方法使总行资源配置难以优化。实践中，不少二级分行的经营规模、经营效益和风险控制能力远远高于一些一级分行，但由于行政级别低，其获取资源的能力和使用资源的权利远小于这些一级分行，这势必影响整体资源配置效率。

4. 信息传导机制失灵。在银行分支机构层级过多的情况下，无论是自上而下的政策推行效果还是自下而上的信息反馈都会受到影响，导致决策层和操作层之间信息失真、滞后。一方面总行很多决策不能及时有效实施，监管效率明显递减。另一方面，基层行掌握的很多市场动态无法被总行知晓进而采取切实的应对措施，影响到操作层面对时机的把握，削弱了银行整体竞争力。

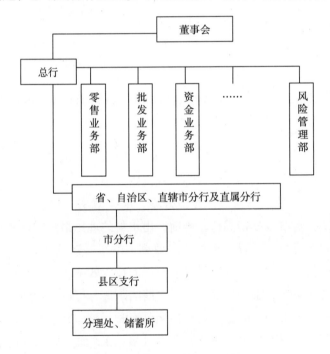

图 4 - 2 传统银行科层机构设置

（二）横向机构块状分割降低同级机构间的协调和制衡

1. 利益多元、目标多元。在国有商业银行现行的块块分割、行政分权式的总分行模式下，银行被分割成无数独立的利益板块，分支机构的准法人性质比较突出，是实际上的利润中心和利益主体，分支行在经营管理时考虑的只是部门局部的利益最大化，有自身的一套经营目标，通常与总行的经营目标存在偏离和冲突。总行强调的是风险控制和长效发展，而分支行首选的是拓展市场、扩大市场份额，总行各条线对分行缺乏制约，委托代理矛盾激化。

2. 分工不明，职能交叉。横向业务机构和职能机构设置依据不合理，权责规范不够清晰。有些业务机构同时承担管理和经营双重任务，前台经营机构、中台管理监督机构和后台保障机构的职能界定不清，容易导致政出多门，出现同级代理人之间互相推诿、搭便车、偷懒等现象。

3. 内控不力，制衡缺乏。把监督机构以及风险控制机构设置为同级行的内部职能部门，人员任用、工资、福利待遇均由同级行管理，而不是全系统垂直管理，监督控制缺乏独立性和权威性，服从本级行行长领导，对本级行行长负责。因此，这种监督、风控机构设置有其形而无其效，对深层次问题和风险隐患较大问题的监督、识别、计量能力和处罚力度都远远不够。甚至有些风控和监管机构人员不作为、不履职或履职不到位，不能及时披露本级行业务经营管理中的违规和重大风险问题，即便发现了也不予反映和上报，未按规定对存在问题的责任人作出相应处罚，为各级代理人徇私舞弊创造了条件。

三、国有商业银行 DEA 实证检验：科层机构设置与银行效率

（一）DEA 分析法介绍

数据包络分析法是由 Charnes 和 Rhodes（1978）提出并迅速发展起来的一种全新的计量经济学方法，现已成为研究国内外银行业效率的首选方法。银行的效率一般涉及 5 种效率指数：经济效率、配置效率、技术效率、纯技术效率、规模效率。经济效率指银行在当前产出水平的理想最小成本和实际成本的比率。经济效率可分为配置效率和技术效率。由于要素价格数据比较难收集，配置效率难以衡量，现有文献一般研究银行的技术效率。技术效率测度的是当规模报酬不变时被考察银行与生产前沿之间的距离，可以分为纯技术效率和规模效率。纯技术效率测度的是当规模报酬可变时，被考察银行与生产前沿之间的距离，因此也是可变规模报酬技术效率（Vrste），而规模效率衡量的是规模报酬不变的生产前沿与可变规模报酬的生产前沿之间的距离，说明了银行由于不能在不变规模报酬下生产而造成的无效程度。技术效率是纯技术效率和规模效率的乘积，在规模报酬不变时，技术效率也是纯技术效率。本节拟用 DEA 效率分析的方法来探讨银行的科层机构设置效率，根据 DEA 的规模报酬不变（CCR）模型（Charnes、Cooper & Rhodes，1978）得到各银行技术效率；根据规模报酬可变（BBC）模型（Banker、Charnes & Cooper，1984）得到纯技术效率、规模效率；最后以动态分析模型中 Malmquist 指数（Fare，1994）来分析各家银行的总效率变动。

（二）研究对象及 DEA 投入产出变量的选取

考虑到数据的可得性，本节以包括国有商业银行在内的 13 家股份制商业银行为研究对象，研究期间为 2011—2012 年。数据来源于《中国金融年鉴》和银行披露的年报资料。

在综合参考了国内外有关研究商业银行效率指标的基础上（Hensel，2003；赵昕，2002；朱南、卓贤，2004；方春阳、孙巍，2004；等等），考虑到指标要能够满足银行科层机构设置效率评价要求，本节选择员工人数、分支机构的数目、固定资产为投入指标，这从柯布—道格拉斯生产函数角度来讲也是合理的。员工人数为当年银行的全职职工人数，包括总行及各级分支机构的管理人员、业务人员和其他人员；分支机构包括总行、各级分支行及营业网点的机构总数；固定资产是指不扣除折旧的实物资本原值。同时，考虑到银行作为商业性机构，经营的最终目的是获取利润，因此本节采用税前利润作为银行的产出指标。这既直接体现了银行追求利润最大化的企业特征，也能全面反映银行的所有产出，避免由于税负不一致而干扰银行的创利能力。按照 Golany 和 Roll（1989）法则，如果投入产出变量过多，将导致各银行间的大部分差异被稀释而失去评估衡量的目的，且受评估银行个数宜为投入产出变量总数和的 2 倍以上。本节选取的样本容量大于投入产出变量的数量，满足 DEA 分析的要求。

（三）实证分析

运用 DEAP 2.1 软件对 2011—2012 年我国 13 家商业银行的效率进行实证分析，结果如表 4 - 2 所示，国有商业银行历年的技术效率、纯技术效率和规模效率都低于股份制商业银行，而且没有一家国有商业银行是技术有效的，说明其科层机构设置效率远低于其他股份制银行。银行的规模效率都低于纯技术效率，可见我国银行的技术无效更多是由规模无效引起的。另外，两年中国有商业银行的规模报酬是递减的，说明这些银行在当时的技术水平下其分支机构的规模已经过于庞大，机构臃肿，应该缩减分支机构；而其他股份制银行大都处于规模报酬递增阶段，说明它们还可以继续扩大分支机构设置规模。

表 4 - 2　　　　　　　　　2011—2012 年银行的 DEA 效率

银行	2011 年				2012 年			
	Crste	Vrste	Scale		Crste	Vrste	Scale	
工商银行	0.387	1.000	0.389	drs	0.425	1.000	0.428	drs
农业银行	0.089	0.122	0.823	drs	0.141	0.198	0.832	drs

续表

银行	2011 年				2012 年			
	Crste	Vrste	Scale		Crste	Vrste	Scale	
中国银行	0.624	1.000	0.686	drs	0.599	1.000	0.587	drs
建设银行	0.656	0.978	0.690	drs	0.581	1.000	0.579	drs
国有银行	0.451	0.780	0.629		0.442	0.804	0.558	
交通银行	0.552	0.807	0.652	drs	0.503	0.871	0.612	drs
深圳发展银行（平安银行）	0.583	1.000	0.523	irs	0.547	1.000	0.638	irs
浦发银行	0.989	1.000	0.975	irs	0.897	0.975	0.956	irs
民生银行	1.000	1.000	1.000	—	0.790	1.000	0.798	irs
招商银行	1.000	1.000	1.000	—	1.000	1.000	1.000	—
光大银行	0.726	0.879	0.823	irs	0.696	0.892	0.840	irs
华夏银行	0.575	0.951	0.593	irs	0.498	0.968	0.554	irs
兴业银行	1.000	1.000	1.000	—	1.000	1.000	1.000	—
中信银行	1.000	1.000	1.000	—	0.966	1.000	0.976	drs
股份制银行	0.811	0.963	0.841		0.797	0.957	0.838	

注：$Crste$ = Technical Efficiency from CRS DEA，技术效率；$Vrste$ = Technical Efficiency from VRS DEA，纯技术效率；$Scale$ = Scale Efficiency = crste/vrste，规模效率；drs：规模效益递减，irs：规模效益递增。

第四节　国有商业银行
科层机构设置改革中代理人动力机制

1998 年 6 月，中国人民银行制定《关于国有独资商业银行分支机构改革方案》，四家大型商业银行机构撤并开始，并取得了初步成效。然而，正如所有渐进式改革发展到一定阶段都会不可避免地触及事物的深层次矛盾一样，随着国有商业银行科层机构设置改革的力度不断加大，就会碰到体制性、机制性的矛盾和深层次的问题。尤其是改革带来分支机构权能的重新分配，损害到相当一部分代理人的既得利益，导致各种矛盾尖锐化，给改革的顺利进行带来困难。改革还包括撤并网点层面，大多涉及的是基层工作人员，这些人员知识含量低，掌握权力、资源有限，可替代性强，分流安置基本都能得到妥善解决。下阶段的改革重点将围绕着建立事业部制展开，强化纵向职能条线的管理，这将极大地改变一些科层经理人原有的角色定位、职权性质和范围，使其权力结构和利益关系发生明显改变，也会使其原有的业务知识和管理才能与新结构下的新角色新任务产生错位。而且，这部分人大多是银行业务骨干，掌握着重要资源，包括自身业务资源、客户资源、员工资源等，在银行科层机构内部有很大的影响力，他们对待改革的态度将对银行科层机构设置改革的顺利进行乃至最后的成功起到关键作用。因此，就有必要通过研究国有商业银行科层机构设置改革中的各级代理人也就是科层经理人动力机制来探寻改革突围方向，关注其改革的积极性，激励其努力投身和支持改革，尽量减少其因为权力削弱而对总行改革决策起到阻碍作用。

一、理论前提和假设条件

传统的博弈理论以完全理性的博弈方作为博弈分析的基础，假定所有参与人都具有追求利益最大化的理性意识，都具备完善的判断、推理、记忆和准确行动的能力，能准确推导出最优的均衡策略。但事实上完全理性的参与人根本就不存在，在博弈分析中博弈方理性方面的局限性无法回避，完全理性假设缺乏现实性的基础。谢识予（2001）提出有限理性和进化博弈论思想，认为博弈方往往不能或不会采用完全理性条件下的最优策略，博弈均衡是不断尝试调整的过程而不是一次性选择的结果，而且即使达到了均衡也可能再次偏离。建立在有限理性基础上进化博弈论的思想精髓就是能够包含博弈方的尝试和策略调整的过程，研究博弈方行为和策略动态稳定性。复制动态模型模拟了有限理性博弈方尝试和调整策略过程中的动态机制，在受到干扰后仍能恢复的稳健性均衡体现了有限理性进化博弈中最核心的均衡概念。可以说，进化博弈理论突破了博弈人完全理性的限制，在解释制度变革方面获得了巨大的成功，因此，本节以进化博弈论为依据，运用进化博弈的复制动态模型（谢识予，2001），分析国有商业银行科层机构设置变革中的动力机制和应对策略。

二、分支机构博弈模型的构造

国有商业银行分支机构数量多，地域分布广泛，信息传递受阻，因而每个分支机构都只具有有限理性。为了分析的需要，从众多分支机构中随机抽取两个单位进行配对重复博弈，分别为 B_1 和 B_2。改革是否成功的因素，主要取决于内外部两方面，从外部看主要是上级行给予的促动力度 E，如上级行是否从利益机制上予以引导，以优惠条件鼓励分支机构的改革行为；是否对科层经理人给予经济、技能培训、职业保障等方面的补偿措施；是否对不实施改革的分支机构施加压力并采取必要的惩罚措施等。从内部看主要是改革方案的可行性 A，改革的进度和方式是否与银行现有的信息技术、人员素质、规模、战略等相适应，是否能被大多数人所接受。一般来说，参与改革的银行分支机构数量越多，经验教训就越丰富，方案设计的可行性就越强；而且当大多数分支机构都参与改革时，就会形成相互借鉴、模仿的改革氛围，从思想观念上更能认同改革的必要性，于是方案的可行性就大大增强。因此，在其他条件不变的情况下，参与改革的银行分支机构数量 Q 也能影响改革方案的成功概率。

假设改革成功的概率为 $P = P(E,A,Q)$。B_1、B_2 两分行中如只有一家分行进行改革，成功的概率为 $P(1)$，两家银行都进行改革时成功的概率为 $P(2)$。由上述分析可知，在其他因素不变的情况下，两家银行都改革比只有一家银行参与改革的成功概率要大，即 $P(1) < P(2)$。

假设改革成功的收益为 I，改革失败的损失为 F，改革的成本为 C，如其中一家分行改革，而另一家分行不改革，那么后者的收益为 $G > 0$，若双方都不改革，则收益、成本都为 0。两家分行的博弈矩阵如图 4-3 所示。

B_2 分行

		改革	不改革
	改革	$IP(2) - F[1 - P(2)] - C, IP(2) - F[1 - P(2)] - C$	$IP(1) - F[1 - P(1)] - C, G$
B_1 分行	不改革	$G, IP(1) - F[1 - P(1)] - C$	$0, 0$

图 4-3　分行改革博弈矩阵

这是 2×2 对称博弈矩阵，由性质相似，随机配对的分行 B_1，B_2 进行反复博弈，这两家分行在策略和利益方面都是对称的。这两家分行行长都是有限理性的博弈方，因此，哪些是最优策略其实并不重要，他们不一定能找到和采用最优策略，或者说一开始不管是否是最优策略都可能被这些有限理性的分行采用，之后通过重复博弈，不断调整，逐步收敛到一个相对稳定的进化稳定策略。了解随机抽取的两家分行博弈策略调整的过程、趋势和稳定性，就可以从总体上把握改革的发展轨迹和方向。

三、复制动态博弈模型和进化稳定策略

现在考虑在国有商业银行众多分支行中随机配对反复进行该博弈的进化博弈问题。设在国有商业银行分支行中进行机构设置改革的比例为 d，那么不进行改革的分支行就占 $1 - d$。不难算出采用这两种策略的分支行期望得益和群体平均期望得益分别是

$$u_1 = d\{IP(2) - F[1 - P(2)] - C\} + (1 - d)\{IP(1) - F[1 - P(1)] - C\}$$

$$u_2 = dG$$

$$\bar{u} = du_1 + (1 - d)u_2$$

$$(4 - 7)$$

按照复制动态博弈思想，采用的策略收益较低的分支行会改变自己的策略，转向（模仿）有较高收益的策略，因此分支行中改革或不改革成员的比例就会发生变化，进行改革的分支行的比例的变化速度与其比重和其得益超过平均得益的幅度成正比。因此，采取改革策略的分支行比例 d 的变化速度可以用微分方程：

$$\begin{aligned}\frac{dd}{dt} &= d(u_1 - \bar{u}) = d(1 - d)(u_1 - u_2)\\ &= d(1 - d)\{d[IP(2) - F(1 - P(2)) - C - G]\\ &\quad + (1 - d)[IP(1) - F(1 - P(1)) - C]\}\end{aligned} \quad (4 - 8)$$

来表示，其中 $\dfrac{dd}{dt}$ 表示采取改革行动的国有商业银行分支行的比例随时间的动态变化速度。令 $\dfrac{dd}{dt} = 0$ 就可解出复制动态方程的不动点，或者说是稳定点，即在复制动态过程中，采用改革策略的分支行比例稳定不变的水平。上述复制动态方程有三个不动点，分别是

$$\begin{cases}d^* = 0\\ d^* = 1\\ d^* = \dfrac{-IP(1) + F[1 - P(1)] + C}{IP(2) - F[1 - P(2)] - IP(1) + F[1 - P(1)] - G}\end{cases} \quad (4 - 9)$$

前两个稳定点意味着分支行趋向于采用相同的策略（一起改革或一起不改革），对应完全理性博弈的纯策略均衡；后一个稳定点意味着分支行只有一定比例改革，对应混合策略均衡。这些稳定点只意味着分支行进行改革的比例到达该水平不会再发生变化，但最终会趋向哪个稳定点要依采用改革分支行的最初比例和动态微分方程在相应区间的正负情况而确定。另外，如果因为某种原因，分支行的策略偏离了这些稳定点，复制动态仍然会使其回复到这些水平。也就是说，当 d 向低于 d^* 水平偏离时，$\dfrac{dd}{dt} > 0$；当 d 向高于 d^* 水平偏离时，$\dfrac{dd}{dt} < 0$。下面具体分析一下银行科层机构设置改革博弈的动态复制过程。

模式一：当 $0 < d < 1$ 时，即 $IP(1) - F[1 - P(1)] - C > 0$ 且 $IP(2) -$

$F[1-P(2)]-C < G$，前者表明一家分行单独进行改革的收益要大于成本，后者表示若已知对方改革，自己跟随改革的净收益要低于不改革时的净收益。在 $0 < d < 1$ 的有效范围里，上述三个稳定点都是合理的，但仅有 $d^* = \dfrac{-IP(1)+F[1-P(1)]+C}{IP(2)-F[1-P(2)]-IP(1)+F[1-P(1)]-G}$ 才是上述博弈的唯一稳定均衡点，此时，（改革，不改革）是上述博弈模型的进化稳定策略。国有商业银行科层机构设置改革决策的复制动态轨迹如图 4-4 所示。在 $d = 0$ 时，也就是一开始所有分支行都不采取改革行动，接着有少量分支行开始着手改革，并逐步意识到改革能带来正效益，随着改革获利不断增加，给没有改革的分支行起到了很好的示范和引导作用，越来越多的分支行开始投身到改革行列，改革的分支行数量越来越多，直到参加改革的比例达到 $d^* = \dfrac{-IP(1)+F[1-P(1)]+C}{IP(2)-F[1-P(2)]-IP(1)+F[1-P(1)]-G}$。众多的改革实践有成功也有失败，随着改革数量增加，特别当参加改革的分支行比例超过了稳定点，失败的案例多起来，这些损失的教训会在一定程度上助长不改革分支行的机会主义行为的利益，即 G 增加，既然改革不一定成功，改不好反而导致严重损失，保守的分支行反而认为不改革更稳当，传统的设置机构才是理想的。于是，在分支行中又会出现抵制改革，不愿改革的倾向，参加改革的分支行比例最终会重新调整到 $d^* = \dfrac{-IP(1)+F[1-P(1)]+C}{IP(2)-F[1-P(2)]-IP(1)+F[1-P(1)]-G}$ 的均衡水平。

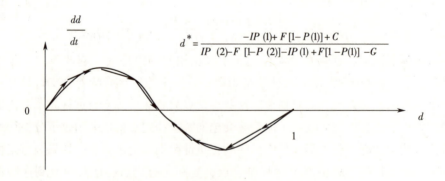

图 4-4　分支行复制动态模式一相位

模式二：当 $d < 0$ 时，有两种可能情况：

$$\begin{cases} IP(1)-F[1-P(1)]-C < 0 \\ IP(2)-F[1-P(2)]-IP(1)+F[1-P(1)]-G < 0 \end{cases}$$ 和

$$\begin{cases} IP(1) - F[1 - P(1)] - C > 0 \\ IP(2) - F[1 - P(2)] - IP(1) + F[1 - P(1)] - G > 0 \end{cases}$$

经过数学简化处理，可以转变为 $\begin{cases} IP(1) - F[1 - P(1)] - C < 0 \\ IP(2) - F[1 - P(2)] - C - G < 0 \end{cases}$ 和

$\begin{cases} IP(1) - F[1 - P(1)] - C > 0 \\ IP(2) - F[1 - P(2)] - C - G > 0 \end{cases}$ 两种情况。后一种情况下，意味着分支

行单独改革的收益大于成本，改革能够获利，而且，已知一家已经进行改革的
情况下，参与改革的净收益大于不参加改革的净收益，这必将出现（改革，
改革）的均衡，不可能回归 $d = 0$，即（不改革，不改革）的均衡，与假设矛
盾，故舍去后一种情况。在前一种情况下，意味着分支行单独改革的净收益为
负，单独改革得不偿失，而且在知道一家已经改革的同时进行改革的收益小于
不参加改革的收益。国有商业银行科层机构设置改革决策的复制动态轨迹如图
4-5 所示，（不改革，不改革）才是上述复制动态过程最后达到的进化稳定策
略，只有 $d^* = 0$ 才是复制动态过程中逐步收敛的均衡点。如果一开始所有分
支行都没有进行改革，后来，有少量分支行因为各种原因投入改革，但因为改
革的净收益为负，改革得不偿失，就会终止改革的行为，最终所有分支行都处
于不改革的均衡状态；如果一开始所有分支行都是改革的，一旦出现不改革的
行动，大家马上就会意识到不改革的净收益高于改革净收益，于是纷纷效仿，
最终仍然会趋向都不改革的均衡状态。

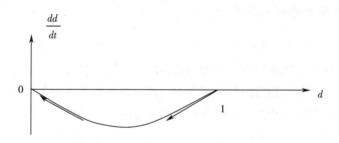

图 4-5　分支行复制动态模式二相位

模式三：当 $d > 1$，有两种可能情况：$\begin{cases} IP(1) - F[1 - P(1)] - C > 0 \\ IP(2) - F[1 - P(2)] - C - G > 0 \end{cases}$ 和

$\begin{cases} IP(1) - F[1 - P(1)] - C < 0 \\ IP(2) - F[1 - P(2)] - C - G < 0 \end{cases}$，在后一种情况下，分支行单独进行改

革的净收益为负，而且已知对方在进行改革的情况下，加入改革行列的净收益
小于不参加改革的净收益，就会出现（不改革，不改革）的博弈结果，向 $d =$

0 的复制动态均衡点收敛，显然与题设不符，故舍弃。考虑前一种情况，即分支行单独进行改革的收益大于成本，而且当对方已经开始改革时，跟随改革的净收益大于不跟随改革的净收益，因此，必然双方都采取（改革，改革）的均衡策略。具体来说，分支行改革策略的复制动态将呈现如图 4-6 所示轨迹：一开始若所有分支行都没有进行改革，接着，由于各种原因少数分支行着手改革，因为参加改革利大于弊，因此这些分支行的改革会继续进行，而且，由于跟随改革的效益要优于不跟随改革的效益，有更多的分支行仿效已改革的分支行的做法，也投身改革潮流中，进行改革的分支行数量越来越多，最后到达全面改革的稳定状态。

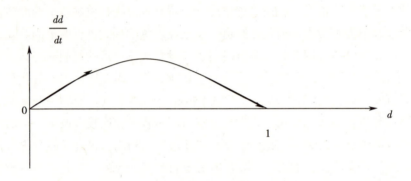

图 4-6　分支行复制动态模式三相位

四、复制动态过程的启示

上述模型的复制动态过程和进化稳定策略很好地模拟了在有限理性条件下国有商业银行科层机构设置改革的动力机制和发展趋势，可以思考在改革中总行应如何给予分支行相应的激励和约束、创造促成改革的内外部条件，使分支行的决策行为能够符合总行的整体利益，尽量减少改革中分支行的不作为或阻挠带来的成本和代价，确保总行启动的改革在各层面顺利展开。

虽然国有商业银行科层机构设置变革陆续展开，但是多局限于少数分支行或局部层面，全行业、大范围、深层次的机构的变革和调整并没有出现，改革中出现的障碍、改革的成本、改革的成功率等都影响到改革是否能全面铺开。正如上述博弈模型一和模型二所示：在模型一中，即便有少数分支行开始进行改革，但由于先行改革中反映出的问题比较多，或者改革措施缺乏广泛推广的可行性，其他分支行跟随改革的动机就会削弱，不改革的机会主义行为盛行，观望情绪浓厚，出现（改革，不改革）的僵局，阻碍了深层次组织机构变革的进程；而在模型二中，即便是少数分支行先行改革，但由于改革成本高、改革成功率低等因素，从改革中无法得到效用的提高，最终停止改革的尝试，延续原有的传统机构设置，即（不改革，不改革）成为各分支行最优选择。因此，总行应从以下几方面打破改革难以推动的局面，提高改革的成功率。

（一）提高改革方案的可行性（增加 A）

科层机构设置改革不是独立的，其必然要与分支行现有的条件相适应，在配套条件没有很大改变的情况下，盲目搬用西方大银行的成功做法，大刀阔斧地压减机构削减层级缺乏现实的可行性，必然要失败，也必然要挫伤分支行后续改革的积极性。如目前国有商业银行内部信息管理系统还未完全实现智能化和数据的高度集中统一，缺乏高素质专家级人才和精通现代管理和经营业务的员工队伍，分支机构现有的权限功能单一无法适应新结构下综合经营管理的需求等等现实的瓶颈都对改革产生制约。总行实行科层机构设置改革应从本行的实际情况出发，分阶段分步骤渐进实行，要对分支机构的不同特点和发展阶段量身定做具体改革的方案和进度表。而且，总行要尽快建设和完善改革相关配套条件：加快信息管理系统的建设，由信息化来推动经营管理方式的集约化，为科层机构设置改革创造技术条件；根据目前银行员工队伍状况，加强培训，合理调整人员结构，重新调配内部人员，公开在行内外招聘竞聘高素质的高级管理人员及各类重要、关键岗位人员，进一步提高员工队伍素质，增强全行的管理合力。总之，总行为了能够稳健推进科层机构设置改革就应该着力解决改革措施不够配套和改革方案简单化的问题，提高改革的成功概率和成效，减少改革的成本和损耗，提高分支行先行改革和跟进改革的效益。

（二）提供改革的激励约束机制（增加 E）

分支行进行改革的动力源自其对较高比较利益的向往和追求，由上述复制动态博弈模型可知，让分支行参与改革并推动改革进一步深入的"激励相容约束"条件是改革的净收益比不改革的净收益要大，跟进改革的净收益比不跟进改革的净收益要大。因此，要有效避免科层机构设置改革出现难以推动的不良局面，其先决条件就是上级行特别是总行应给予下级行有效的激励，从激励机制上引导下级分支行投身改革、推进改革。首先，应积极营造鼓励首创、宽容失败的良好体制环境。给予先行改革的分支行更多优惠政策和条件，在评价考核和利益机制上要向这些分支行倾斜。即便在改革过程中，一些先行改革的分支行因为缺乏经验碰到一时困难，也应采取宽容的态度，在业绩评价考核中予以区分对待和照顾，在上级和总部层面进行有针对性的指导帮助和支援，并给予一定的经济补偿，切不能挫伤先行改革分支行的积极性，切实打破

"先改革先吃亏"的惯性思维，要给其他观望的分支行"先改革先得利"、"改革要趁早"的有效信号。其次，保持改革支持措施的延续性，不断完善和落实改革支持政策，自始至终向跟进改革的分支行提供经济、技能培训、职业保障方面的补偿，将改革成效与职务提拔、工资、奖金和各种福利挂钩，以激励后来者。当改革进行到一定阶段，分支行容易碰到体制性障碍，由于缺乏制定解释政策的权力而心存顾虑，这时上级行特别是总行应及时完善相关政策或出台新的补充办法，指导下级行妥善处理改革中出现的问题和瓶颈。在激励和约束机制上区分对待"改革不作为"与"改革不成功"两种类型分行，对抵制改革或改革中不作为的分支行施加压力，追究主要领导人和负责人的责任、进行物质处罚、减少资源配给等尽量降低其改革不作为的期望收益和机会主义动机。

（三）加大改革推广力度（增加 Q）

国有商业银行科层机构设置的改革是一项系统性、全局性的工程，单单靠局部分支行的努力是远远不够的，从各部门试点开始，以点带面逐渐铺开，最后形成系统性、全局性的机构调整。国有商业银行科层机构设置改革的最佳状态是改革进入你追我赶、百舸争流的良性循环。然而，国有商业银行分支机构众多，地域分布广泛，各自经营管理和利益具有一定独立性，容易造成信息沟通障碍；而且科层经理人大多是在传统的体制架构下成长起来的，管理理念上存在一定的保守性和落后性。这些都导致了科层经理人的"有限理性"，阻碍在最优策略上达成共识，影响改革更广更深地开展。因此，上级行特别是总行应在各级分支机构中强化改革紧迫性和必要性的宣传，提供给各级科层经理人进行出国访问或学习深造的机会，使其多接触西方先进银行的机构设置模式和其成功运作的实例，促使其在组织机构管理理念上发生有利于改革的变化。此外，上级行和总行应加大对成功经验的宣传和推广力度，发挥先进典型的示范带动作用，形成相互借鉴、模仿的改革氛围，在改革的实践中不断提高方案的成熟度和可行性，以便获得更多分支行的拥护和支持。

第五节　银行科层机构设置的国际比较：案例分析和借鉴

目前国际上许多著名的大银行都采用了矩阵式科层机构设置模式，如英国标准渣打银行和摩根大通银行这两家国际化的全能商业银行，他们实行的条块结合的矩阵型组织结构在国际银行界具有一定代表性。因此，本节以英国标准渣打银行和摩根大通银行为例，来分析这两家国际大银行矩阵式科层机构设置的特点，以便更好地为我国国有商业银行科层机构设置调整提供借鉴。

一、标准渣打银行科层机构设置

总行设在伦敦的标准渣打银行是一家具有世界领先水平的国际性银行集团，主要业务集中在亚洲、印度次大陆、非洲、中东及拉丁美洲，遍布世界56个国家和地区，拥有1400多家分支机构。伴随着全球金融一体化、自由化的趋势，客户对综合性、多样化金融服务需求越来越突出，市场范围和服务方式也不断延伸，于是渣打银行开始着手采用矩阵式设置结构。在纵向上划分为对公业务、零售业务和资金业务三大业务条线，三大业务条线上都设有管理总部。其中，资金业务总部设在伦敦、零售业务总部设在香港、对公业务总部设在新加坡。总行主要通过三大业务总部对分行实行管理和监督。三大业务总部根据具体情况给予各分行不同的经营管理权，通过财务计划和考核对下级进行有效的垂直管理，总部可以直接管到最基层的业务人员。全行三大业务条线上的员工既受辖区内行长的管理考核，也受本业务条线的上级部门的管理考核，以年初确定的全年业务计划和年终实际完成情况为基础，综合纵横双向意见进行评价和奖励。在财务报表的编制上既有分行的损益表也有三大业务条线的汇总损益表，综合反映分行的经营情况和各业务条线的发展情况。各分行行长不直接参与具体业务，无贷款审批权，主要负责组织本分行业务发展，协调分行与所在地政府、监管部门和客户之间的关系，保证分行在当地有效运作、业务合规以及全年各项业务目标的完成。各分行是经营中心，实行相对独立的统一核算，在条线内统一配置人力、物力、财力等资源，行使授权范围内的经营管理权，区域分行以下机构不具有管理职能，成为经营中心和利润中心，直接面向市场和客户（江汕，2002）。

二、摩根大通银行科层机构设置

摩根大通银行分支机构也是个矩阵式结构，以条线管理和总行—大区分行—管理行三级管理体系来设置，以纵向条线管理为主（郑先炳，2008）。在业务条线上，主要设置投资银行业务、零售金融业务、信用卡业务、商业银行业务、资金交易与证券服务业务和资产与财富管理业务六大条线，总行集权程度较高，在总行设有六大业务条线的营运管理中心，负责对分行相应业务的归口管理，通过纵向业务条线来控制各分行。当业务条线领导与分支行领导意见不一时，遵照业务条线领导的决定执行。在六大业务条线之外，摩根大通银行在总行设立业务运作委员会、资产负债管理委员会、利益冲突管理委员会、文化多元化咨询委员会、政策评估委员会、高层风险管理委员会、技术咨询委员会等，每个委员会对下设分支机构进行垂直管理，实行风险控制、审计、法律事务等管理职能，以及全球技术支持、人力资源、研发、后勤等服务保障功能，为业务条线的良好运营提供技术、服务和风控支持。摩根大通银行总行高层管理委员会集中了业务线、各地区负责人和各职能委员会的核心力量，形成一种合力就银行业务发展与管理的关键事项作出决定。摩根大通银行在全球不同区域设立大区分行，对全球分支机构实施24小时全天候监控和管理，大区分行所辖管理行，处于管理层级最低层的支行在管理行的领导下开展业务，没有管理权限。分行的主要职能是总行各项业务的营销，分行行长以协调职能为主，对总行归口部门负责，但不对利润负责，避免了行长负责制与业务条线的矛盾。

三、两家商业银行科层机构设置的共同特征

两家商业银行科层机构设置可用三维立体图表示（见图4-7），每个平面代表一个层级，从上到下依次是总行、分行、支行，形成两级管理一级经营的扁平结构；纵向上有三类条线，分别是业务条线、管理条线和支持保障条线，其中，业务条线是银行的前台，管理条线是中台，支持保障条线是后台，三类条线受总行直接垂直领导。这种结构设置具体有如下特征。

（一）通过职能条线强化了总行的管理和控制

改变过去一贯以地区为中心、以分行为主导的方式，形成以职能条线为主，强调银行的系统管理，分支行职能被大大弱化，各职能条线的管理得到很大的强化。总行对分支行的管理和控制就是通过各职能条线来实现的。具体来说，职能条线可以分为三种类型：一是业务条线，按银行业务流程运行，面对不同类型客户组成的细分市场形成相对独立的业务体系，如零售业务、批发业务等，其职责主要是拓展市场、直接为银行创造利润。业务条线是银行的前台，也是第一工程，是银行生存和发展的基石。二是管理条线，包括公共管理、财务管理、信贷管理、项目管理、风险控制、审计、法律事务等部门，这类部门用专业的眼光建议甚至决定业务部门哪些事情该做，哪些事情不该做；评价哪些事情做得妥当，哪些事情做得不妥当。管理条线是银行的中台，也是业务部门的制动系统。三是支持保障条线，可包括信息技术、人力资源、研发、后勤保障等部门，为业务部门提供人力、物力、信息等各项保障和支持，是银行的后台。三类职能条线职责明晰、分工清楚，共同服务于总行的决策指

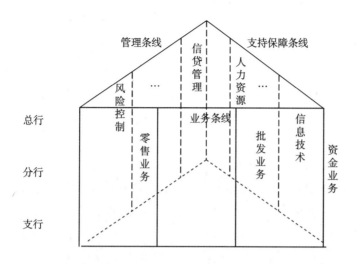

图4-7 商业银行科层机构设置三维立体图

挥系统，总行通过各条职能线管理和控制各级分支机构。这其实是一种"大总行、大条线、小分行"的结构模式，分行行长不涉及日常业务经营，不需要对业务指标和利润负责，其主要角色是本级行各职能条线的组织、沟通和协调，避免了行长负责制与职能条线的冲突。而在各职能条线上则汇聚了各类专家，分工细、专业强，并由总行直接监控。这种科层机构设置在提高效率、互相制衡、加强控制方面具有明显的优越性。

（二）管理层次扁平化提高了决策和监管效率

通过职能条线来管理分支行大大提高了总行的监管能力，扩大了监管跨度，为管理扁平化创造了条件。两家银行基本都采取扁平化模式，总行直接管理经营性机构的管理体系，分行是经营中心，行使授权范围内基本的经营管理权，分行以下机构则不具有管理职能，只是面向市场的营销小组和利润中心。层次简明、管理半径适中、减少了委托代理环节和成本，便于有效的管理和风险控制。管理层次扁平化不但发挥了分支机构的经营自主性和积极性，而且避免了管理层次过多致使信息失真，各管理层和经营层都能获取较完整、及时、准确的信息，提高了信息传递的效率，大大加强了总行对各级机构的监控。

（三）二维双重报告关系有利于相互制约

同一层面的职能条线和上下垂直型领导关系（总分行）紧密结合，实行双重命令链，相互制约，摒弃两者中任何一方可能存在的不足。分支机构的日常经营管理既受到辖区内行长的领导，也受到职能条线的上级部门领导。当纵横双向意见发生偏差时，通过商量讨论获得综合性的解决方案；若分歧无法解决，一般以纵向职能条线的意见为主。分行主要做好各职能条线的组织、沟通和协调工作，给予各职能部门负责人必要的支持和协助。在财务报表的编制上既有分行的损益表也有业务条线的汇总损益表，综合反映分行的经营情况和各业务条线的发展情况；既强调总行的垂直领导和控制又兼顾横向各部门的相互协调、支持、扶助和监督，有助于营造全面透明公正的激励监督环境，有效防止内部人控制现象和道德风险行为。

（四）内部派驻制确保整体战略的实施

将风险管理、信贷管理、信息技术、人力资源管理等管理条线和支持保障条线的人员派驻到业务条线和各分支行的业务单元，前台业务条线和中后台管理支持条线之间形成项目式的团队关系。中后台管理支持条线也是由总行直接垂直管理，其派出人员由派出部门负责，与所在的业务条线和分支行一起工作。内部控制的监督评价人员与业务条线或分支行负责人是平行的监督检查关系，委托关系明确，职能明晰，监督效率高，不受银行行政管理层的干预，确保了内部控制的监督、评价部门独立于内部控制的建设、执行部门，真正对总行的整体战略负责。

（五）条线化的考核任免使激励约束机制科学有效

银行的运作管理以职能条线为主，前台业务条线、中台管理条线和后台保障条线都有明确的界定。银行员工的考核任免主要由职能条线的主要负责人决定，而不是由该层面的地域负责人（如行长）决定。在业务条线的上下层部门之间是实线汇报，分行的各职能部门负责人与该分行行长之间是虚线汇报关系。把考核目标分解到每一条职能线、每个职能部门以及每个职能部门下的不同团队，而不是直接给分行下达相应的利润指标或其他目标。总行对条线的考核以完善的信息管理系统（MIS）为基础，每一条线中的每个部门、每个小组、每个人在考核期内完成了多少指标，占用了多少资源，花费了多少成本都有明确记录。由条线上级负责人对其主管条线的下级的奖惩和升迁负责。无论条线、部门还是各层经营管理人员，都是按照业绩或贡献大小取得报酬，也为决策失误或业绩不达标承担责任，责权利高度统一。条线化的考核任免减少了信息不对称、明确界定了责权利，使激励约束机制更加有效科学。

总之，从委托代理视角分析，国外先进国家商业银行科层矩阵式机构设置模式能提高上级行委托人与下级行代理人之间的信息对称性，增强上级委托人对下级代理人行为的监控能力，减少甚至避免下级代理人中的内部人控制和道德风险行为。通过赋予下级行一定的经营自主性和独立性来增进下级代理行的积极性，引导其自发地将追求自身利益最大化的行为与服从上级行乃至总行整体利益联系起来。

本章小结

国有商业银行科层机构由初始委托人、多个中间人和最终代理人构成，随着银行分支机构设置层级的增加，会增加银行的委托风险和代理成本，降低委托效率，出现管理失控，竞争力下滑。通过借鉴公有制经济委托代理模型，发现随着管理层级的增加，基层行经营性努力将下降，银行总体利润也下降；当管理跨度增加时，基层行经营性努力程度随之增加，其创造的银行总体利润也增加；另外，基层行经营努力与努力转换系数成正比。

国际上银行科层机构设置原则主要有单一银行制、集团银行制、连锁银行制和总分行制，其中总分行制是国际上最普遍采用的银行机构设置原则。采用总分行制的国外先进银行大致经过了直线职能制到事业部制再到矩阵式结构的演变，矩阵式结构较直线职能制和事业部制在信息不对称程度、扁平化程度、总行监控能力和集权程度，分支机构积极性、反应力、合作性、制衡程度，总分行间利益偏差等方面都具有明显优势，是我国国有商业银行科层机构设置改革的方向。伴随着中国银行业改革的不同时期，国有商业银行科层机构设置演进经历了单一银行时期、专业化银行时期和商业银行时期几个阶段，每个阶段有不同的特点。现阶段科层机构设置主要弊端是纵向多层委托代理削弱总行对分支机构的控制力和监管效率，导致激励约束机制、风险控制机制、资源配置机制和信息传导机制失灵；横向机构块状分割降低同级机构间的协调和制衡，导致利益多元、分工不明、内控不利。通过对2011—2012年我国13家商业银行的科层机构设置效率进行 DEA 实证分析得出国有商业银行科层机构设置效率不高，而且规模报酬递减，应缩减分支机构的规模和层级。

随着国有商业银行科层机构设置改革的力度不断加大，带来分支机构权能的重新分配，损害到相当一部分代理人的既得利益，导致各种矛盾尖锐化，给改革的顺利进行带来难度。以复制动态过程和进化稳定策略来模拟在有限理性条件下国有商业银行科层机构设置改革的动力机制和发展趋势，分析得出总行可以通过提高改革方案的可行性、向分支机构提供改革的激励约束机制以及加大改革的推广力度尽量减少改革中分支行的不作为或阻挠带来的成本和代价，确保组织机构改革在各层面顺利展开。

最后，本章以英国标准渣打银行和摩根大通银行为例，分析这两家国际大银行矩阵式科层机构设置的特点，以便更好地为我国国有商业银行科层机构设置调整提供借鉴。

第五章 国有商业银行科层权限配置

第一节 企业权限配置的组织有效性

一、企业权限配置的影响因素分析

（一）政治、经济与文化

企业科层管理中关系到内部制衡的权力的分配作为一项制度安排，受到外部政治、经济和文化的影响，政治、经济和文化的不同程度的交叉赋予了企业内部权限配置的特定内涵。一般来说，当企业科层权限配置与社会政治经济以及伦理、道德、习俗和惯例等兼容时，这种集权分权的安排才能在经营管理方面取得效率；反之，则效率低下。从政治、经济和文化方面来考察企业权限配置的结构和特点有助于在更宽泛的层面上理解企业权限配置的特定格局。

从政治方面看，国家权力体系的特征在微观层面上影响到经济组织的内部权限配置特点。行政权力系统是一个特殊的利益集团，如果是一个超强的政府权力体系，拥有事实上的规则指定权，那么企业多体现为对政府行政系统的组织隶属，在国有企业更是如此，如企业被赋予行政级别，企业经营者的人事权、财权及事权归上级政府控制，企业经营要服从政府的工作计划等等。另外，企业权限配置受制于一系列经济制度安排。这种制度安排不仅体现在"三权分立"的公司治理关系上，还体现在企业的所有制性质决定的控股方对企业科层组织中人事安排和经营方针的约束，以及股权的集中或分散对企业决策集中程度和授权方式的影响。股权集中的企业，若股权集中于国家，政府规制经济的行政风格就会体现在各层分支机构的权限配置上，政府通过规制经济的立法、司法和行政执行来控制公司的重大决策和日常经营管理，形成一定的专权，而且内部官僚等级体系特征明显。如果股权集中于私人手中，企业公司治理的重大决策和日常经营管理就会在公司层面形成一定的专制和集中。总体来说，股权集中会带来一定程度的集权，使企业内部权力制衡流于形式。股权相对分散的企业较之国家控股或私人垄断控股的企业，在权限配置上更有可能实现权力的分散和制衡。对于中国这样的转型社会，在政治经济体制转轨过程中的法律、制度、规章的不确定性会在很大程度和范围内影响乃至决定企业的一系列权力分配格局。当然，企业权限配置也具有相对稳定性，短时间里不会对宏观层次上的制度变化作出迅速反应。

伦理、道德、惯例和习俗以及与此相关的社会文化或民族文化是影响人们行为的非正式制度，直接影响着那些不受政策和法律规章制约的行为。企业内部权限配置是一种规范多元行为主体活动的制度安排。社会的道德规范、伦理习俗等文化传统对企业经理人的行为方式产生作用，继而影响权限配置的实施和效果。一般来说，在人际交往契约性质浓厚的市场经济成熟的国家的企业受非正式制度的影响力度相对较弱，内部权力的制衡相对硬性，多元行为主体的机会主义、逆向选择、道德风险等不易加深和扩大，较宜采取分权式管理；而人际交往契约性质淡化的市场经济不成熟的国家的企业受非正式制度影响加大，人际关系随意性大，交易成本高，内部人控制的风险加大，较宜采取集权式管理。另外，社会的道德规范、伦理习俗等文化传统有的是积极的有利的，有的则是消极的，不同的文化对企业组织内部的权限配置、权力制衡产生或正向或反向的影响。

（二）市场环境

在动荡的市场环境下，企业得到的信息瞬息万变而且时效性极强，这就要求企业内部要缩短信息传导路径和时间，使掌握信息优势的基层拥有一定的决策权，以便对市场作出快速响应。但是，另一方面，由于市场动荡，由某单位或部门得到的信息往往具有片面性和局部性，基层的单位或部门往往不会站在高层从战略角度考虑，不会考虑自身决策对其他部门的影响，而且由于信息搜集渠道和技术的限制，很难分析到市场中长期发展趋势以便有个长远的规划。因此，如果完全放权给基层，就会如一叶扁舟入大海，很有可能随波逐流而失去了应有的航道和方向。在外部环境波动加大时，将一些关系到全局战略和未来企业发展的决策权集中给企业的高层，高层可以利用先进的技术手段，集合各级部门信息，站在一定的高度更清晰地纵览市场局势，洞察发展格局，作出合理化的决策。市场越动荡，关键的决策权越应该集中，而事务性的权限则可以适当分散，只有这样才能保证组织的有效性。

（三）企业规模

传统理论认为，规模小的企业知识分布相对集中，管理层级较少，信息容易以较低的成本传递给有决策权的人，而且，小企业生产的产品或提供的服务种类少，任务简单，目标市场集中，所处的环境相对稳定，高层管理者事必躬亲也不会导致需要处理的信息量过大而无法顾及，因而应该选择集权管理模式，集权有助于提高小企业的运行效率。反之，大企业信息分布分散，企业管理层级较多，信息向高层管理者集中的难度与成本较大，而且大企业生产的产品或提供的服务种类繁多，任务繁杂，目标市场分散，所处环境复杂多变，需要处理的信息量大，因此大企业更倾向于将决策权分配给一些掌握信息和知识优势的人或部门，从而减少决策风险，克服个体有限理性的局限，进而提高企业的绩效。另外，大企业往往经营多元化产品，招募专业化人才，分权化的权限配置可以给企业各条产品线上的专才更多的决策权。而在现实中，企业规模对企业权限配置的影响也并非只有单一对应关系，小企业因为信息的透明度高、传导路径快捷、便于控制，为了提高市场的响应和灵活性，有些也会采取分权管理模式；而大企业因为分支机构众多，多重管理层级导致信息不对称和目标多元，容易导致内部人控制和管理失控，有些因而采取集权管理模式。因此，企业规模究竟是不是企业权限配置模式选择的决定因素？对于规模既定的企业，究竟是集权好还是分权好？这还得结合其他方面因素综合考虑。

（四）纵向沟通流程和技术

先进的信息处理和通讯技术使得大量数据的集中和分析不费吹灰之力，数据的搜集、传导和反馈动态实时，打破了各层级各部门间的信息壁垒，信息资源由分散走向集中统一，上下级之间需要时即可产生直接、多点对多点的联系。在先进的信息通讯技术条件下，可以在强化总部的监控力和各级部门协商交流的基础上下放决策权，使得决策更接近行动地点。在信息技术飞速发展和网络经济占主导的时代，以知识创新和不断学习为本质特征的企业可以通过一定的分权来实现灵活的市场响应和组织柔性。反之，如果没有必要的先进技术支持，公司传递信息的成本很高，时间拖延很长，组织的监督管理能力就很弱，这时过度分权会导致分支机构管理失控，而过度集权又会导致组织僵化，效率低下。

（五）员工素质

如果企业各级经理人有过硬的任职资格和履职能力如现代金融发展认知能力、市场拓展能力、防范化解金融风险能力、政策执行能力、协调能力、创新能力。而且，企业已经塑造了以诚信、谨慎、勤勉、负责等为基调的企业文化氛围，员工对企业普遍忠诚，能以敬业和公正的心态实行良好的自律。在这样的企业中，就应当将权力重心下移，让中层或基层更多地参与到决策中来，让很多决定就近解决。反之，如果企业大部分人没有较高的道德素养和相关能力，只适合成为操作者和跟随者，就应该实施更多地集权，将决策权更多地由那些掌握信息和知识，具有洞察力、分析力和决断力的人或部门所掌握，同时应该以更严密的制度规章来监控和制约各层级的行为，以确保上级决策的执行和落实。

二、企业权限配置方式

企业权限配置按照集权和分权程度的依次改变，可划分为中心服从方式、最优追随方式、渐进接受方式和分部自治方式（陶厚永等，2008）。

（一）中心服从方式

中心服从方式强调的是下级对上级命令的绝对服从，权力高度的集中和统一。某个个体或某级组织处于企业权力集聚的中心，对其他个人和组织进行命令和支配，企业上下的一切工作都必须围绕着这个权力中心来开展。除非，权力中心根据环境变化并结合自身情况进行局部优化和调整，其他个人和各级部门没有办法改变现状，只能被动服从命令，没有任何的机动性和灵活性。企业的绩效高度依赖于权力中心的决定，与其他个人和各级部门的主观能动性无关。中心服从方式下奉行长官意志，不主张能力本位，非权力中心的个人和各级部门无法通过自身的能力为取得权力进行竞争。

（二）最优追随方式

最优追随方式下，虽然决策还是由权力中心下达，各级部门执行实施，但是权力中心不再是一成不变，一旦拥有便终身拥有。企业赋予了各级部门为了取得权力而展开竞争的空间，权力集聚的方向是多维的、动态的，取决于各级部门凭借其能力相互竞争的结果。因此，最优追随方式强调"能力优先"，谁有能力，谁就该掌握控制权和决策权。然而，竞争结果形成的权力中心仍然具有专断的性质，命令一旦下达，就必须严格执行，不容许其他人或部门讨价还价或进行调整和改变。这种权限配置方式重视"能者"的作用和地位，权力分布集中于局部和个人，忽视其他人和部门的主观能动性以及整体的作用和价值。其结果可能会导致权力中心作用发挥异化，"智者千虑，必有一失"，企业的发展完全掌控在个别人手中的，个体的局限和错误很容易酿成整个组织的危机。

（三）渐进接受方式

较之最优追随方式，渐进接受方式的集权程度进一步下降，权力中心不再具有绝对的、不容争辩的支配权，而只是拥有相对支配权。权力中心为其他人和各级部门的发展提供建议，可以与其他人和各级部门进行充分沟通和交流，平等协商，对于权力中心的命令，其他人和各级部门可以有选择地接受，或者权力中心只是在战略性、方向性上作出引导，而至于如何去实施战略的路径选择则交给各级部门自行决定。因此，渐进接受方式下的权力中心更多的是提议者和参谋者，绝非专制的独裁者。

（四）分部自治方式

实行分部自治方式的时候，组织的分权程度最高。各级部门有相当大的自我管理、自我决策的权力，实行局部自治，组织中没有占据支配地位的权力中心。分部自治方式下各级部门无法通过命令—服从的规则进行权力整合。组织的系统协同性变差，各自为政，谁都无法制约谁。因为没有一个"舵手"，组织整体容易迷失方向；因为没有一个相对凝聚的权力载体，局部利益对立，内耗增加，部门间交互、协作、沟通能力下降，组织稳定性和有机统一性受到动摇。

三、权限配置方式与组织绩效关系

这里借用陶厚永等（2008）以多主体模型和计算机仿真模拟得到的四类权限配置方式组织适应性指标来分析不同的权限配置方式与组织绩效的关系。企业组织的行为结果表现在竞争力以及生存能力上，常用绩效来表现，比如用"市场份额""利润增长"等指标来衡量。但是，对于复杂环境下的组织而言，最重要的绩效应该是"适应性"（陶厚永等，2008）。陶厚永等将组织规模 N 分别设定为40、100、200和400，对每一种规模的组织分别采用上述四种权限配置方式进行四次计算机模拟，每次模拟周期为 $T = 100$。模拟结果如表5－1所示：组织实行中心服从方式时，在各种规模下的组织适应度总量、均值和平均增长率都要低于最优追随方式和渐进接受方式，但大体略高于分部自治方式，组织优化的效果不明显；在最优追随方式和渐进接受方式下，两者较之中心服从方式，无论是从适应度总量、平均值还是增长速度上都明显提高了，组织优化效果更显著；比较最优追随方式和渐进接受方式，当组织规模变大时（$N = 200$，400），渐进接受方式在适应度总量、均值和增速上都明显超过最优追随方式，当组织规模较小时（$N = 40$，100），最优追随方式总量和均值上虽略低于渐进接受方式，但在平均增长率上要优于渐进接受方式；分部自治方式和中心服从方式、最优追随方式、渐进接受方式相比，无论是组织适应度的总量、均值还是平均增长速度，在不同的组织规模情况下都偏低。由实证模拟得到结果，分析如下。

表 5 -1　　　　　　　四种权限配置方式下组织适应度指标

权限配置方式	N = 40			N = 100		
	总量（平均增长率）	均值	离散度	总量（平均增长率）	均值	离散度
中心服从	3649.9（0.76%）	0.9124	0.2476	7056（0%）	0.7056	0.0843
最优追随	4933.6（0.80%）	1.2334	0.1378	9653（1.12%）	0.9653	0.1351
渐进接受	4967.2（0.61%）	1.2418	0.0599	11040（1.07%）	1.1040	0.0917
分部自治	3584.0（0.32%）	0.8960	0.0982	6071（0.37%）	0.6701	0.0742
	N = 200			N = 400		
中心服从	12516（0.38%）	0.6258	0.1444	24888（0.48%）	0.6222	0.1328
最优追随	16570（0.54%）	0.8285	0.1106	30724（0.59%）	0.7681	0.1521
渐进接受	16976（0.69%）	0.8488	0.0995	31974（0.80%）	0.7994	0.1718
分部自治	14021（0.34%）	0.7011	0.1120	23359（0.28%）	0.5840	0.0913

　　资料来源：陶厚永，刘洪，吕鸿江. 组织管理的集权—分权模式与组织绩效的关系 [J]. 中国工业经济，2008（4）：90.

　　（一）中心服从方式与组织绩效

　　各级部门没有从事各项事务的决策权和自主权，只能被动地服从权力中心的指令。这种集权化的权限配置方式会从两个层面影响组织绩效：从非权力中心的各级组织层面来看，他们丧失工作的积极性和主观能动性，反正只要完成上级下达的任务就可以了，创意、改良、应变等是多余的。而且，权力等级体系是僵化的，一旦形成很难打破，权力中心稳定地掌握控制权和决策权，下级阶层没有机会入围其中，没有优胜劣汰的竞争机制。因此，组织没有活力和动力去发展、改进。从权力中心层面来看，自我优越感淡化了危机意识，失去了前进的压力也看不到现实中的问题，很容易维持现状。各级组织的唯命是从会助长权力中心的专断倾向，以个别人的意志统领全局，很容易因为个人的认识偏差使整个组织陷入危险境地。缺乏挑战和制衡的权力最终会不断膨胀，沦为某些个人谋取个人价值最大化的工具，偏离组织目标，走向堕落。显然，中心服从方式下的组织绩效不可能乐观。

　　（二）最优追随方式与组织绩效

　　最优追随方式对组织绩效的影响有积极的一面也有消极的一面。积极的一面是，权力中心是由组织内部能力较量胜出的强者组成，是优胜劣汰竞争的结果，因此有效地保证了权力中心的相对先进性和优越性，这能积极地推动组织绩效的提高。消极的一面是，权力中心仍然奉行独裁专制，拥有不可争辩的绝对支配地位，其他部分只有严格地服从，照单接受权力中心的决定安排。在组织规模较小时，外部环境稳定，基层员工总体素质不高，信息量少且复杂程度低，信息处理和传递成本不高，这种集权化可以减少决策制定的时间成本和组织内部摩擦，加强决策的执行力，有助于组织绩效的提高；但是当组织规模达到一定程度或外部环境变化大，各种信息纷繁复杂，远远超出个人的有限理性能承载的范围时，绝对权力的集中抹杀了集体的智慧和能动性的发挥，势必阻碍组织绩效的提高。

（三）渐进接受方式与组织绩效

渐进接受方式不但基于能力竞争来确立权力中心的地位，有效保证权力中心的优势和权威，为非权力部门树立了标杆；而且，在权力中心与非权力中心的互动关系上，前者放弃了绝对支配权，只拥有相对支配权，决策很多时候是粗线条的、方向性的，对于很多细化的环节留给其他部门根据自己的情况灵活决定。权力中心的决策也允许其他部门商榷交流、取舍改进。在这样的民主互动和上下参与中，取长补短，知识信息共享，互相学习超越，决策得到了优化。对组织绩效的影响要结合其他因素综合判断，组织规模小，信息处理成本低，而员工处在成长阶段，内部机制也不是很成熟，在这种情况下，过分的民主和权力下放可能会带来混乱和动荡，最优追随方式的组织绩效增长要比渐进接受方式更快。但组织规模扩大后，需要处理的事务就复杂了，而且组织受环境的影响也越大，环境的细微变化都需要企业组织能够迅速作出响应，同时组织壮大也伴随着员工专业素质的提高，这时，渐进接受方式就显示出优势，权力更接近于下层，更便于问题的迅速解决，推动组织绩效的更快增长。

（四）分部自治方式与组织绩效

向组织各部门完全分权，采用分部自我管理，各分部地位相当，各自为政、各管各的，追求各自的利益最大化，没有超越其上的权力中心来协调统一各部分的行动。组织分割为孤立的、互不相干的若干部分，不会因为争夺权力而竞争也不会因为权力中心的强制而协同，根本无法实现组织的系统功能。极端分权情况下整个组织如同散沙，有其名而无其实，对外是没有任何竞争力的，绩效水平低且增长缓慢。

总之，企业的权限配置与企业的绩效确实存在着明显的关联。权限配置的不同方式对应着不同的权能匹配特点，要把权力赋予那些有能力的个人或掌握企业关键信息、对企业发展起关键作用的部门；同时，要积极鼓励企业不同部门、不同成员间的沟通和交流，减少权力层和执行层间的心理对立，强化互动合作。当组织规模较小，员工不成熟，信息单一，受外部干扰小时，适度集权的最优追随方式能强化决策的执行力，带来较高的组织绩效；当组织规模较大，员工成熟，信息复杂，受外部干扰增大时，适度分权的渐进接受方式能给下级员工一定的自主权，有效提高员工的积极性、灵活性和能动性，增进组织效率的提高。

第二节　企业权限配置的模型分析

一、基于不确定因素的集权和授权契约

契约是由一组"如果……那么……"关系组成。"如果"指出了各种不确定因素（Contingency），"那么"明确了契约各方在各种不确定因素下的责任。不确定因素必须事先明确下来作为正式契约内容的一部分。然而，现实中由于成本所限，契约不可能把所有可能发生的不确定因素都罗列其中，而只能包含有限数目和范围的不确定因素，因此是不完全的、有限契约。本节借鉴 Melumad、Mookherjee 和 Reichelstein（1997）基于不确定因素的集权和授权有限契约模型假设和论证，比较分析两者的优劣以及适用前提，为我国国有商业银行科层权限配置进一步优化提供理论参考。

（一）模型的基本假设

假设契约包括一个委托人和两个代理人 $i = 1$，2，都是风险中性者。$\theta_i \in [\underline{\theta_i}, \overline{\theta_i}]$，表示与代理人能力有关的真实有效的私人信息，只有代理人 i 自己知道，而无法被其他人观察到，属于不确定因素。而有限契约要求代理人只能按规定汇报有限信息（不确定因素）。因此，代理人私人掌握的信息量远比实际汇报的信息量丰富全面。同时，θ_i 的分布函数 $F_i(\theta_i)$ 和正的密度函数 $f_i(\theta_i)$ 是共有信息。代理人 i 从工作任务集合 A_i 中选择某个工作任务 a_i，两个代理人所有的工作任务集合为 $A = A_1 \times A_2$。对于代理人每个工作任务组合 $a = (a_1, a_2)$，委托人可以获得货币收益 $B(a)$，委托人的效用是他得到的货币收益和其支付给代理人总薪酬的差。

如果代理人 i 执行工作任务 a_i，他必须要消耗相应的成本 $C_i(a_i, \theta_i)$，因此，成本 $C_i(a_i, \theta_i)$ 也只有代理人 i 自己知道，其他人无法观察到，并有 $a_i = 0$，$C_i(0, \theta_i) = 0$，$a_i \neq 0$，$C_i(a_i, \theta_i) > 0$。假设 $C_i(a_i, \theta_i) = \varepsilon_i(\theta_i) C_i(a_i)$，其中 $\varepsilon_i(\theta_i)$ 是两次可微、严格为正、严格递增的凸型函数，

$\dfrac{\varepsilon'_i(\theta_i)}{\varepsilon_i(\theta_i)} \times \dfrac{F_i(\theta_i)}{f_i(\theta_i)}$关于 θ_i 递增。每个代理人能从委托人或其他代理人处获得薪酬补偿 S_i，代理人的效用是其收到的薪酬与工作成本之差，保留效用水平为零。因为代理人掌握私人信息，可以获得信息租，他期望效用应大于他保留效用水平。令 $r_i(\theta_i) = \varepsilon_i(\theta_i)(1 + \dfrac{\varepsilon'_i(\theta_i)}{\varepsilon_i(\theta_i)} \times \dfrac{F_i(\theta_i)}{f_i(\theta_i)})$，则 $r_i(\theta_i)C_i(a_i)$ 为包含信息租后代理人的实际成本，大于不包含信息租下的成本 $\varepsilon_i(\theta_i)C_i(a_i)$。

（二）集权契约模型

1. 无限制条件的契约。如果对契约的签立条件不加限制，代理人 i 可以根据掌握的全部私人信息 θ_i 同时向委托人汇报 $\tilde{\theta}_i$，委托人据此决定支付给代理人的薪酬 $S_i(\theta_1, \theta_2)$，并分配生产任务 $a_i(\theta_1, \theta_2)$。委托人效用最大化问题可以表示为

$$\max \int_{\underline{\theta}_1}^{\overline{\theta}_1} \int_{\underline{\theta}_2}^{\overline{\theta}_2} \left[B(a_1(\theta_1, \theta_2), a_2(\theta_1, \theta_2)) - \sum_{i=1}^{2} S_i(\theta_1, \theta_2) \right] dF_2(\theta_2) dF_1(\theta_1)$$

$$i, j \in \{1, 2\}, i \neq j$$

$$s.t. \ (IC) \quad \theta_i \in \operatorname*{argmax}_{\tilde{\theta}_i} \int_{\underline{\theta}_j}^{\overline{\theta}_j} \left[S_i(\tilde{\theta}_i, \theta_j) - r_i(\theta_i)C_i(a_i(\tilde{\theta}_i, \theta_j)) \right] dF_j(\theta_j) \qquad (5-1)$$

$$(IR) \quad \int_{\underline{\theta}_j}^{\overline{\theta}_j} \left[S_i(\theta_i, \theta_j) - r_i(\theta_i)C_i(a_i) \right] dF_j(\theta_j) \geqslant 0$$

激励相容约束下，代理人如实汇报是贝叶斯纳什均衡的选择；参与约束下，每个代理人都愿意与委托人签立契约。

2. 有限制条件下契约。在正式契约中，每个不确定因素必须事先界定。契约复杂性主要体现在包含的不确定因素的多少以及针对每个不确定因素须作的决策的多少。在同等条件下，契约中包含的不确定因素越多，须作的决策越多，签立和执行契约就越复杂，成本就越高。现实中，契约不可能包含所有不确定因素，为了控制成本，需要对契约包含的不确定因素加以限制。

（1）代理人同时汇报。委托人规定代理人根据一定的规则 $e(\theta_i)$ 汇报部分私人信息，代理人实际所作的汇报为 $e(\theta_i)$。委托人效用最大化问题可以表示为

$$\max \int_{\underline{\theta}_1}^{\overline{\theta}_1} \int_{\underline{\theta}_2}^{\overline{\theta}_2} \left[B(a(e(\theta_1), e(\theta_2))) - \sum_{i=1}^{2} S_i(e(\theta_1), e(\theta_2)) \right] dF_2(\theta_2) dF_1(\theta_1)$$

$$(5-2)$$

$$i,j \in \{1,2\}, i \neq j$$

s. t. (IC)
$$e(\theta_i) \in \underset{e(\tilde{\theta}_i)}{\operatorname{argmax}} \int_{\underline{\theta_j}}^{\overline{\theta_j}} [S_i(e(\theta_i), e(\theta_j)) - r_i(\theta_i) C_i(a_i(e(\theta_i),$$
$$e(\theta_j)))] dF_j(\theta_j)$$

(IR) $$\int_{\underline{\theta_j}}^{\overline{\theta_j}} [S_i(e(\theta_i), e(\theta_j)) - r_i(\theta_i) C_i(a_i(e(\theta_i), e(\theta_j)))] dF_j(\theta_j) \geq 0$$

参与约束和激励相容约束分别确保了代理人愿意与委托人签立契约并能根据所规定的汇报方式如实汇报。

进一步，假定委托人将每个代理人的全部私人信息区间 $[\underline{\theta_i}, \overline{\theta_i}]$ 划分为 n_i 个子区间 $(\theta_i^{x-1}, \theta_i^x], x = 1, \ldots n_i, \theta_i^0 = \underline{\theta_i}, \theta_i^{n_i} = \overline{\theta_i}$。位于相同子区间 $(\theta_i^{x-1}, \theta_i^x]$ 的代理人私人信息被认为是相同类型的私人信息 θ_i^x。委托人与两个代理人同时签立的契约共包含 $n_1 n_2$ 个不确定因素。委托人效用函数为

$$V = \sum_{x=1}^{n_1} \sum_{y=1}^{n_2} \int_{\theta_1^{x-1}}^{\theta_1^x} \int_{\theta_2^{y-1}}^{\theta_2^y} [B(a_1(\theta_1^x, \theta_2^y), a_2(\theta_1^x, \theta_2^y))$$
$$- \sum_{i=1}^{2} S_i(\theta_1^x, \theta_2^y)] dF_2(\theta_2) dF_1(\theta_1)$$

由收入等价定理（Myerson，1981）可知，代理人的期望薪酬等于包含信息租的工作成本，委托人效用最大化问题可以简化为（5-3）式，与（5-2）式等价。

$$\max \sum_{x=1}^{n_1} \sum_{y=1}^{n_2} \int_{\theta_1^{x-1}}^{\theta_1^x} \int_{\theta_2^{y-1}}^{\theta_2^y} [B(a_1(\theta_1^x, \theta_2^y), a_2(\theta_1^x, \theta_2^y))$$
$$- \sum_{i=1}^{2} r_i(\theta_i) C_i(a_i(\theta_1^x, \theta_2^y))] dF_2(\theta_2) dF_1(\theta_1)$$

$$(5-3)$$

（2）代理人先后汇报。在前面讨论中都是假设两个代理人同时向委托人汇报，现在来看代理人先后向委托人汇报的情况。拥有私人信息 $(\theta_1^{x-1}, \theta_1^x]$ 的代理人 1 先向委托人汇报 θ_1^x，代理人 2 的汇报要依赖于代理人 1 的汇报。在已知代理人 1 汇报 θ_1^x 的情况下，代理人 2 拥有私人信息 $\theta_2 \in (\theta_2^{x,y-1}, \theta_2^{x,y}]$，私人信息的类型为 $\theta_2^{x,y}$，向委托人汇报 $\theta_2^{x,y}$。此时，代理人 2 的激励参与约束增强了，对所有的 $1 \leq x \leq n_1$ 且 $\theta_2 \in (\theta_2^{x,y-1}, \theta_2^{x,y}]$，都有

(IC)
$$\theta_2^{x,y} \in \underset{\theta_2^{x,y}}{\operatorname{argmax}} [S_2(\theta_1^x, \theta_2^{x,y}) - \sum_{i=1}^{2} r_2(\theta_2) C_2(a_2(\theta_1^x, \theta_2^{x,y}))]$$

$$(\text{IR}) \quad S_2(\theta_1{}^x, \theta_2{}^{x,y}) - \sum_{i=1}^{2} r_2(\theta_2) C_2(a_2(\theta_1{}^x, \theta_2{}^{x,y})) \geqslant 0$$

激励参与约束确保了代理人能如实汇报私人信息类型，并愿与委托人签立契约。

委托人最优效用的值为

$$\max \sum_{x=1}^{n_1} \sum_{y=1}^{n_2} \int_{\theta_1{}^{x-1}}^{\theta_1{}^x} \int_{\theta_2{}^{x,y-1}}^{\theta_2{}^{x,y}} \left[B(a_1(\theta_1{}^x, \theta_2{}^{x,y}), a_2(\theta_1{}^x, \theta_2{}^{x,y})) \right.$$

$$\left. - \sum_{i=1}^{2} r_i(\theta_i) C_i(a_i(\theta_1{}^x, \theta_2{}^{x,y})) \right] dF_2(\theta_2) dF_1(\theta_1)$$

$$(\text{IC}) \quad \theta_2{}^{x,y} \in \underset{\theta_2{}^{x,y}}{\operatorname{argmax}} \left[S_2(\theta_1{}^x, \theta_2{}^{x,y}) - \sum_{i=1}^{2} r_2(\theta_2) C_2(a_2(\theta_1{}^x, \theta_2{}^{x,y})) \right] \quad (5-4)$$

$$(\text{IR}) \quad S_2(\theta_1{}^x, \theta_2{}^{x,y}) - \sum_{i=1}^{2} r_2(\theta_2) C_2(a_2(\theta_1{}^x, \theta_2{}^{x,y})) \geqslant 0$$

比较（5-3）式和（5-4）式可以证明，先后汇报的集权契约下委托人的情况要好于同时汇报的集权契约。先后汇报的集权契约虽然加强了代理人的激励参与约束，但并没有给委托人带来额外的成本。而且，相比同时汇报，通过先后汇报，代理人2能在对委托人汇报前先知道代理人1的汇报，增加了决策灵活性。

（三）有限条件的授权契约模型

委托人仅仅与代理人1签立主契约，并授权代理人1与代理人2签立子契约。委托人并不清楚代理人1向代理人2提供的薪酬水平，但能知晓生产任务在两个代理人之间的分配。这样，构成了相当于一个三级层级关系，代理人1充当了一个中间委托人。委托人与代理人1签订一个主契约，主契约规定委托人支付给代理人1的薪酬函数 S 由委托人得到的货币收益 B、代理人1的工作贡献 a_1 和代理人1汇报的个人信息 θ_1^x 决定，$\theta_1^x \in (\theta_1^{x-1}, \theta_1^x]$，$x = 1, 2, \ldots n_1$。代理人1可以选择以何种信息汇报给委托人，不同的信息对应不同的主契约。而且，委托人与代理人1签订主契约时对代理人1的行为选择设置了限定条件。对于代理人1汇报的信息 θ_1^x，委托人规定了一个控制集合 $g(\theta_1^x) \subset A_1 \times \{B(a_1, a_2) \mid a_1 \in A_1, a_2 \in A_2\}$，也就是说，代理人1在汇报了 θ_1^x 后，就必须按契约规定完成 a_1 的工作任务并给委托人带来 B 的货币收益。实际上，主契约包含的不确定因素由三个变量 B, a, θ_1^x 定义。如果 $N(g(\theta_1^x)) = n_2$，主契约就包含 $n_1 n_2$ 个不确定因素。限制授权契约的不确定因素，就意味着限制了代理人1能汇报的范围以及任务分配的范围。根据主契约，代理人1与代理人2

签立子契约，具体明确支付给代理人 2 的薪酬 $S_2(\theta_2^{x,y})$ 和相关的任务分配 $a_2(\theta_2^{x,y})$，$\theta_2^{x,y} \in (\theta_2^{x,y-1}, \theta_2^{x,y})$，$y = 1,2,\ldots n_2$。子契约中包含的不确定因素为 n_2 个。委托人效用最大化问题可以表示为

$$\max \sum_{x=1}^{n_1} \sum_{y=1}^{n_2} \int_{\theta_1^{x-1}}^{\theta_1^x} \int_{\theta_2^{x,y-1}}^{\theta_2^{x,y}} [B(a_1(\theta_1^x, \theta_2^{x,y}), a_2(\theta_1^x, \theta_2^{x,y})) - S_1(B, a_1,$$
$$\theta_1^x)]dF_2(\theta_2)dF_1(\theta_1) \text{ s. t.}$$

$$\theta_1^x \in \underset{\theta_1^x}{\mathrm{argmax}} \sum_{y=1}^{n_2} \int_{\theta_1^{x-1}}^{\theta_1^x} \int_{\theta_2^{x,y-1}}^{\theta_2^{x,y}} [S_1(B, a_1, \theta_1^x) - S_2 - r_1(\theta_1)C_1(a_1)]dF_2(\theta_2)dF_1(\theta_1)$$

$$S_1(B, a_1, \theta_1^x) - S_2 - r_1(\theta_1)C_1(a_1) \geqslant 0$$

$$(5-5)$$

$$\theta_2^{x,y} \in \underset{\theta_2^{x,y}}{\mathrm{argmax}} [S_2(\theta_2^{x,y}) - r_2(\theta_2)C_2(a_2(\theta_2^{x,y}))]$$

$$S_2(\theta_2^{x,y}) - r_2(\theta_2)C_2(a_2(\theta_2^{x,y})) \geqslant 0$$

$$(a_1(\theta_1^x, \theta_2^{x,y}), B(a_1(\theta_1^x, \theta_2^{x,y}), a_2(\theta_1^x, \theta_2^{x,y}))) \in S(\theta_1^x)$$

（四）集权与授权契约模型比较

通过模型证明（Melumad、Mookherjee & Reichelstein, 1997）可得（5-5）式的值大于（5-4）式的值，即在上述授权契约中，委托人能获得更多的效用。进一步分析可知，授权契约的主契约包含的不确定因素的个数与集权契约差不多，而子契约则包含更少的不确定因素。对于每个不确定因素，主契约只需决定一个变量 S_1，而不是集权契约中的两个变量 (S_1, a_1)。因此，无论从包含的不确定因素的数目，还是从委托人针对每个不确定因素要作的决策数上说，授权契约都比集权契约的复杂性要小。而且，在授权契约中，代理人 1 是掌握自己全面私人信息的基础上决定对代理人 2 的生产任务分配；而在集权契约中，委托人仅仅通过代理人有限的关于私人信息的汇报与其签立契约。所以，授权契约更能提高决策效率，这种优点被称为是灵活性收益（Flexibility Gain）。当信息不对称，契约由于成本的约束无法包含充分的信息时，授权契约的灵活性收益更为显著。由此，Melumad、Mookherjee and Reichelstein（1997）认为，在一定现实条件下，给定包含一定数目的不确定因素并按恰当次序汇报的最优集权契约，存在一个包含更少不确定因素的授权契约能给委托人带来至少一样的预期效用。

然而，授权契约本身也有不容忽视的缺陷。在授权契约中，由于委托人授权给代理人 1 来决定与代理人 2 的契约关系，委托人就可能会遭受控制权的损

失，代理人 1 总有内在的冲动利用权力背着委托人向代理人 2 收取利益而损害委托人的效用。虽然当委托人清楚地了解代理人 1 全部确切的个人信息，而且契约又能包括所有可能的不确定因素时，委托人可以避免控制权损失（McAfee & McMillan，1995；Qian，1994），但是，这在现实的背景下是不可能的，签约的高成本和复杂性都限制了契约中所包含的不确定因素的数量，而且委托人根本无法了解到关于代理人 1 的所有信息，授权契约中控制权的损失就不可避免。因而，组织科层间权限配置需要契约设计者在灵活性和控制权两者间权衡利弊。集权和授权契约的优劣取决于相应灵活性收益和控制权收益的大小。而且必须强调，上述模型（Melumad、Mookherjee & Reichelstein，1997）的分析结论——授权契约较之集权契约更有优越性，是建立在一系列前提条件基础上。模型成立的假设条件要求委托人和代理人都是风险中性的，契约按恰当的次序签立，没有代理人间的合谋，否则授权较之集权的优越性就可能不存在。另外，授权契约优越性能够实现的更为重要的一点是委托人能够知晓工作任务在代理人 1 和代理人 2 之间的分配或者能知晓代理人 1 对代理人 2 的支付水平。假如委托人仅仅只能观察到所有代理人总的产出，那么授权引起的控制权损失可能会变得特别明显以致集权契约更有优越性。

二、权限配置先后次序与激励

在委托代理关系中，授权是激励代理人的一种重要手段。在多个代理人的情形下，委托人不仅要决定是否授权，而且还要决定授权后权力如何在代理人之间进行分配。权限配置的先后次序会对代理人产生不同的激励，从而给委托人带来不同的收益。本部分沿袭 Aghion 和 Tirole（1997）的模型分析框架，考虑一个委托人对两个代理人两种不同先后次序的授权方式的激励效应以及对委托人收益的影响。P 代表委托人，A_1、A_2 代表两个代理人，P 要根据 A_1、A_2 的绩效决定是否分配某项业务的执行权，而且只能将执行权分配给其中一个代理人。业务的授权执行会给委托人和授权人各自带来收益。按 P 对 A_1、A_2 两代理人权限配置的先后关系不同有两种授权方式（见图 5 - 1），图中箭头表示权限配置的先后关系。一种是平行授权，两个代理人有平等的机会获得该项业务的执行权。如果他们中只有一个绩效水平达到履行该项执行权的标准，而另一个没有，那么达到标准的那个代理人就被授予该项执行权；如果他们两个绩效都达到了履行该项执行权的要求，则随机决定授权对象，每人有 1/2 的概率被授权；若 A_1、A_2 都不符合要求，则不授权。第二种是优先授权，委托人 P 优先考虑 A_1 的绩效水平是否达到授予该项权限的要求，如果 A_1 符合要求，这项

业务权限就配置给 A_1，即使 A_2 的绩效水平也达到了授权的要求，还是没有机会获得该项执行权限；如果 A_1 的绩效水平无法符合授权的标准，而 A_2 符合，那么该项业务执行权就配置给 A_2；若 A_1、A_2 都不符合要求，则不授权。

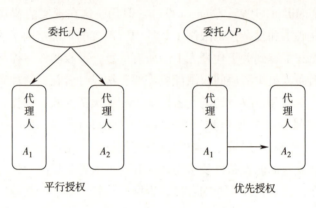

图 5-1　平行授权与优先授权

（一）模型假设

委托人和代理人都是风险中性。两个代理人同质，具有同样资源禀赋和能力。两个代理人中被授权执行业务一方可以获得 u 的收益，相应地，可以给委托人带来 v 的收益。委托人通过平行授权或是优先授权来激励代理人努力工作以最大化自身的收益。委托人预期收益由代理人获得权限的概率和代理人行使权力带来的收益 v 决定。假定 v 由外生因素决定，委托人预期收益则只取决于代理人获得权限的概率。如果两个代理人都没有被配置权限，那么委托人和代理人的收益都是 0。不同代理人带给委托人的收益是一样的，同时，这些收益不可转让，因而没有代理人之间互相串谋、委托人通过补偿合约激励代理人的情况。

代理人 $i(i = A_1, A_2)$ 为了能够以良好的绩效获得委托人的授权而努力工作，绩效水平达到委托人授权标准的概率为 $f_i \in (0, 1)$，绩效不达标的概率为 $1 - f_i$。代理人 i 越努力，其绩效达到委托人授权标准的概率就越高，因此，以 f_i 衡量代理人 i 的努力程度。代理人努力的负效用为递增、严格凸函数 $c(f_i)$，为了简化分析，令 $c(f_i) = \dfrac{bf_i^2}{2}, b > u$。进一步，将代理人的努力负效用系数 b 标准化，即令 $b = 1$，因此 $u < 1$。

代理人的努力程度不可观察，委托人和代理人之间的契约是不完全的。他们只能约定何种情况下谁拥有执行权而不能约定每个代理人的实际努力程度。

代理人根据约定的授权规则以及代理人经过努力之后形成的信息决定执行权限的归属。

(二）模型建立和推导

基于上述模型假设，容易得到平行授权下委托人和代理人的收益函数如下：

$$
\begin{cases}
\pi_{p1} = v\left[1 - (1 - f_{A_1})(1 - f_{A_2})\right] \\
\pi_{A_1} = f_{A_1}(1 - f_{A_2})u + f_{A_1}f_{A_2}\dfrac{u}{2} - \dfrac{1}{2}f_{A_1}{}^2 \\
\pi_{A_2} = f_{A_2}(1 - f_{A_1})u + f_{A_1}f_{A_2}\dfrac{u}{2} - \dfrac{1}{2}f_{A_2}{}^2
\end{cases}
\quad (5-6)
$$

优先授权下委托人和代理人的收益函数如下：

$$
\begin{cases}
\pi_{p2} = v\left[f_{A_1} + (1 - f_{A_1})f_{A_2}\right] \\
\pi_{A_1} = f_{A_1}u - \dfrac{1}{2}f_{A_1}{}^2 \\
\pi_{A_2} = f_{A_2}(1 - f_{A_1})u - \dfrac{1}{2}f_{A_2}{}^2
\end{cases}
\quad (5-7)
$$

在两种授权形式下，代理人选择最优的努力程度，从而决定委托人的期望收益。代理人的反应函数由各种情形下代理人的一阶期望收益决定。

在平行授权下，代理人的反应函数分别为

$$
\begin{cases}
(1 - \dfrac{1}{2}f_{A_2})u = f_{A_1} \\
(1 - \dfrac{1}{2}f_{A_1})u = f_{A_2}
\end{cases}
\quad (5-8)
$$

容易看出，平行授权中，两个代理人之间的努力具有替代效应，当对方努力程度提高时，本人的努力程度就会下降。这是因为，在平等授权下，对方努力程度的提高降低了本人努力的边际期望收益（在两人绩效都达标时，每人只能获得 $u/2$ 的收益）。

在优先授权下，代理人的反应函数分别是

$$
\begin{cases}
u = f_{A_1} \\
(1 - f_{A_1})u = f_{A_2}
\end{cases}
\quad (5-9)
$$

委托人赋予代理人 A_1 的优先权使得其期望收益不受 A_2 影响，给了前者充分的激励，同时却明显地减弱了对后者的激励。这样一增一减对权限配置成功概率的影响具有不确定性，取决于 A_1 努力水平提高的程度以及 A_2 努力水平下降的程度。

由 (5-6) 式、(5-7) 式、(5-8) 式、(5-9) 式可得，在平行授权下，代理人的努力程度为 $f_{A_1} = f_{A_2} = \dfrac{2u}{2+u}$，相应地，委托人的期望收益为 $\pi_{p1} = \dfrac{8uv}{(2+u)^2}$；在优先授权下，代理人的努力程度为 $f_{A_1} = u, f_{A_2} = (1-u)u$，委托人的期望收益为 $\pi_{p2} = (2u - 2u^2 + u^3)v$。容易得到，在优先授权下，优先代理人的努力程度不仅高于次优代理人的努力程度而且高于在平行授权下每个代理人的努力程度；然而，次优代理人的努力程度却要低于平行授权下每个代理人的努力程度。在 $\sqrt{3} - 1 < u < 1$ 时，$\pi_{p1} < \pi_{p2}$，优先授权下委托人的期望收益要高于平行授权的情况，而在 $0 < u < \sqrt{3} - 1$ 时，刚好相反，也就是说，当代理人执行权限获得的收益较大时，优先授权的激励效果总体比平行授权下的激励效果要好，反之，则平行授权更有效。

（三）相关经济解释和结论

收益权衡后面的经济解释是，在平行授权中，如果两个代理人的绩效都符合授权的要求，各自只有一半的机会获得执行权，即只有一半的机会获得收益。一方越努力，另一方的期望边际收益就越低，代理人之间的努力具有替代效应，一定程度上相互抑制；在优先授权中，这种替代关系不存在，通过解除来自对手的抑制充分激励了优先代理人，只要其绩效达到授权要求，就可获得执行权，不受对方影响，但同时次优授权对象的努力受到抑制，因为即使其绩效达到了授权的标准，如果优先授权的对象也达标了，其同样得不到收益而且要承担努力的成本。平行授权和优先授权之间的优劣取决于相对得失的权衡。当代理人执行权限获得的收益较大时，优先授权对优先代理人的激励效应越明显，而平等授权下互相抑制效应也越强，优先授权对代理人行为的激励要优于平行授权，从而给委托人带来更多的收益；当代理人执行权限获得的收益较小时，情况刚好相反。因此，对于涉及关键业务、能够带来较大执行收益的重要权限，应考虑采用优先授权的方式，更能调动起代理人努力工作的积极性，带来委托人收益的提高；而对于那些相对次要的权限，则可以平行授权。

第三节　国有商业银行科层权限配置的演变历程

国有商业银行科层权限配置是指国有商业银行总行或上级行在国家法律、

法规和银行章程规定的范围内，在总行一级法人统一管理下，将总行的部分权力授予下属各分支机构的一种管理行为，其目的是达到规范经营、提高效益、增强防范和控制风险的能力。在银行科层组织间如何分配权限，一直是国有商业银行改革和发展中努力探索的核心问题。围绕集权和分权，国有商业银行权限配置体制大致经历了高度集权的计划管理阶段、以放权搞活为基调的企业化改造阶段、以法人授权管理为特色的市场化改革阶段。

一、高度集权的大一统管理阶段

新中国成立至 20 世纪 80 年代初，我国实行高度集中的计划经济，这时期银行权限配置模式完全与计划经济管理模式相适应，实行高度集权，表现为银行由国家经营，中国人民银行一统天下，单一的国家银行机构形成信用垄断格局；四大国家专业银行不是独立的法人，无法独立承担民事责任，没有资格对分支机构进行权限配置，各级分支机构的一切经营活动服从于国家指令性计划，如信贷资金分配制、财务资金预算制、人员供给计划调配制等；银行各级分支机构都是作为同级政府职能部门而存在，从属于财政，实行统收统支的信贷资金管理制度，实际上是国家的"出纳机关"。虽然这种权限配置方式有利于计划管理，避免权力分散，有利于迅速贯彻国家政策，集中资金支持大规模的经济建设；但实践证明这种授权方式极易造成计划与实际脱节，经营中损失浪费严重，而且使得分支机构完全没有经营的活力和动力，生产力低下已是不争的事实。

二、以放权搞活为中心的企业化改革阶段

1985 年 9 月，我国国家"七五"计划明确提出四大专业银行应坚持企业化改革方向。工行、农行、中行、建行四大专业银行按照这一要求，在内部推行以放权搞活为基调的企业化改革，以便各分支机构能逐步成为自主经营、自负盈亏的经济实体。各专业银行以城市行为基本经营核算单位，并向其配置业务经营权、信贷资金调配权、利率浮动权、留成利润支配权、人员调配和任免权、内部机构设置权六项经营自主权，后来这些权限又进一步下放至县级行。同时实行行长负责制，行长拥有权限范围内的全部经营权力。这种以放权搞活为基调的权限配置方式虽然对调动各级行的经营积极性、培育各级行的经营意识和市场意识有积极作用，但没有相应的风控机制、管理手段、人员素质的支持。分权在缺乏有效约束情况下风险日益加剧，并随着外部环境的变化逐步爆发。1988 年的储蓄违规和 20 世纪 90 年代初的金融混乱就是这个时期形成的两

大金融风险。过度分权导致银行上下级行间管理脱节、各自为政、经营失控，不少职能部门都自成经营管理体系，形成分割格局，分散了整体功能，造成全局失控。而且，由于这个时期专业银行仍不具备法人授权的制度条件，没有明确的一级法人制度和相应的法人治理结构，使得分支行行长权力过大。各分支行行长领导风险意识和法纪观念淡薄、经营管理粗放，在地区和部门利益的驱动下，违规经营、账外经营大量发生，盲目投资谋取个人和小团体利益，随意支配国家资源，加之信息不对称和不充分，总行难以及时发现问题并进行有效控制，使得国有专业银行经营资源流失浪费严重。

三、以法人授权管理为特色的市场化改革阶段

1993 年我国出台了《国务院关于金融体制改革的决定》，针对前期过度分权造成的金融混乱提出加强金融宏观调控；1994 年成立政策性银行，将原来专有银行的政策性业务剥离，使之成为国有独资商业银行，具有独立法人地位；1995 年通过了《中华人民共和国商业银行法》（以下简称《商业银行法》），明确提出四大国有独资银行实行统一法人制度，分支机构不具有法人资格，应在总行授权范围内开展业务，其民事责任由总行承担。一级法人管理制度建立初期，一些国有商业银行在内部权限配置、授信管理方面不够规范，存在很多薄弱环节，加之内部控制制度不够严格健全，给各国有银行带来巨大损失和风险。为保障一级法人体制的有效实施，对统一法人制度下合理集权和分权提供依据，增强国有商业银行统一管理和内部控制，1996 年 11 月，中国人民银行颁布《商业银行授权、授信管理暂行办法》，从授权、授信的概念、原则、方式、范围、期限、调整与终止、监督管理及处罚等方面对授权、授信管理进行了规范。为全面贯彻《商业银行法》和《商业银行授权、授信管理暂行办法》，各国有银行逐步建章立制，构造法人授权管理的制度体系。如1996 年中国建设银行制定印发了《中国建设银行法人授权制度（试行）》，1997 年，中国工商银行出台了《中国工商银行法人授权管理办法》，中国农业银行印发了《中国农业银行法人授权管理办法》，中国银行颁布实施了《中国银行法人授权管理办法》。四大国有商业银行逐步建立了一个总行垂直领导、以二级分行为基本经营核算单位，总行和一二级分行经营管理，统一调度资金，统一财务核算的商业银行经营管理体制。一级法人制度下在各级行间可配置的基本权限包括资金组织管理、资金计划管理、信贷管理、财务管理、人员和劳动工资管理、各项业务经营管理、法律事务管理等，以行政级别确定授权标准和资源分配标准，一般采取上级行对下级行授权和转授权的方式。

第四节　权限上收：多级授权体制下权宜之策

一、国有商业银行科层权限配置发展现状

国有商业银行的科层权限配置机制逐步发展、不断深入，根据客观变化的内外部环境不断调整权限内容、范围和授权的程序。如中国建设银行 2000 年制定印发了《中国建设银行法人授权管理办法》，对 1996 年的管理办法进行了修订完善，2002 年又在全行进行法人授权工作的调研，进一步修订完善 2000 年的管理办法。中国银行根据内外部经营环境的变化在 2001 年对原先的授权管理制度进行了修订完善。而且，法人授权的范围及内容不断扩大。1997 年中国工商银行根据业务发展需要，对分支机构授予经济担保权、信用卡业务审批权、外汇买卖权、营运资金经营权、同业资金拆借权、贷款审批权、单个客户贷款授信管理权、票据承兑审批权、信用证业务审批权、现金支付审批权、辖内资金统一调度权、利率浮动拳击经济纠纷处理权等 13 项业务经营管理权。中国农业银行从 1997 年开始，授予各分支机构资金计划管理权、信贷管理权、财务管理权、外汇管理权、机构（包括人员和劳动工资）管理权等。随着国有商业银行经营管理业务不断拓展，国有商业银行的权限范围已逐步扩大到信贷、资金、财务、人事、机构管理等各个领域，基本涵盖了银行各项经营管理业务。可以肯定的是，现阶段的权限配置方式与第二阶段相比，明确了一级法人制度，明确了总行与各级分支机构间的权限划分，明确了授权的实施程序。分支机构必须在上级行和总行的授权范围内进行，超过权限的必须上报审批。因此，这种权限分配方式兼顾了上下级行间集权与分权的利益关系，既在一定程度上保证了分支机构的经营自主权，同时也避免了分支机构因权力膨胀而造成管理失控的可能性。

二、国有商业银行科层权限配置主要问题

根据巴塞尔协议和我国《商业银行法》《民法通则》及《公司法》的相关规定，目前我国国有商业银行科层权限配置以总分行制为组织形式，在形式上具有一定程度的委托代理关系，即由国有商业银行总行行长，通过法人授权逐级往下传递授权，授权、转授权、再授权形成国有商业银行上级行与下级行的委托代理关系。实施过程中，这种权限配置方式也存在着诸多弊病，主要表现

在以下几个方面。

（一）分级授权层次过多，法人效力和经营效率低下

权限的纵向传递路径有总行到分理处五个管理层级，逐级授权、转授权，信息和决策在多级传递中出现偏差和延误，动摇了总行的执行力。总行只能通过一级分行才能了解到经营核算单位二级分行的情况，同样，一级分行对县级支行的了解只能通过二级分行。如果下级行对经营风险隐瞒不报，总行很难及时发现。但最终风险却只能由总行承担。风险承担和风险控制力不匹配是近几年分支行重大违规事件发生的根源。同时，在市场环境不断变化、竞争异常激烈、金融产品快速推陈出新的外部环境中，从下往上逐级烦琐耗时的审批程序降低银行整体工作的效率，影响基层行对市场机遇的快速反应力，也严重制约了金融服务和产品的创新和金融制度的改革。

（二）多级授权和转授权的模式下容易形成分支行的内部人控制

分支行虽然不具有法人性质，但又在事实上享有很多独立主体才享有的权力，具有准法人性质。由于历史和现实的原因，我国国有商业银行的产权关系依然无法清晰地界定，其所属各分支行不是产权的所有者，在本位利益驱动下，再加上与地方政府千丝万缕的联系，有些分支行风险意识淡薄，有章不循，无视上级行的政策旨意，绕开上级行的监管，进行违规经营操作，内部人控制现象屡见不鲜，有的甚至与地方政府联合起来对付上级行，形成实质上的"诸侯行"。在目前市场机制不完善，风险管理与内部控制机制不健全，权责关系不够明确的情况下，给银行资源带来极大的损失，对银行整体的长远的利益构成威胁。

（三）僵化的授权评价机制无法对权限和资源合理配置

现行的权限配置方式是总行向下级行逐级授权和转授权并以行政级别确定权限大小和资源分配多少，因此下级行的资源的获取和使用只能通过上级行。现实中，不少下级行的经营规模、经营效益和风险控制能力较之上级行都具有优势，但因为层级低，得到资源的机会和利用资源的权力就远低于上级行，严重影响了资源的合理配置。而且，在实践中，总行往往先在一级分行范围里进行评价筛选，确定权限分配和资源供给，然后一级行再向二级行进行评价筛选，以此类推。这比打破层级限制直接对分支机构进行评价筛选的范围局限得多。此外，授权评价中的评价因素和评价指标的设置缺乏系统完整性，只是局部反映分支行某项业务的经营效益，相互割裂，相互冲突，难以从整体上形成对分支行统一的评价。这就会弱化总行对分支行资源配置的指导意义，使分支行无法领悟总行收权与放权的政策导向，必然曲解总行对其风险与内控管理能

力的认可程度。片面地认为业务量大或者拓展业务就可赋予较大的权限，一旦赋予较大的权限就陷入盲目低层次扩张，出现"一放就乱"；一旦上收权限，就认为总行收权就是要求不开展业务，出现"一收就死"。因此，行政化、级别化、局部化的授权评价机制缺乏合理、客观的标准，使得局部优化和整体优化错位，势必影响整体权限配置和资源配置的效率。

三、权宜之策——权限上收

由于这些问题的存在，近年来，各行普遍采取上收权限的做法。以信贷管理权限为例，各国有商业银行普遍实行集权化的信贷管理模式，贷款权和审批权逐步上收，上级行直贷规模不断扩大，下级行运营资金的空间越来越小，有的只有初审和上报的权力。新增贷款业务、项目贷款的审批权限基本上全部上收总行和一级分行。部分国有商业银行仅给下级行短期和中期流动资金的贷款审批权限，中长期贷款授权全部收回。另外，各行纷纷上收财务管理权限，实行财务集中管理，即各省、自治区、直辖市分行财务集中到一级分行管理，分别只设立一个核算中心，锐减财务核算单位。总行、一级分行拥有财务列账权，独立设置财务会计账和管理会计账，组织财务会计和管理会计核算；上收二级分行财务核算职能，二级分行及其下级行无财务权，由一级分行财务部门（核算中心）统一组织辖内财务核算。

由此可见，目前的国有商业银行的科层权限配置模式存在很多问题，未必能够获得比总行集中决策更高的效率。在权力授予分行以后，分行的决策就构成了总行决策的一个有机组成部分。总行与分行要保证决策的可传递性，以维护组织目标的统一。然而这种情况只有在银行中各级行的偏好都相同的时候才发生。而事实是，总分行不但有各自的偏好，而且偏好的差异还非常大。在管理链条冗长、信息流通不畅、激励约束缺乏、监管薄弱、风控不力且外部环境动荡的情况下，如果强调分权，分行追求自身利益的行为将直接导致效率低下的银行组织行为。所以，现阶段国有商业银行各级权限上收实际上是受制于目前僵化的科层权限配置模式的无奈之举。然而，国有商业银行正在迎来一个重要的战略转型期，分业管理模式正在松动，新的金融产品层出不穷。日趋激烈的竞争和迅速变化的市场对现行的集权倾向提出了新的挑战。首先，过分集权的管理往往决策滞后，缺乏机动性，不能适应快速变化的市场竞争需要；其次，总行集多种权力于一身，内设部门和人员不断膨胀，使总行难负重荷、效率低下。因此，现阶段需要重新调整优化分支机构权限配置，做到既重点突出总行的控制力和指导力，又不以牺牲分支机构的经营积极性和灵活性为代价。

四、总行控制力、分支行应变力与权限配置

在国有商业银行科层权限配置体制的演变中，总行为了提高下级行的经营活力，就强调放权，而放权之后，又产生失控的风险，为防范风险、加强内控，又实行授权，当授权不能完全解决风险和控制问题时，又实行以收权为主要特征的集权化经营。国有商业银行权限配置的不断调整以及现实问题的存在，使得有必要从总行控制力和分支行应变力两方面去透析在权限配置中的集权、分权的选择问题，以及如何把握集权与分权的尺度。

（一）权限配置必须加强总行的控制力

1. 一级法人体制下总分行间的委托代理关系。在一级法人体制下，分支行是隶属于总行的机构，受总行的委托从事经营管理活动，相应的风险和责任也由总行承担。我国《商业银行法》明确规定："商业银行分支机构不具有法人资格，在总行的授权范围内依法开展业务，其民事责任由总行承担。"我国《公司法》也有同样的规定。可见，法律对我国国有商业银行总分行关系作了明确的界定，两者是内部委托代理关系。内部委托代理关系不同于一般意义上的委托代理，因为前者的代理人不具备独立主体的资格，只是隶属于委托人，两者对外是同一主体。在风险承担方面，总行仍然是其分支行经营风险的最终承担者，如果分支行丧失了偿债能力，总行必须承担相应的风险。对一般委托代理关系而言，只有经过委托人确认的责任和风险，委托人才有义务承担；没有经过委托人确认的责任和风险，委托人可以拒绝承担。但在总分行关系中，无论总行承认与否，分支行的一切经营风险和责任最终都只能追加给总行，也就是说，总分行之间的内部委托代理无法约束第三人，不具有对外的抗辩力。然而，总分行间的代理人实际上还享受了比一般意义上的代理人更多的权力。目前大部分银行的分支机构具有"准法人"地位，往往以自身的名义从事经营业务，如开具存单、提供担保、签订借款合同等，掌握相当大的权限。

分支行的经营管理活动由总行承担最终的责任，又在事实上享有很多独立主体才享有的权力。由于地域环境不同、所受的政府干预不同、在管理体系中所处的位置不同、所追求的本位利益不同使得总分行之间的效用目标总是存在差异，分支行的行为往往与总行整体的发展战略和利益相冲突，不可避免地隐藏着较大的风险。因此，加强总行对分支行行为的监控，减少或避免分支行行为对银行整体利益造成损害，具有很强的现实意义。

2. 多级经营管理链条和不完善的内部治理机制。现阶段国有商业银行沿袭了传统上总分行的组织结构，设置多级经营管理机构，呈现很长的纵向委托

代理链条。在这样的组织结构下，现有的科技水平和信息手段无法根本改变长管理链条下信息沟通障碍，加大信息不对称性，分支行更容易滥用职权、蓄意营私舞弊；管理层级越多，实现既定管理效率所需的人力、物力和财力也越多，导致管理成本上升。在管理成本、信息沟通、管理者和员工素质难以在短时间内有较大改善的情况下，统一法人体制难以发挥效能。而且，现阶段国有商业银行体系内部不完善的薪酬设计、业绩考核奖惩等激励机制和外部不成熟的职业经理人市场难以解决由于信息不对称导致的道德风险问题，使内部控制失灵，出现多级内部人控制，甚至是承担不相容职务的人员互相串通作弊，大大弱化了所有权约束，使委托人利益受到损害。再者，内部监管体系薄弱，某些关键监管点的制度规定存在遗漏，有些制度更新迟缓，未能与业务发展、技术进步和业务创新保持同步，制度之间不能很好地衔接，许多制度没有进行应有的整合。国有商业银行内部组织体系复杂，业务信息与管理信息过于分散，业务流程纷繁多样，要构建强有力的内部监管体系并不是短时间的事情。因此，在国有商业银行现有的组织结构和内部治理机制下，加强总行的控制力对减少分支行徇私舞弊导致管理失控意义重大。

3. 银行的风险敏感性与危机的传导机制。银行作为经营货币资金的特殊企业，其运作资本大部分来自于储户的存款，一旦出现资金或经营问题，就会被暴露于挤兑之下，产生严重后果。加之银行各级分支机构之间、银行同银行之间、银行同各经济主体之间都存在复杂的委托代理关系，在信息不对称又没有良好机制设计的情况下，极易积聚风险。另外，银行是经济系统中最具网络特征的组织，一旦某家银行风险失控，这种网络特征就会将危机迅速传播，对整个金融体系和经济系统产生极大的破坏力。因此，银行的特殊地位使得对其风险防范和控制变得尤为重要。国有商业银行是国家金融体系的核心和命脉，其权限配置的目标不仅仅是价值最大化，更重要的是保持银行本身的稳健运行。

4. 外部金融环境的动荡变化。在世界范围内金融自由化的浪潮下，国有商业银行面临比以前更严重又复杂的金融风险，而且这些金融风险对银行生存和发展的影响也更重大。而且，金融一体化加剧了银行间的相互竞争，外资银行的全线进入和国内其他股份制商业银行的蓬勃兴起给国有商业银行带来空前的压力。再者，社会转型时期经济结构性矛盾导致流动性过多，潜在通货膨胀压力增大，资产价格上涨，银行信贷风险增大。此外，随着金融创新和现代通讯技术的进步，国有商业银行必须对传统业务作出大规模的整合，将依托网络拓展多元化、综合性的金融服务。这些都增加了国有商业银行生存环境中的不确定性和复杂性。总行需要通过集中的战略性指导来提高银行整体管理和经营效率，防范控制各种风险。

（二）权限配置不能影响分支行的应变力

现代企业组织理论表明，一个企业的规模越大，管理层次越多，分支机构越远离总部，就少不了适度分权。企业除了把必要的权限保留在总部外，还需将一般事务性的决策权分配给下属以提高决策的灵活性和效率。国有商业银行是特大型的国有企业，经营资产规模大、经营区域广。而且，多级化的经营管理机构设置使信息沟通效率受到管理半径、科技水平和信息手段等诸多因素的制约，信息传递效率、上级行对下级行的管理效率就逐级削弱，在管理上实现既定管理效率所需的人力、物力和财力多，管理成本大。如果过分集权，不仅会削弱分支行在经营活动中对市场变化的适应力和反应力，影响到分支行的工作积极性和主动性，阻碍分支行各项经营管理活动的高效有序运行；同时也会使内设部门和人员不断膨胀，管理成本开支巨大，最终使总行不堪重负导致控制乏力。在目前激烈的市场竞争环境下，服务质量、服务效率、服务手段等共同构成银行竞争力，其中，服务效率是客户选择银行时最为关注的因素。如果不考虑外部竞争环境的变化，不考虑同业竞争的要求，而一味强调集权带来的控制力，就会弱化国有商业银行的竞争力，制约和影响业务的发展。

综上所述，国有商业银行权限配置应从银行的一级法人地位、效率和控制的要求、组织特征、技术制度条件、内外部的环境等几方面来对集权和分权进行有效组合，在强化总行对分支机构掌控能力的前提下，兼顾管理效率和分支行经营积极性。

第五节　国外银行科层权限配置案例

一、花旗银行：动态调整、收放有度

花旗银行自 1812 年成立以来内部权限配置伴随着其发展壮大几经调整（郑先炳，2005）。一开始，花旗银行只是一个由单一家族控制的单一营业网点，产品和业务单一，员工少，创始人泰勒事必躬亲、事事过问，大的决策和日常事务和细节管理统揽，实现完全集权。范德尼普掌权的时候，花旗银行得到了长足发展，通过快速进入证券市场的零售销售网络和建立国际分支机构体系，获得显赫的市场地位，规模不断扩大、范围不断增加、员工也逐步增多。

于是，设立"执行管理委员会"来分担银行总裁范德尼普大多数的对银行的管理职权。然而，范德尼普对执行管理委员会的授权却非常有限，也没有把银行运作和日常管理的职能下放下去。随着花旗银行业务规模日益扩大，范德尼普的集权使他缺乏足够的控制力。1917 年，范德尼普决定赋予执行管理委员会更多的市场推动方面的职权，在银行内部，各部门下面都有地区线，负责各地区业务的副总裁向执行管理委员会汇报。这种权限设置安排显然增加了作为负责某一地区业务的这些副总裁的自由度，弱化了总行集中控制的权力，具有松散的、市场驱动型的特征，是与花旗银行当时的发展战略相适应的。把银行日常运作管理的职权分散下去，鼓励在基层就把一些问题解决了，增强了银行市场营销能力，但同时最高级管理层还牢牢掌握着对各层分支机构风险的控制权，诸如决定各分支机构能够承受的汇率风险、利率风险、信用风险等的程度和风险组合情况，再如分支机构应该进入到哪些新市场或者从哪些达不到预期目标的市场中撤出来。1919 年范德尼普正式辞去花旗银行总裁职务，由小史蒂尔曼接手，因为缺乏强有力的领导，加之 1920 年开始的世界性经济大萧条使得花旗银行在资产结构和管理上暴露出很多问题。米契尔担任总裁后，果断废除了执行管理委员会制度，导入了从银行总裁办公室直接授权到各业务线，直接与客户打交道、做交易的管理办法。以国际业务管理为例，过去是负责古巴的管理者要向负责拉丁美洲业务的管理者汇报，负责拉丁美洲业务的管理者要向全行负责国际业务和海外分行的执行管理委员会成员汇报，这位执行管理委员会成员再向总裁汇报。而现在授权负责古巴的管理者直接向总裁汇报，中间减少了两个层级，加强了集权。同时，当时花旗银行三家关联公司的主席全部由米契尔担任。在总裁米契尔看来，"权利和职责要掌握在屈指可数的少数几个人手中。"在 20 世纪 50 年代以前，大型客户都由总行提供服务，而不是由分行来负责，各分行所拥有的只是那些小规模、本地的公司客户，它们对银行业务的需求也是同各分行能力相称的，因为当时各分行的主要职责是处理个人银行业务。20 世纪 50 年代后期，花旗银行仿效竞争对手，把部分大客户的账户转移到大客户总部所在区域的分行，授权这些分行直接负责处理大客户的业务。但是，这些分行行长不能对他们的那些重要的公司客户和他们的零售客户作出正确的判断。管好大公司客户，做几笔大业务，更有利可图，更能成为这些分行行长日后谋求更高职位的资本，所以一个雄心勃勃的分行行长总是会有意无意地忽视其零售客户的利益。同时，分行行长在为大公司客户提供服务时缺乏必要的手段去满足大公司客户的需求。事实证明，授权分行去处理大公司客户业务是不妥当的。于是从 1969 年开始，将各分行原来的职权根据客户的性质和行业的性质进行重新整合并上收，分别由公司银行业务集团、商业银行业务集团、个人银行业务集团、国际银行业务集团、投资管理业务集团和运行集团承担，大大削弱了以往以地理为界的分行的职权。以花旗银行与大型跨国公司客户业务为例，这些原本由某个职能部门负责的业务被打碎了，分散到公司银行业务集团、国际银行业务集团以及这些跨国公司客户做业务的国家所在的分行里。这种根据客户的性质和行业的性质重新整合权限配置的观念一直延续到现在。

花旗银行在发展的不同阶段根据规模、业务发展需要、战略定位、市场特征等适时调整各部门机构的权限，在总行的控制度和各分支机构的灵活度和市场适应力上取得最佳结合。花旗银行正是由于其动态调整、收放有度、市场导向的分支机构权限配置机制使其不断壮大规模和业务范围，稳步发展成为一个全球规模最大，国际化、综合化程度最高的银行，多年来一直稳坐全球银行业的头把交椅。[①]

二、德意志银行：过度分权、弱化整体

一直到罗尔夫·布鲁尔时代，德意志银行在原则上绝不是一个中央集权式的机构，而是由众多拥有独立权限的区域性全能银行组成的联邦。这些全能银行囊括了所有银行职能，从证券业务到自有新产品的研发，都有所涉足。唯一由总部直接管理的上市、兼并与收购事务，也仅限于德国范围内。德意志银行实际的首脑和决策者是那些大分行的行长们，他们的职权范围虽然有限，权力却不容小视。竞争，而非协作，决定了各区域分行间的关系。各家大分行的证券部门都拥有自己的技术支持体系，而每家大分行进行的操作都相差无几。为了控制和协调这些越来越膨胀的分支机构，董事会设置了越来越多的监管与协调机构，这些委员会的职权涉及范围很广，可以监管一切事务，却毫无决定权。委员会的成员是没有实权的指挥者，如果委员会某位成员真的得到了某种权力，马上又会被分权，其身边会安排进一个拥有同等职权、负责同一领域的新委员。从董事会到下面各分支机构，每个部门和个人都不可能拥有相对集中的权力，实行免责管理。董事会的董事们根据业务分工，每位董事只对国内和国外某一领域负责，以及肩负与客户或产品有关的某一具体职权。即便是对外如同行使董事长职权的德意志银行发言人在决策时仅有投出一票的权力，没有

---

① 2009 年 7 月最新出版的英国《银行家》（*The Banker*）杂志公布的 2009 年全球前 1000 家银行的排名中，美国的花旗集团已经连续多年占得前三位的宝座。

实际权力，也不用对决策失误负责或承担后果。至于那些分行行长，从来都不止一个人，而是根据所谓关键职位的数量在 2~6 人之间变动，实行"合议－集体问责制"，他们不用为任何事情承担个人责任，而是所有人共同承担责任。这种历史沿袭下来的分散的权责体系使得德意志银行既缺乏一个权力中心来引领全行，也没有相应责任的承担者，导致董事会和管理层的决策失误日渐增多，对外形象受损，而且在很大程度上影响了利润。到了 20 世纪 90 年代，德意志银行领导人赫尔豪森开始改革传统的区域性全能银行的做法，改革的设想是以市场导向根据客户和产品对分支机构的职权范围和职能进行重新划分，设立私人银行业务、企业客户业务、贸易/资产管理以及服务/后勤四个支柱部门，由两三个董事会成员对某一部门具体负责，垂直授权管理，削减分行的权限。但由于改革后新的权限配置方式会使那些到那时为止事实上独立行动的大分行削减许多职权和特权，失去他们作为全能银行和盈利中心的地位，来自各分支机构的阻力太大，改革没有按预想进展下去。时至今日，虽经历调整，德意志银行内部权限设置格局总体上仍沿袭了分权自治的传统（弗里德赫尔姆，2008）。

德意志银行内部分散的权力使其无法代表一个浑然一体的整体，而是由无数分支组成，各分支差异巨大，按自身原则运行，遵循自身价值体系独立发展，整体的价值反而低于各部门价值总和，实际上是一个分部自治的权力配置格局。各级部门无法通过命令—服从的规则进行权力整合，银行的系统协同性差，谁都无法制约谁。因为没有一个"舵手"，整体容易迷失方向；因为没有一个相对凝聚的权力载体，局部利益对立，内耗增加，部门间交互能力下降，银行的稳定性和有机统一性遭到动摇。受制于这样的权力格局，德意志银行变革艰难，发展缓慢，屡次面临被世界大银行兼并的危机。雷根斯堡大学（Regensburg University）银行信息与策略研究所（IBI）公布的数据显示，欧盟大部分国家在银行内部治理和市场调整上已取得相当成功，而德意志银行还处于整合阶段，其市场份额、自由资本利润率都低于欧洲其他国家的银行。德意志银行只能被认为是德国的金融中心，或是德国最大的国际化银行，与世界最大银行之间的差距还很大。①

---

① 2009 年 7 月最新出版的英国《银行家》（The Banker）杂志公布的 2009 年全球前 1000 家银行的排名中，德意志银行仅排在第二十一位。

本章小结

企业组织的权限配置的组织有效性受到政治、经济、文化、市场环境、企业规模、技术、员工素质等众多因素的影响。根据集权分权程度，权限配置依次可分为中心服从方式、最优追随方式、渐进接受方式和分部自治方式。以多主体模型和计算机仿真模拟得到的四类权限配置方式的组织适应性指标显示了权限配置方式与组织绩效的关系。信息复杂、企业规模大、技术先进、员工相对成熟的企业采用渐进接受方式能取得更高的组织绩效；而信息单一、企业规模小、技术欠缺、员工不成熟的企业采用最优追随方式能取得更高的组织绩效。基于不确定因素的集权和授权契约模型研究了是否授权的问题，分析得出组织科层间权限配置需要契约设计者在灵活性和控制权两者间权衡利弊。集权和授权契约的优劣取决于相应灵活性收益和控制权收益的大小。在如何授权问题上，不同的权限配置结构对应不同的组织形式、对代理人产生不同的激励，从而给委托人带来不同的收益。一般而言，为更好地激励代理人，重要的权限应采用优先授权，而次要权限应采用平行授权。我国国有商业银行科层权限配置体制大致经历了高度集权的计划管理阶段、以放权搞活为基调的企业化改造阶段、以法人授权管理为特色的市场化改革阶段。现阶段国有商业银行科层权限配置存在层级过多、授权评价机制僵化等问题，各级权限上收实际上是受制于目前僵化的科层权限配置模式的权宜之举。应从银行的一级法人地位、效率和控制的要求、组织特征、技术制度条件、内外部环境等几方面来对集权和分权进行有效组合，在强化总行对分支机构的控制力的前提下，提高分支机构的市场应变力。花旗银行和德意志银行权限配置机制的正反案例为研究国有商业银行科层权限配置提供了很多启示。

第六章 国有商业银行科层激励机制

第一节 委托代理视角下现代商业银行激励机制概述

现代商业银行的总行委托人与下级行代理人都是利己的行为主体，都有实现自身掌握资源的效用最大化的要求，目标函数不可能一致。科层经理人不可能自觉地把总行的利益作为自己的行为准则。而且，在银行业市场化的发展过程中，银行产品越来越多，业务划分越来越细，信息不对称和不确定因素也随之增多。在这种情况下，总行无法准确地了解科层经理人的才智、品行和努力程度，而科层经理人则可能利用总行难以掌握的信息，谋取个人效用的增加却不顾总行的利益是否遭受损失，出现道德风险和逆向选择的现象。对于银行来说，各级科层经理人的才智、品行和敬业是重要的，但更为重要的是能否借助某种制度来发现、培育这样的德才兼备的经理人，是否存在一种制度能把本来不很优秀的科层经理人引入优秀者行列，是否存在一种机制能把总行委托人意志自动地转化为科层代理者的自我意志，把各种损害科层经理人个人尊严并容易导致逆反情绪的外在监督转变为科层经理人乐于执行的自我约束。答案只有一个，那就是一种有效的激励机制。因此，要健全国有商业银行科层治理制度，降低各级代理风险，必须建立有效的激励机制，以使科层经理人在追求自身效用最大化的同时，实现总行效用的最大化。

一、现代商业银行经理人激励体系

良好激励体系的设计是委托—代理理论的核心问题，其把竞争、激励、效率三者紧密联结起来。现代商业银行完整的激励体系应包括委托代理契约明确规定的物质激励、内外部竞争环境决定的竞争激励以及满足经理人自我价值实现需求的精神激励，如图 6 – 1 所示。物质激励可以用契约明确表示，是显性激励；竞争激励和精神激励无法用契约明确界定，是隐性激励。其中，物质激励属于银行内部契约的具体设计，如科层经理人的报酬与经营绩效挂钩、科层经理人的货币收入可以部分地转化为银行的股份、年薪制、绩效奖金长期累计制等，包括各种短期激励和长期激励。对于代理人最优激励契约的设计，委托—代理理论已经提供了经典模型（Wilson, 1968；Spence & Zeckhauser, 1971；Ross, 1973），即在理想的激励契约下，各级代理人总是选择使自己期望效用最大化的行为；各级代理人在激励契约中得到的期望效用不能小于不接受激励契约时能得到的最大期望效用；委托人向代理人支付报酬后所获得的效用不可能因采用其他激励契约而有所提高。理想激励契约模型的关键点是将委托人和代理人的利益统一起来。现实中的各种激励契约是以此为改进方向，使委托人希望各级代理人采取的行动通过代理人效用最大化来实现。竞争激励是无法以明确的契约形式加以规定的，有银行内部的职务晋升、外部经理人市场的选拔招聘等，由市场机制自然产生并影响科层经理人行为的具体方式。竞争环境下的职务晋升和人才选拔要以长期业绩和团队成员的认同为基础，科层经理人为了维持原来的或得到更高级的管理地位会努力工作，更好地发挥自己的经营管理才能，否则会有被淘汰出局的危险，这样就达到了激励的目的，具有长期性且有扩散效应，是对物质激励的很好补充。委托代理中竞争激励作用机制已经被学术界模型化并不断改进完善（Fama, 1980；Holmstrom, 1979, 1982, 1991, 1999；Gibbons & Murphy, 1992；Dewatripont, 1999），经理人过去的工作业绩体现出其市场价值或社会价值，形成经理人的名誉资本，而名誉资本又直接决定了其未来的工资薪酬和与委托人竞价的能力。因此，即使没有显性的激励契约，经理人出于今后职业前途的考虑和外部市场的压力，也会同样努力工作来提高自己在经理市场上良好的声誉。精神激励主要是对经理人自我价值实现欲望的满足，如培训、职业生涯规划、挂职锻炼、授予控制权等，经理人从中能获得更多的阅历和经验、实现更多的个人价值、获得更多的归属感和成就感。

二、激励三要素：物质激励、竞争激励和精神激励

在激励体系中，物质激励、竞争激励和精神激励各自发挥独特的作用，无法替代。一个良性健康发展的现代商业银行经理人激励体系应该以物质激励为主导，竞争激励和精神激励兼顾，不可偏失。

物质激励将委托目标基数、行动方式、绩效补偿方式等用契约形式确定下来，从而界定了银行各级代理人之间非交易性的责、权、利关系，协调了银行各级委托人和代理人之间的目标和行为，因此银行少不了激励契约这种垂直一

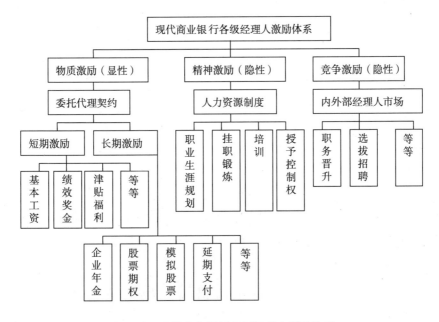

图 6-1　现代商业银行各级经理人激励体系

体化的明确方案。好的委托代理契约可以对科层经理人产生高效率的激励。然而，激励契约虽然可以将委托人和代理人双方的责、权、利置于明确的界域内，但其却无法产生声誉激励和精神激励，而且对于信息不对称、界限模糊、弹性较大的代理人行为的激励和约束通常失效，有时候甚至根本无法通过严密的委托代理契约和无休止的谈判来解决代理人激励不足和委托人监督无效的问题。这时候，竞争激励和精神激励就能弥补物质契约激励的不足，前两者无法用契约形式明确界定，属于隐性激励。先来看竞争激励，内外部经理人市场的竞争机制对激励契约的形成和实施产生了关键影响，前者是后者的必要补充。作为有着未来预期和声誉追求的科层经理人，不会只考虑货币报酬与经营绩效在契约中的联系，其还会考虑当期的经营绩效对下期乃至更远未来的影响。如果存在以经营业绩作为竞争和被选择条件的经理人市场，科层经理人当期的业绩不仅与当期的报酬相关，而且是影响日后竞争更高职位更高薪酬的声誉资本，可以间接转化为日后的货币收入、非货币收入和自我价值的实现。不仅如此，内外部经理人市场作为一种契约之外的外生激励和约束，通过把经营绩效与科层经理人个人的社会价值统一起来，缓解和解决在激励契约谈判和履行过程中最棘手的道德障碍、信息不对称问题，对于激励和约束科层经理人的一些复杂、弹性大、多任务、界限模糊的行为更有效。精神激励也对各级行经理人的行为动机产生影响。现代银行业发展日新月异，要求科层经理人必须构建完善的知识和能力体系。精神激励向各级行经理人提供了学习和发展、进一步提升自己的机会，对于看重自我价值实现、看重后续发展、有强烈进取意识的经理人无疑是非常有效的激励方式。由于边际效用递减法则的作用，物质激励达到一定水平后对经理人的激励效果就会下降，而精神激励方式如良好的培训、职业生涯规划、挂职锻炼等，能够使经理人充分挖掘自身潜能，清晰地认识自身特质和"短板"，增强自己的阅历才干，为今后发展积累能量。某种意义上，精神激励甚至比物质激励还要重要。总之，三种激励方式互为补充，相得益彰。在商业银行经理层激励体系中只有采取多元化激励手段、差异化针对性地设定激励方案，才能体现最佳的激励效果，使各级代理人尽可能服从委托人的利益目标，将代理成本降到最低水平。

第二节　国有商业银行科层经理人激励现状

长期以来，国有商业银行缺乏人格化的实际所有者，各级委托代理人只是在国家授权下从事相应的经营活动，加之多年延续的行政化的科层管理体制影响，从总行到基层行的层层委托代理关系模糊，权责不清、收益和风险不对称，导致激励机制残缺，各级经理人无法自觉地、忠实地维护银行追求资产盈利和增值的要求，甚至与委托人合谋侵害银行利益。此外，各级地方政府介入各级行的经营业务又为各级经理人掩盖道德风险找到了很好的借口，造成激励机制的进一步失效。具体来说，国有商业银行科层激励机制在以下几方面存在效率低下的情况。

一、控制权激励低效

国有商业银行科层经理人的控制权指的是其排他性利用银行各种资源从事投资或市场运营的决策权。国有商业银行科层经理人不仅仅需要工资、奖金、津贴、福利等可度量的货币形态的收益，而且还有追求权力、社会地位和个人价值实现的愿望，控制权的授予是经理人激励机制的重要部分。而且，控制权还能给银行科层经理人带来更多在职福利和各种寻租收益。国有商业银行科层经理人往往对应行政级别，属于准官员系列，收入上参照同行政级别的收入水平，不能有较大差距，因此这些经理更愿意通过控制权"暗拿"，以弥补收入不足，控制权收益替代货币收益成为银行科层经理人主要的激励方式（童卫华，2005）。而且，受传统"官本位"的影响，上级主管部门和政府的组织部门对国有商业银行科层经理人的选拔、任命、调离、卸职与晋升仍然具有较大的发言权，经理人的政治可信度和与政府部门领导的私人关系成为控制权授予的依据。行政化的控制权授予机制影响着科层经理人的激励方向，使他们热衷于与上级主管部门和政府组织建立良好关系、揣摩政府意图并尽力配合来赢得良好印象，如为了提高地方政府政绩而贷款给政绩工程等，而对于自身在银行经营管理中能力的强化却放在了次要的位置，偏离了市场经济人的行为原则。再者，控制权激励方式不能通过契约对经理人员的责、权、利进行明确的规定和约束。由于国有商业银行缺乏实质意义上的所有者，不掌握实际产权的委托人没有充分的积极性对科层经理人的控制权进行有效的监督制约，导致控制权的负激励。银行科层经理人通过各种途径在职消费，利用手里的控制权寻租，追逐控制权的隐性收益，不惜掠夺银行大量优质资产；或者无视效益和潜在的风险一味扩大银行的资产规模和经营规模来支配更多的银行资产，扩大确定性控制权收益的规模。这种控制权收益不随银行经营业绩正向变动，不能达到激励科层经理人努力工作以促进银行价值最大化的目的，相反，加剧了内部人控制和银行利益的损失。缺乏监督和制约的控制权扭曲了控制权的激励作用，促使银行科层经理人不断追求隐性控制权收益，而畸高控制权收益就会替代其他激励机制的作用。除非其他激励机制能带给经理人更高的预期效用，否则就会失去激励效果。

二、内外部竞争低效

受传统上行政化的干部人事管理的影响，国有商业银行科层经理人长期是国家干部委派，其任免、考核均纳入行政干部序列，并有相应的行政级别和待遇，升迁与否很大程度上取决于政府偏好甚至是长官意志，难以避免利益集团间形成相互庇护的帮派和个人"效忠"行为的生成。一些经理人为了这些行政主管部门的偏好而努力工作，以趋上、唯上、贯彻上级指示和政策为经营目标，哪怕以银行利益受损为代价。结果不但使银行价值最大化目标有名无实，国有资产保值增值无法切实保证，也丧失了对不胜任或违规经理人处罚和淘汰的制度约束，更阻碍了精理论、通业务、会经营、善管理优秀经理人培育和脱颖而出的激励传导。因此，科层经理人的行政化任免制和"官本位"思想致使国有商业银行内部缺乏一条与能力、素质、业绩有机联系的渐进式梯形上升的经理人晋升渠道，无法引入竞争来激活银行各级用人机制，一般性员工、业务骨干和各级经理人员之间无法形成有序流动。除了内部缺乏有效竞争的晋升渠道，国有商业银行科层经理人的选拔制度还不能与银行外部职业经理人市场运作规则对接，通过引入市场竞争机制，向社会公开招聘、竞争上岗的形式来选拔各级经理人的情况并不多见。而且，外部职业经理人市场还很不完善，无法提供比较明确的参照系来判断经理人是否恰当运用了银行的资源、经理人的业绩和承担的风险是否与其市场价值相匹配，更无法通过对银行经理人的这种特殊资源市场化定价、转移和退出机制对科层经理人形成有效的激励和制约，竞争和声誉的隐性激励功能难以体现。反之，外部如果有一个成熟高效的经理人市场，一旦科层经理人员因为缺乏经管能力或经营不努力侵害了银行的利益，便会被解雇，而一旦被解雇，他就很难在别的银行找到同一级别的工作，在一定程度上断送了其职业生涯，因此，科层经理人会为了在银行内和经理人市场上为自己树立良好的口碑和威望而努力工作，不断提高经营绩效。

三、薪酬激励低效

在计划经济体制下国有商业银行科层经理人的薪酬实行等级制，按行政级别划分，相同级别间差距很小，级别晋升是薪酬提高的主要途径。现阶段，国有商业银行基本上已经从传统的固定工资制向绩效工资制转变，开始注重薪酬的激励作用，逐步设立薪酬与考核委员会，加强对科层经理人的考核与薪酬激励。然而，薪酬形式单一且结构不合理的问题仍然扭曲了薪酬激励的效果。基本薪酬与绩效薪酬的比例设定不合理，没有根据经理人在银行组织架构中的不同级别和经营管理中所处的不同地位进行差异化设计。一方面，对于有些较高层级的经理人，基本薪酬比例过大，滋生求稳保底的惰性思想，无法给予经理人合理的风险补偿，不利于激发经理人努力工作的热情和进取心；另一方面，将有些较低层级经理人绩效薪酬比例设定得过大，而绩效受到很多不能被经理人控制的因素影响，这就使其薪酬更多地处于风险和变动中，使其被迫承担与职权和岗位不相符合的过大风险，出现"威胁过度"的情况，破坏上下级间的信任，强化了经理人短期行为和道德风险。有些行长、副行长的绩效薪酬简单地规定为部门经理的一定倍数，与利润实现情况不能直接挂钩，实际上还是一种行政级别工资。另外，国有商业银行对科层经理人大多未实行长期薪酬激励，还是基本上以短期薪酬如工资、奖金、津贴为主。这样的薪酬结构只是与当前业绩的改善相联系，而与未来业绩相关性不大，诱导各级经理人更关注短期的效益，而忽略银行的长期发展目标，甚至以损害长期利益为代价来增加短期收益。而且在短期薪酬中，福利比重较大，便于考核奖励的工资奖金比重不足，不利于显性薪酬激励作用的有效发挥。再者，薪酬在同一级经理人间的差距偏小，没有反映出岗位价值、业务特点、专业技能的差异和当地同业薪酬水平，无法体现对内公平性和对外竞争性。总之，国有商业银行科层经理人的薪酬总体水平低于银行业竞争对手，与经理人绩效的相关性还不是很强。在整个激励体系中，薪酬激励没有发挥市场经济下激励的主导作用，往往被控制权激励替代或弱化。

四、绩效考核制度低效

对科层经理人的考核指标体系设计不科学，缺乏与银行战略目标和经理人岗位职责的联系，还是以注重外延扩展为主，存在着重规模型指标轻价值型指标，重局部型指标轻全局型指标，重利润型指标轻质量型指标，重静态指标轻动态指标，重短期性指标轻长期性指标，重定性指标轻定量指标的倾向。考核缺乏清晰的说明来告示绩效目标、绩效重点、行为期望，指标没有直接精细到经理人工作表现行为的价值结构，还停留在业务量、市场份额等传递指标，稳定成熟的存量指标考核往往权重不足。此外，绩效考核制度中指标任务确定难以最优化。由于科层经理人的人力资本投入是隐形的、不易观察的，外部环境又在不断地变化，指标任务基数如何确定成了很大的问题。各级经理人员在与银行上级就绩效目标进行谈判时，理性的选择就是将目标计划尽量压低，以便在同样的劳动付出下获得更高的报酬；而银行上级则希望尽量将计划目标抬高，在同样的薪酬支出下获得更高的产出。更何况，很多指标任务的确定是"首尾倒置"，由董事会决定，然后层层分解，由不得各级经理人商量。在确定指标任务时，董事会往往不是基于各层级的资源占有、发展潜力、可投入资金、竞争对手、行业先进、客户意见等综合因素，而是简单地根据上一年度的增长速度，采取加码的方法，不能准确反映各级经理人经营的效益、质量、规模和可持续发展能力，很可能产生"棘轮效应"问题。指标任务高压使上下级失去彼此信任感，各级经理人疲于应对，不顾一切地"冲任务、冲指标"，短期行为、道德风险行为都与此相关。①

---

① 科层绩效考核是否就是科层经理人绩效考核？应该承认，科层绩效是科层全体人员共同努力的结果而不完全是科层经理人一个人的功劳；同时，当科层出现问题时，也不能把责任全部归咎于科层经理人一个人。但是，两者又无法截然分开，很难想象一个银行科层绩效很好，但科层经理人的绩效很差；或者说一个科层经理人绩效很好，而其所在的银行科层绩效很差。因此，在没有找到令人信服的答案之前，本节还是只能把两者大致地画上等号。

五、培训激励低效

培训是全面提升科层经理人素质的重要手段，也是激励经理人职业发展的重要措施。不少外资银行都不惜重金投入经理人培训项目，设置专门机构、配备专职人员负责经理人培训，并根据经理人职业生涯发展需要，量身定做个性化的培训方案，甚至把经理人培训与任职资格、聘用、晋升、薪酬奖金定级等联系起来，通过行内培训与行外培训相结合的方式，促使各级经理人的人力资本得到保值、增值，从根本上将培训作为吸引和保留优秀经理人才的激励手段。而我国国有商业银行在科层经理人培训上投入只有先进外资银行的几十分之一，没有将培训作为增进各级经理人德能、推进银行劳动生产率提高、培育核心竞争力的重要激励手段加以普及推广。培训内容与经理人任职资格、履职能力和日后职务晋升之间缺乏应有的对应性和适用性，没有根据不同层级经理人所需掌握的知识、能力等制订不同的培训方案，培训技术手段和方式也相对落后。培训师资队伍在规模、结构、素质、专业化等方面都有待进一步加强，还未建立起由行内外专家、学者、专业化培训师组成的全行系统师资库。总之，因为培训激励的低效，国有商业银行科层经理人总体素质还难以适应经济金融发展和中高端客户金融业务增长的需求，与创建国际一流商业银行战略转型要求尚有差距。

第三节　银行科层经理人激励模型分析

一、收益时滞性、任职短期性与科层经理人有效激励分析

科层经理人是总行政策和上级行管理旨意的传达者、组织者和落实者。总行及上级行的战略、政策能否得到有效的贯彻执行并真正落到实处，首先取决于科层经理人对待政策和旨意的态度和执行力。另外，科层经理人既是上级行的代理者和被管理者又是下级行的委托者和管理者。科层经理人承担着所在科层及下属各机构业务发展、效益提高的使命，其个人主观努力很大程度上决定了下属各机构成员积极性的调动以及所辖行业绩的好坏，其管理活动和管理行为是所辖行的示范，对所辖行内工作效率产生或正向激励或负向消减的作用。然而，科层经理人只是受总行的委托经营管理，不是银行的所有者，没有维护银行整体资产保值增值和银行长远绩效提升的自发动力，只是在一定契约条件

下努力追求自身效用的最大化。如何对他们进行有效激励，提高其管理效能，尽量减少道德风险行为的发生是需要迫切求解的难题。

目前对科层经理人的激励契约存在以下问题：第一，激励契约中未充分考虑一些长期贷款项目的时滞性与经理人任期的矛盾，对经理人的考核激励短期化。由于商业银行的信贷资产发生和出现风险有一定的时滞，再加上经理人任期普遍较短，如果不能准确判定，就会引起对经理人激励契约的扭曲。一方面，一些经理人可以在任期内通过片面追求放贷增加、资产规模扩大来抬高业绩，或在任职期间谋求在职消费、捞取灰色收入、增加福利开支，而不用承担由此引起资产风险的责任；另一方面，一些经理人刚上任不久，前任留下的资产风险就逐渐显现，影响当期经营效益，如果无法有效认定一笔有风险的贷款是前任决策问题还是现任管理问题，就会加重信息不对称，挫伤经理人的积极性，扭曲激励契约，提高代理成本。第二，考核指标存在重短期绩效轻长期发展的倾向。激励契约将科层经理人的收入主要与银行当前经营业绩相挂钩，所关注的仍然是当期激励。由于契约中各项考核指标的设置对科层经理人立足银行整体长期发展的驱动力不强，使科层经理人为增加银行长远利益所付出的努力无法得到有效补偿，促使科层经理人在国家和银行整体利益之外追求个人或小团体的利益，以牺牲银行长期利益换取个人利益集团的短期利益。而且，在日趋激烈的市场竞争下，年复一年的业绩指标的层层加码更迫使科层经理人主要进行短期阶段性考虑，以求超额完成当年指标，在任职期内获得良好的业绩水平。总之，现有的科层经理人的激励契约有效性不高，既无法将当期和长期激励相结合也无法对经理人的短期行为和道德风险进行有效防范，一方面导致部分科层经理人假公济私行为，另一方面也挫伤了部分科层经理人的积极性，造成优秀人才的流失。因此，如何优化对科层经理人激励契约的设计有至关重要的意义，使其在契约的框架下自发地克服短期行为，选择长效性的努力行为，既提高资产收益又提高资产质量，把自身利益与银行稳健经营和长久经营绩效挂钩。下文将时滞性收益加入到科层经理人的长短期激励契约中探讨激励契约优化问题，并比较几种薪酬激励方式的长效性。

（一）短期资产收益为契约中唯一可观测的变量

假设科层经理人的报酬函数为 $s(\pi) = \alpha + \beta\pi$，$\alpha$ 是经理人的固定收入，β 是经理人分享的资产收益的份额，即资产收益每增加 1 个单位，经理人报酬增加 β 个单位。资产收益函数 $\pi = a + \theta$，其中 a 为经理人自动选择的努力水平，θ 为均值为零、方差等于 σ_π^2 的正态分布的随机函数，代表外生的不确定性因素。经理人努力的负效用 $C(a) = \dfrac{b}{2}a^2$, b 是努力成本的系数。假设委托人是上级行（最终是代表全体国民利益的政府），是风险中性者，而经理人为风险规避者。委托人的问题是选择 β 解下列最优化问题：

$$\underset{\beta}{\text{Max}}(\pi - s)$$
$$\text{s. t.} = \underset{\beta}{\text{Max}} - \alpha + (1 - \beta)a \qquad (6-1)$$

$$(\text{IR})\alpha + \beta a - \frac{1}{2}\rho\beta^2\sigma^2 - \frac{b}{2}a^2 \geqslant \bar{w}$$

$$(\text{IC})a = \frac{\beta}{b}$$

最优化的一阶条件是 $\beta = \dfrac{1}{1 + b\rho\sigma^2} > 0$ ，经理人因此承担的风险成本为

$$\Delta RC = \frac{1}{2}\beta^2\rho\sigma^2 = \frac{\rho\sigma^2}{2(1 + b\rho\sigma^2)^2} > 0 \qquad (6-2)$$

a^* 为信息完全对称时经理人最优努力水平，在信息不对称时委托人期望产出的净损失为

$$\Delta E\pi = \Delta a = a^* - a = \frac{1}{b} - \frac{1}{b(1 + b\rho\sigma^2)} = \frac{\rho\sigma^2}{1 + b\rho\sigma^2} > 0 \quad (6-3)$$

努力成本的节约为

$$\Delta C = C(a^*) - C(a) - \frac{1}{2b} - \frac{1}{2b(1 + b\rho\sigma^2)^2} = \frac{2\rho\sigma^2 + b(\rho\sigma^2)^2}{2(1 + b\rho\sigma^2)^2}$$
$$(6-4)$$

激励成本为

$$\Delta E\pi - \Delta C = \frac{b(\rho\sigma^2)^2}{2(1 + b\rho\sigma^2)^2} > 0 \qquad (6-5)$$

总代理成本为

$$AC = \Delta RC + (\Delta E\pi - \Delta C) = \frac{\rho\sigma^2}{2(1 + b\rho\sigma^2)} > 0 \qquad (6-6)$$

（二）将时滞性资产收益加入短期契约

时滞性资产收益指的是前任经理人形成的贷款风险或收益在现任经理人的任期里显现出来，与现任经理人的行为无关。假定时滞性资产收益为另一个可观测的变量，而且在短期内与当前经理人的努力无关，与上一期经理人的努力水平有关。当前经理人同样的努力水平下，如果既有的时滞性资产收益高，当前的资产总收益就高，反之就低。假定时滞性资产收益 q 具有正态分布，均值

为 q_0，方差为 σ_q^2。经理人的报酬函数：$s(\pi,q) = \alpha + \beta(\pi + \varepsilon q)$，$\varepsilon$ 表示经理人报酬与时滞性资产收益的关系。经理人确定性等价收入为

$$\alpha + \beta a + \beta \varepsilon q_0 - \frac{1}{2}\rho\beta^2 \mathrm{var}(\pi + \varepsilon q) - \frac{b}{2}a^2$$

$$= \alpha + \beta a + \beta \varepsilon q_0 - \frac{1}{2}\rho\beta^2(\sigma_\pi^2 + \varepsilon^2\sigma_q^2 + 2\varepsilon\mathrm{cov}(\pi,q)) - \frac{b}{2}a^2$$

经理人选择 a 最大化上述确定性等价收入，得到一阶条件为 $a = \dfrac{\beta}{b}$，$\bar{u}$ 为经理人的保留收入。由此可得，委托人最优化问题为

$$\underset{\beta,\varepsilon}{\mathrm{Max}} - \alpha + (1-\beta)a - \beta\varepsilon q_0 \tag{6-7}$$

　　s. t.

$$(\mathrm{IR})\, \alpha + \beta a + \beta\varepsilon q_0 - \frac{1}{2}\rho\beta^2(\sigma_\pi^2 + \varepsilon^2\sigma_q^2 + 2\varepsilon\mathrm{cov}(\pi,q)) - \frac{b}{2}a^2 \geqslant \bar{u}$$

$$(\mathrm{IC})\, a = \frac{\beta}{b}$$

得到最优化的两个一阶条件为

$$\frac{1}{b} - \rho\beta(\sigma_\pi^2 + \varepsilon^2\sigma_q^2 + 2\varepsilon\mathrm{cov}(\pi,q)) - \frac{\beta}{b} = 0$$

$$\varepsilon\sigma_q^2 + \mathrm{cov}(\pi,q) = 0$$

即

$$\beta = \frac{1}{1 + b\rho(\sigma_\pi^2 - \mathrm{cov}^2(\pi,q)/\sigma_q^2)} > \frac{1}{1 + b\rho\sigma^2}$$

$$\varepsilon = -\frac{\mathrm{cov}(\pi,q)}{\sigma_q^2} \tag{6-8}$$

可见，当 q 作为可观测的变量加入短期激励契约后，提高了契约的激励强度。由于 π 与 q 正相关，即 $\mathrm{cov}(\pi,q) > 0$，所以 $\varepsilon < 0$。$q > q_0$ 意味着银行已有的时滞性资产收益较高，短期内较高资产收益可能更多的是由于前任经理人留下来的高质量的资产而不是现任经理人作出了高水平的努力；类似地，$q < q_0$ 可能意味着银行已有的时滞性资产收益较低，短期内较低的资产收益可能更多的是由于前任经理人留下来的低质量资产，而不是现任经理人低水平的努力。$\varepsilon < 0$，将这些可能考虑进去，在既有的时滞性资产收益较好时适当减少经理人的报酬，既有的时滞性资产收益较差时适当增加经理人的报酬，使经理人承担较小的风险，也就是

$$\text{Var}(s(\pi,q)) = \beta^2(\sigma_\pi^2 + \varepsilon^2\sigma_q^2 + 2\varepsilon\text{cov}(\pi,q))$$

$$= \frac{\sigma_\pi^2 - \text{cov}^2(\pi,q)/\sigma_q^2}{[1 + b\rho(\sigma_\pi^2 - \text{cov}^2(\pi,q)/\sigma_q^2)]^2} < \frac{\sigma_\pi^2}{(1 + b\rho\sigma_\pi^2)^2} = \text{Var}(s(\pi))$$

$$(6-9)$$

此时，经理人需要承担的风险成本是

$$\Delta RC = \frac{1}{2}\rho\text{Var}(s(\pi,q)) = \frac{\rho(\sigma_\pi^2 - \text{cov}^2(\pi,q)/\sigma_q^2)}{2[1 + b\rho(\sigma_\pi^2 - \text{cov}^2(\pi,q)/\sigma_q^2)]^2}$$

$$(6-10)$$

期望产出的净损失为

$$\Delta E\pi = \Delta a = \frac{1}{b} - \frac{\beta}{b} = \frac{\rho(\sigma_\pi^2 - \text{cov}^2(\pi,q)/\sigma_q^2)}{1 + b\rho(\sigma_\pi^2 - \text{cov}^2(\pi,q)/\sigma_q^2)} \quad (6-11)$$

努力成本的净节约为

$$\Delta C = C(a^*) - C(a) = \frac{1}{2b}\left\{1 - \frac{1}{[1 + b\rho(\sigma_\pi^2 - \text{cov}^2(\pi,q)/\sigma_q^2]^2}\right\}$$

$$= \frac{2\rho(\sigma_\pi^2 - \text{cov}^2(\pi,q)/\sigma_q^2) + b[\rho(\sigma_\pi^2 - \text{cov}^2(\pi,q)/\sigma_q^2)]^2}{2[1 + b\rho(\sigma_\pi^2 - \text{cov}^2(\pi,q)/\sigma_q^2]^2}$$

$$(6-12)$$

总激励成本为

$$\Delta E\pi - \Delta C = \frac{b[\rho(\sigma_\pi^2 - \text{cov}^2(\pi,q)/\sigma_q^2)]^2}{2[1 + b\rho(\sigma_\pi^2 - \text{cov}^2(\pi,q)/\sigma_q^2]^2} \quad (6-13)$$

总代理成本为

$$AC = \Delta RC + (\Delta E\pi - \Delta C)$$

$$= \frac{\rho(\sigma_\pi^2 - \text{cov}^2(\pi,q)/\sigma_q^2)}{2[1 + b\rho(\sigma_\pi^2 - \text{cov}^2(\pi,q)/\sigma_q^2]} \quad (6-14)$$

将 (6-10) 式、(6-11) 式、(6-12) 式、(6-13) 式、(6-14) 式分别与契约 $s(\pi)$ 条件下的对应结果 (6-2) 式、(6-3) 式、(6-4) 式、(6-5) 式、(6-6) 式相比，风险成本和激励成本都降低了，从而总的代理成本降低了。因此，将银行前任经理人留下的时滞性资产收益状况纳入现任经理人短期激励契约中是合理的，因为其包括了更多有关的信息量。通过这些信息量，委托人可以排除更多外生因素的影响，掌握更多关于经理人行动选择的有效信息，降低风险成本、激励成本和总的代理成本。

（三）将时滞性资产收益加入长期契约

假设经理人任期 t 年，资产收益函数 $\pi_t = a_t + \theta_\pi$，θ_π 服从正态分布，

$E(\theta_\pi) = 0, V(\theta_\pi) = \sigma_{\pi t}^2$。契约之初，时滞性资产收益受前任经理人努力水平的影响，与现任经理人的努力程度无关，为便于分析，这里不妨假设为常数 q_0。而其后的时滞性资产收益函数为 $q_t = f_t a_{t-1} + \theta_q$，$\theta_q$ 服从正态分布，$E(\theta_q) = 0, V(\theta_q) = \sigma_{qt}^2$。也就是说，其后的时滞性资产收益与当前经理人上一期努力程度直接相关。长期中，银行的短期资产收益和时滞性资产收益都应视为经理人努力的产出，银行的产出函数：$y(\pi_t, q_t) = \pi_t + \varepsilon q_t$，$\varepsilon$ 为时滞性资产收益对产出的贡献率。经理人的激励契约函数：$s(\pi_t, q_t) = \alpha + \beta y = \alpha + \beta(\pi_t + \varepsilon q_t)$。对于委托人而言，要最大化契约期内各个时期收益加总的期望效用最大化，在不考虑 t 时期贴现率的情况下，委托人最优行动选择需要满足：

$$\underset{\beta}{\mathrm{Max}} \sum_{t=0}^{n} y(\pi_t, q_t) - s(\pi_t, q_t) = \sum_{t=0}^{n} \left[-\alpha + (1 - \beta)(a_t + \varepsilon q_t) \right]$$

$$(6-15)$$

s. t.

$$(\mathrm{IR}) \sum_{t=0}^{n} \alpha + \beta(a_t + \varepsilon q_t) - \frac{1}{2} b a_t^2 - \frac{1}{2} \rho \beta^2 (\sigma_{\pi t}^2 + \varepsilon^2 \sigma_{qt}^2 + 2\varepsilon \mathrm{cov}(\pi_t, q_t)) \geqslant \bar{u}$$

$$(\mathrm{IC}) \underset{a_1, a_2 \cdots a_t}{\mathrm{Max}} \sum_{t=0}^{n} \alpha + \beta(a_t + \varepsilon q_t) - \frac{1}{2} b a_t^2 - \frac{1}{2} \rho \beta^2 (\sigma_{\pi t}^2 + \varepsilon^2 \sigma_{qt}^2 + 2\varepsilon \mathrm{cov}(\pi_t, q_t))$$

由激励约束条件可得，每一时期经理人最优行为选择为

$$t \neq n, a_t = \frac{\beta(1 + \varepsilon f_{t+1})}{b} \tag{6-16}$$

$$t = n, a_n = \frac{\beta}{b} \tag{6-17}$$

经过转化，委托人最优化问题可以表述为

$$\underset{\beta}{Max} \sum_{t=0}^{n} a_t + \varepsilon f_t a_{t-1} - \frac{1}{2} b a_t^2 - \frac{1}{2} \rho \beta^2 (\sigma_{\pi t}^2 + \varepsilon^2 \sigma_{qt}^2 + 2\varepsilon \mathrm{cov}(\pi_t, q_t))$$

$$= \varepsilon q_0 + \sum_{t=0}^{n-1} \left[a_t + \varepsilon f_{t+1} a_t - \frac{1}{2} b a_t^2 - \frac{1}{2} \rho \beta^2 (\sigma_{\pi t}^2 + \varepsilon^2 \sigma_{qt}^2 + 2\varepsilon \mathrm{cov}(\pi_t, q_t)) \right]$$

$$+ a_n - \frac{1}{2} b a_n^2 - \frac{1}{2} \rho \beta^2 (\sigma_{\pi t}^2 + \varepsilon^2 \sigma_{qt}^2 + 2\varepsilon \mathrm{cov}(\pi_t, q_t))$$

$$(6-18)$$

s. t.

$$(t \neq n) a_t = \frac{\beta(1 + \varepsilon f_{t+1})}{b}$$

$$(t = n)a_n = \frac{\beta}{b}$$

由（6-16）式得

$$\underset{\beta}{Max} \varepsilon q_0 + \sum_{t=0}^{n-1} \left[\frac{\beta(1 + \varepsilon f_{t+1})}{b} + \varepsilon f_{t+1} \frac{\beta(1 + \varepsilon f_{t+1})}{b} - \frac{1}{2} b \frac{\beta^2 (1 + \varepsilon f_{t+1})^2}{b^2} \right.$$

$$\left. - \frac{1}{2} \rho \beta^2 (\sigma_{\pi t}^2 + \varepsilon^2 \sigma_{qt}^2 + 2\varepsilon \text{cov}(\pi_t, q_t)) \right]$$

$$+ \frac{\beta}{b} - \frac{1}{2} b \frac{\beta^2}{b^2} - \frac{1}{2} \rho \beta^2 (\sigma_{\pi t}^2 + \varepsilon^2 \sigma_{qt}^2 + 2\text{cov}(\pi_t, q_t))$$

得到最优化的一阶条件为

$$\beta = \frac{\displaystyle\sum_{t=0}^{n-1} \left(\frac{1 + \varepsilon f_{t+1}}{b} + \frac{\varepsilon f_t(1 + \varepsilon f_t)}{b} \right) + \frac{1}{b}}{\displaystyle\sum_{t=0}^{n-1} \frac{(1 + \varepsilon f_{t+1})^2}{b} + \sum_{t=0}^{n} \rho(\sigma_{\pi t}^2 + \varepsilon^2 \sigma_{qt}^2 + 2\varepsilon \text{cov}(\pi_t, q_t)) + \frac{1}{b}}$$

$$(6 - 19)$$

各个时期的银行产出均值分别为

当 $t = 0$ 时，

$$y = a_0 + \varepsilon q_0 = \frac{\beta(1 + \varepsilon f_1)}{b} + \varepsilon q_0 \qquad\qquad (6 - 20)$$

当 $t \neq 0, t \neq n$ 时，

$$y = a_t + \varepsilon f_t a_{t-1} = \frac{\beta(1 + \varepsilon f_{t+1})}{b} + \varepsilon f_t \frac{\beta(1 + \varepsilon f_t)}{b} \qquad (6 - 21)$$

当 $t = n$ 时，

$$y = a_n + \varepsilon f_n a_{n-1} = \frac{\beta}{b} + \varepsilon f \frac{\beta(1 + \varepsilon f_n)}{b} \qquad\qquad (6 - 22)$$

从（6-16）式、（6-17）式可以发现，经理人在履行契约的前期的努力程度要大于最后阶段的努力程度，经理人的努力程度直接关系到短期性资产收益和时滞性资产收益。从（6-19）式可以发现，各个时期经理人的最优激励水平与时滞性资产收益对产出的贡献率 ε 和前期努力对时滞性资产收益的影响系数 f_t 正相关，而且，从（6-20）式、（6-21）式、（6-22）式可以发现，银行的产出均值与时滞性资产收益对产出的贡献率 ε 和前期努力对时滞性资产收益的影响系数 f_t 也正相关。由此可见，时滞性资产收益对银行长期经营绩效有重要影响，而时滞性资产收益又与经理人的努力程度密切相关，恰当的激励水平有助于提高经理人的长效努力程度，进而改善时滞性资产收益。因此，将

时滞性资产收益纳入长期激励契约，能使经理人克服短期效应，将自身利益与银行长期经营绩效联系起来，保持长期较高程度的努力，促进银行资产保值增值，提高银行的长期经营绩效。

二、薪酬激励方式的比较分析

上文已经从委托人效用最大化的角度论证了将时滞性资产收益纳入激励契约的必要性，接下来，将从科层经理人的角度进一步比较分析有助于经理人长效激励的薪酬方式。

将科层经理人的努力分为三类：日常性努力，主要是开展银行的一般性经营活动，不分长短期，设为 a；短期性努力，主要能使银行获取短期性收入但有损于银行长远的发展和利益，设为 a_s；长期性努力，短期来看，这类努力会使银行开支加大而收效甚微，但长远来看这类努力为银行竞争优势打下了坚实基础，能为银行赢得更多的发展空间和跨期价值，设为 a_l。银行短期收入均值为 $E(y_s) = a + s_s a_s - l_s a_l$，其中，$s_s$ 表示科层经理人短期性努力使银行短期收入提高的系数，l_s 是科层经理人长期性努力在短期内使银行收入下降的系数，$s_s > 0, l_s > 0$。排除时间价值，银行长期收入均值为 $E(y_l) = y_s + l_l a_l - s_l a_s = a + s_s a_s - l_s a_l + l_l a_l - s_l a_s$。其中，$l_l$ 是科层经理人长期性努力增加了银行长期性收入的系数；s_l 是科层经理人短期性努力减少了银行长期性收入的系数。$s_l > s_s > 0$，即科层经理人短期性努力对银行长远利益的损害程度要大于短期内银行效益增加的程度；$l_l > l_s > 0$，即科层经理人长期性努力对银行长远利益的正面影响要大于短期内银行成本的增加。为简化分析，假设科层经理人的努力成本为 $c(a) = \frac{1}{2}a^2 + \frac{1}{2}a_s^2 + \frac{1}{2}a_l^2$。

（一）年薪制

年薪制是银行依据科层经理人的经营成果和所承担的责任、风险，以年度为单位支付给经理人收入的一种分配制度，使经理人获得与其责任和贡献相符的报酬，把科层经理人的利益与企业的利益联系起来。年薪由基本年薪、效益年薪和风险奖励三部分组成。效益年薪主要根据年度绩效按时支付报酬；风险奖励部分不当期支付，而是采取风险抵押金、补充养老金或股票的形式，以激励科层经理人考虑银行的长远利益，为银行的长期发展努力。因此，设科层经理人的收入为 $w = \partial + \beta y_s + r y_l$，其中，$\partial$ 是基本年薪，β 是基于年度效益的奖励比例，r 是基于长期效益的奖励比例。科层经理人收益 U 的确定性等值为

$$CE = \partial + \beta y_s + \gamma y_l - c(a + a_s + a_l) - \frac{1}{2}\rho \mathrm{Var}(U)$$

$$= \partial + \beta(a + s_s a_s - l_s a_l) + \gamma(a + s_s a_s - l_s a_l + l_l a_l - s_l a_s) \quad (6-23)$$

$$- (\frac{1}{2}a^2 + \frac{1}{2}a_s{}^2 + \frac{1}{2}a_l{}^2) - \frac{1}{2}\rho \mathrm{Var}(U)$$

最大化收益的确定性等值，容易得到科层经理人各种努力的最优选择：

$$a^* = \beta + \gamma > 0$$
$$a_s{}^* = \beta s_s + \gamma(s_s - s_l) \quad\quad (6-24)$$
$$a_l{}^* = -\beta l_s + \gamma(l_l - l_s)$$

由 (6-24) 式可知，在年薪制下，科层经理人能保持积极的日常性经营努力。当 $(\beta + \gamma)s_s > \gamma s_l$ 时，$a_s{}^* > 0$，科层经理人会有动力进行短期性努力；$(\beta + \gamma)s_s < \gamma s_l$ 时，$a_s{}^* < 0$，科层经理人不再采取短期性努力。当 $\gamma l_l > (\beta + \gamma)l_s$ 时，$a_l{}^* > 0$，科层经理人有积极性采取长期性努力，反之则不会采取长期性努力。可见，年薪制虽然有风险奖励的成分，一定程度上考虑了鼓励经理人长期性努力的积极性，但具体实施过程中其效果受到奖励系数、长短期努力对银行长短期收入的影响系数的制约。在 s_s, s_l, l_s, l_l 相对固定的情况下，γ 越大，β 越小，经理人进行短期性努力的积极性就越小，进行长期性努力的积极性就越大；反之，经理人进行短期性努力的积极性就越大，进行长期性努力的积极性就越小。目前，在年薪制设置中往往注重短期激励，关注年度绩效；而风险奖励更多是象征性的，与经理人收入的联系不是很紧密，也就是说 β 较大而 γ 较小，因此实际上是一种短期激励制度，无法保证科层经理人一定采取有利于银行长远利益的长期性努力，也不能避免科层经理人的短期性努力。

(二) 股票期权制

在股票期权制下，科层经理人享有在未来某一时期，按照确定价格也就是股票期权的执行价购买一定份额股份的权力，执行价格与执行日股票市价之间的差价就是经理人的个人收入。假设科层经理人的收入由固定工资收入和股票期权收入两部分组成。$w = \partial + \beta \max[0, P - E] = \partial + \beta \max[0, \lambda(y_l - w) - E]$，$\partial$ 为固定收入，β 是可执行的股票期权份额，E 是股票期权的执行价格，P 是执行日股票的价格，λ 为执行日股票的价格与银行长期收益的相关系数，一般来说，$\lambda > 0$。科层经理人长期性的努力影响银行长期性收益，进而对股票价格产生影响。

当 $\lambda(y_l - w) \leq E$ 时，银行长期收益不被市场看好，在执行日执行价反而高于股价时，经理人会放弃购买股票，仅得固定收入部分 ∂。这时，不付出任何努力对经理人来说是最优选择。如果长此以往，经理人会因收入过低而难以为继，要么提高长期性努力来增加银行长期性的盈利能力，要么只能选择离开。

当 $\lambda(y_l - w) > E$ 时，执行日股价高于执行价，经理人购买股票有利可图，此时其收入函数为

$$w = \partial + \beta(P - E) = \partial + \beta[\lambda(y_l - w) - E] = \frac{\partial + \beta\lambda y_l - \beta E}{1 + \beta\lambda}$$

进而可得其收益 U 的确定性等值为

$$CE = \frac{\partial + \beta\lambda(a + s_s a_s - l_s a_l + l_l a_l - s_l a_s) - \beta E}{1 + \beta\lambda} - \frac{a^2 + a_s^2 + a_l^2}{2} - \frac{1}{2}\rho \text{Var}(U)$$

$$(6 - 25)$$

经理人为实现自身效用最大化，会选择：

$$a = \frac{\beta\lambda}{1 + \beta\lambda} > 0$$

$$a_s = \frac{\beta\lambda(s_s - s_l)}{1 + \beta\lambda} < 0 \qquad (6 - 26)$$

$$a_l = \frac{\beta\lambda(l_l - l_s)}{1 + \beta\lambda} > 0$$

在股票期权激励方式下，科层经理人的长期最大化努力与银行长期发展和长期效益紧密联系，因此，经理人会倾向于积极采取日常经营管理努力和长期性努力，避免短期性的经营活动。股票期权激励有效补偿了经理人为银行长远利益的努力，具有长期激励作用。

（三）基于 EVA 的激励

EVA 激励是近几年提出的基于经济增加值的新型薪酬制度。采用税后利润减去资金成本后的经济增加值为业绩衡量标准和激励薪酬指标，促使科层经理人更加审慎地考虑每项决策的各种成本，如可能引起的不良贷款损失、存款利息支出、非生息资产折存率等。而且，在 EVA 激励体系下，经理人的收入主要由增长的 EVA 确定，其次是当年创造的 EVA。也就是说长期 EVA 的增长如果为负，即便当年创造的 EVA 很高，经理人的收入也不可能高；而即便当年创造的 EVA 为负，如果长期的 EVA 较以往有所提高，经理人仍可获得正的收入。在收入支付上，当年创造的 EVA 奖励采取当期支付；对长期 EVA 增长的奖励采用延期支付，即为科层经理人开立专门的 EVA 奖金银行账户，存放这部分奖金，奖金多少每年根据 EVA 增长情况不断调整，每年只准提走一部

分，部分报酬在退职一段时间后兑现，鼓励经理人在决策时从长计议，从而避免短期行为的发生。

设当年创造的 EVA 为 $E(EVA_s) = a + s_s a_s - l_s a_l$，长期创造的 EVA 为 $E(EVA_l) = EVA_s + l_l a_l - s_l a_s = a + s_s a_s - l_s a_l + l_l a_l - s_l a_s$。其中，$s_s$ 表示科层经理人短期性努力使银行短期 EVA 提高的系数，l_s 是科层经理人长期性努力在短期内使银行 EVA 下降的系数，l_l 是科层经理人长期性努力增加了银行长期性 EVA 的系数；s_l 是科层经理人短期性努力减少了银行长期性 EVA 的系数。$s_s > 0, l_s > 0$，且 $s_s < l_l, l_s < s_s$。

科层经理人的收入为 $w = \partial + \beta EPA_s + r(EPA_l - EPA_s)$，$\gamma > \beta > 0$。其收益 U 的确定性等值为

$$CE = \partial + \beta(a + s_s a_s - l_s a_l) + \gamma(l_l a_l - s_l a_s) - C(a) - \frac{1}{2}\rho \text{Var}(U)$$

$$= \partial + \beta a + (\beta s_s - \gamma s_l)a_s + (\gamma l_l - \beta l_s)a_l - \frac{a^2 + a_s^2 + a_l^2}{2} - \frac{1}{2}\rho \text{Var}(U)$$

$$(6-27)$$

科层经理人最优化的努力解为

$$a^* = \beta > 0$$
$$a_s^* = \beta s_s - \gamma s_l < 0 \qquad (6-28)$$
$$a_l^* = \gamma l_l - \beta l_s > 0$$

因此，在 EVA 激励方式下，科层经理人积极进行有助于银行长远发展和绩效提高的努力，不再热衷于能"立竿见影"的速效行为。

三、结论

目前，国有商业银行科层经理人的激励方式上存在重短期绩效轻长期发展的倾向，没有充分考虑到资产收益的时滞性与经理人有限任期的矛盾，一方面无法科学、真实地评价经理人的努力程度，挫伤经理人的积极性；另一方面导致科层经理人一味追求短期经营效益，只要任职期间利润能上去、贷款能增加、项目能扩大，就乐此不疲，对日后风险视而不见。相反，一些长期研发、系统性投入因见效慢、时滞长，三五年内不一定有显著成效而被经理人忽略。因此，有效激励契约的设计不仅应将时滞性资产收益纳入指标体系，而且应解决资产收益时滞性与经理人任职短期性的冲突，兼顾经营效益增长和稳健持续发展，建立资产收益长效考核、激励机制。具体来说，将银行前期的时滞性的资产状况加入到新任经理人的激励契约中，增强对经理人当前努力行为的辨识

力，并相应调整激励方案；将年度考核与长期考核结合起来，建立对经理人绩效的长效激励机制。此外，通过几种薪酬制度的比较分析可知，现行的年薪制长期激励的效果不佳，而股票期权和基于 EVA 的激励是提高长期激励效应和经营效率的有效途径，是未来薪酬制度改革的方向。在实际应用中，可以探索股票期权、EVA 激励、延期支付年薪等多种方式的组合，解决短期激励与长期激励的矛盾，将经理人自身利益与银行长期经营绩效捆绑起来。

第四节　国有商业银行科层绩效考核基数确定研究

国有商业银行在统一法人制度下，总行对下级银行采取授权和转授权模式，银行内部存在明显的多重委托代理关系，被称为是企业内部管理"黑箱中的黑箱"。首先，上级银行与下级银行均怀有利己主义动机，他们的目标函数是不一致的，下级银行不可能自觉地把上级银行的利益作为自己的行为准则。其次，上级银行与下级银行所掌握的信息具有不对称性。上级银行无法准确了解下级银行的努力程度和潜在能力，下级银行可能会利用上级银行的信息劣势，损害上级银行利益，出现道德风险和逆向选择的现象。再次，金融市场和银行未来收益具有不确定性。因此，下级行有着违背上级行意旨进行信息垄断的动机和可能。基数是在委托代理关系中，委托人向代理人要求或代理人向委托人承诺必须完成任务的计划指标（胡祖光，2007）。在一个新的计划年度开始之前，上级银行要确定对下级银行的年度绩效考核指标（如上缴利润、实现利润、存贷款额、费用），这些考核指标数值就是上下级银行委托代理的绩效考核目标基数。因为下级行存在隐瞒和违背上级行的动机和可能，上级银行只能根据过去或已知的下级银行经营情况对下级银行未来收益作出估算或推测，但无法确保与下级银行签订的目标合同能使自身利益最大化或使下级银行处于最佳努力状态。因此，国有商业银行科层激励机制是否有效率的核心问题就是如何客观、合理地确定科层绩效考核目标基数。

一、传统绩效考核基数确定法

目前，国有商业银行科层绩效考核目标基数确定通常的做法是，先由上级银行根据下级银行上一年的实际业绩，并参考同行业的平均业绩水平，在以往经验的基础上，综合各方面因素提出基数，然后交由下级银行讨论，最后确定的基数是上下级银行不断讨价还价、相互妥协和让步达成的。这种传统的绩效考核基数确定方法存在诸多问题。

一是基数的确定不够科学。由于基数首先是由上级银行提出的，而且很多时候，基数的决定权主要集中在上级银行手中，更多地体现了上级银行的利益和意愿，下级银行的意见只是作为参考，难以结合下级各行错综复杂的实际经营情况，也无法准确地预计到各行潜在的经营能力和资源。在日趋激烈的市场竞争下，上级银行往往会年复一年地对各项业务基数层层加码，越快越高就越好，不可避免地在下级银行中产生"棘轮效应"；而且，由于无法准确估计银行业未来平均业绩水平，上级银行通过横向比较确定基数也不具有科学性。

二是容易形成下级银行的倒逼行为。一些下级银行在经营过程中已在当地积聚了相当的社会资源，使其与上级银行讨价还价的能力大大增加，可以摆出各种理由同上级银行讨价还价，让上级银行认账。即使完不成任务基数，只要有足够的理由也没有太大问题。"会哭的孩子有奶吃"，尽力争取压低指标基数使自身处于有利的地位是下级各行理性的选择，导致银行分级管理中激励与约束失衡。

三是反复讨价还价导致上下级银行关系僵化。由于上下级银行各自强调自己的利益，双方都试图说服对方，而不是把他们的利益看成一个整体。利益的摩擦会造成双方关系的紧张，甚至在上下级银行间造成了严重的不信任。这一方面反映在上级银行上收下级银行的权限，大大打击下级银行工作积极性；另一方面反映在下级银行凭着信息优势，垄断信息，仅向上级银行提供对自己有利的信息，掩盖对自己不利的信息。

四是导致下级银行中的棘轮效应和利润转移。层层加码的基数设定模式导致"鞭打快牛"，如果下级银行上报的完成数越高，第二年的基数就会相应提高，明显对下级银行不利。为了使来年合同基数小些，下级银行纷纷用各种途径转移当年利润，使上报的完成数足够小。如在年底突击扩大费用开支或隐瞒当年实现的部分利润来充抵下一年的利润。

上述传统基数确定法的弊病致使银行内部激励、约束机制失效，引发高昂的代理成本和巨大的管理风险。如何客观合理地确定国有商业银行科层绩效考核基数是银行激励约束机制有效运行的关键。

二、基数确定法的模型解析

(一) 传统基数确定法的模型解析

在传统基数确定法中，由上下级银行讨价还价确定新计划年度的绩效考核目标基数 B 。该年度实际完成数为 A ， $A = G + \varepsilon$ ，其中， G 为下级银行通过努力所能达到的产出，ε 为不为下级银行所控制的各种干扰产出的因素总和，如金融市场的不确定性等。对完成基数部分，按一定比例作为下级银行的留存利润，r_0 为基数留利系数，对超过基数部分，按一定比例作为超额奖励，对未完成基数部分，按一定比例作为欠额惩罚，r_1 为超基数奖励系数或欠额惩罚系数。$C = C(G)$ 代表下级银行完成实际业绩所承担的负效用或成本，$C' > 0$，$C'' > 0$。下级银行在合同期内追求的是收益最大化，即

$$\text{Max}E[r_0B + r_1(A - B) - C(G)] = r_0B + r_1(G - B) - C(G)$$

$$(6-29)$$

对 G 求导，并令导数为零，可得

$$r_1 - C'(G) = 0, r_1 = C'(G^*) \qquad (6-30)$$

G^* 为下级银行在收益最大化时，通过努力可达到的绩效水平。如果 $G^* = G_{\max}$，$C'(G_{\max}) = r_1$，即只要上级银行能设计好一个合适的超额奖励系数，下级银行就会自动地发挥出最大努力水平，这对上级银行是最理想的状态。但实际上，$G_{\max}$ 常常无法确定。由于信息不对称，上下级银行在确定基数和超额奖励系数的博弈中，均采取逆向选择策略，上级银行倾向于高估下级银行最大努力下的绩效水平，压低超额奖励系数；下级银行往往通过强调竞争、资源条件、成本等不确定性，低报自己最大努力下可达到的绩效水平，并要求提高超额奖励系数。另外，如果成本函数发生变化，或下级银行最大实际绩效水平 $G_{\max}$ 发生变化时，上级银行就必须及时调整超额奖励系数 r_1。因此，传统基数确定模型具有不断调整的多次动态特征，由于缺乏内在利益的诱导机制，难以理顺委托代理关系，讨价还价式的博弈必然导致较高的交易费用。

（二）联合确定基数法的模型解析

1. 联合确定基数法的基本模型。按联合确定基数法（胡祖光，2007）确定的下级行绩效考核的目标基数为 $B = WD + (1 - W)S, 0 \leqslant W \leqslant 1$。$D$ 为委托人要求数，S 为代理人的自报数，W 与 $1 - W$ 分别是委托人的要求数与代理人自报数在决定最终基数时的权重，期末实际完成数为 A。代理人若能完成基数，其可从中留取一定比例归自己所有，基数留利系数 r_0；代理人若超额完成基数，可按超额数的一定比例获得奖励，若代理人无法完成基数，就会以不足数的一定比例惩罚，超额奖励系数（或欠额惩罚系数）都为 r_1，$r_0 < r_1$ 以激励代理人超额完成基数；为防止代理人有意压低自报数，从而压低整个合同的基数，设定少报受罚系数为 r_2，为了激励代理人挖掘潜力，多超基数，有 $r_2 < r_1$；同时，为鼓励代理人高报，以提高基数和实际完成数，对自报数大于实际

完成数的部分以一定比例奖励，多报受奖系数 r_3 。

根据 HU 理论的命题（胡祖光，2007），当 $r_3 < (1 - W)r_1 < r_2$ 时，一个拥有完全信息的代理人出于自身利益最大化考虑，会自动地使其自报数等于其通过最大努力能够达到的实际完成数。上述命题可通过反证法得到验证：

若 $S < A$ ，代理人报酬函数为

$$U = r_0A + r_1(A - B) - r_2(A - S) = r_0A + r_2S - r_1B + r_1A - r_2A$$

$$= r_0A + r_2S - r_1[WD + (1 - W)S] + r_1A - r_2A$$

$$= r_0A + [r_2 - r_1(1 - W)]S - r_1WD + (r_1 - r_2)A$$

$$(6 - 31)$$

由已知可知 $r_2 - r_1(1 - W) > 0$ ，要使 U 最大，S 必须取到最大值，即无限接近 A 。

若 $S > A$ ，代理人的报酬函数为

$$U = r_0A + r_1(A - B) + r_3(S - A) = r_0A + r_3S - r_1B + r_1A - r_3A$$

$$= r_0A + r_3S - r_1[WD + (1 - W)S] + r_1A - r_3A$$

$$= r_0A + [r_3 - r_1(1 - W)]S - r_1WD + (r_1 - r_3)A$$

$$(6 - 32)$$

由已知可知 $r_3 - r_1(1 - W) < 0$ ，要使 U 最大，S 必须取到最小值，即无限接近 A 。

因此，当且仅当 $S = A$ 时，代理人报酬最大化。

2. 不确定性下联合确定基数法的有效性分析。HU 理论命题成立的前提是代理人具有完全信息，即他不仅充分了解自己的潜能而且能正确估计外部环境的各种变化，所以能相当精确地预计自己能够达到的实际数，在联合确定基数法下，代理人自动会报出他能达到的最大实际完成数。但是，现实的情况是代理人不具备完全信息，尽管他对自己的实际能力掌握比委托人更多的信息，但对自己实际到底能完成多少并不是有百分之百的把握。而且，外部环境也是不确定的，这并非代理人能够预测和控制。在外部环境负影响下，如果代理人没有预期到宏观形势的不利变化，自报数就会高于实际完成数；在外部环境正影响下，代理人的自报数又会低于实际完成数。那么，在绩效完成数存在相当不确定性的情况下，不拥有完全信息的代理人将对联合确定基数法如何反应，联合确定基数法的有效性还是否存在？

为了便于分析，假设代理人预期实际完成数有低高两种可能，分别用 A_l ，A_h 表示，而且知道出现 A_l 的概率为 P_1 ，出现 A_h 的概率为 P_2 ，但无法预期确

切的实际完成数。代理人可以以预期的低值或高值为自报数。图6-2显示了自报数与实际完成数的四种可能组合和每种组合下代理人的报酬。

	$S = A_l$	$S = A_h$
$A = A_l$	U_1	U_2
$A = A_h$	U_3	U_4

图6-2　自报数与实际完成数的组合

其中，

$$U_1 = r_0 A + r_1 [A_l - WD - (1 - W)A_l]$$
$$U_2 = r_0 A + r_1 [A_l - WD - (1 - W)A_h] + r_3 (A_h - A_l)$$
$$U_3 = r_0 A + r_1 [A_h - WD - (1 - W)A_l] - r_2 (A_h - A_l) \qquad (6-33)$$
$$U_4 = r_0 A + r_1 [A_h - WD - (1 - W)A_h]$$

当代理人以预期的低值为自报数时，其平均报酬为 $P_1 U_1 + P_2 U_3$；当代理人以预期的高值为自报数时，其平均报酬为 $P_1 U_2 + P_2 U_4$。报低值与报高值的报酬差为

$$
\begin{aligned}
&(P_1 U_1 + P_2 U_3) - (P_1 U_2 + P_2 U_4) \\
&= (A_h - A_l)(r_3 P_1 + r_2(1 - P_1) - 1 + W) \qquad (6-34) \\
&= (A_h - A_l)((r_3 - r_2)P_1 + r_2 - 1 + W)
\end{aligned}
$$

显然，$A_h - A_l > 0$，$r_2 - r_3 > 0$。当 $1 - W > (r_3 - r_2)P_1 + r_2$ 时，$(P_1 U_1 + P_2 U_3) - (P_1 U_2 + P_2 U_4) < 0$，代理人倾向于以预期的高值为自报数；反之，$(P_1 U_1 + P_2 U_3) - (P_1 U_2 + P_2 U_4) \geqslant 0$，代理人则以预期的低值为自报数。只要合理设定代理人自报数的权重和少报受罚系数，就能使代理人总是以预期的高值为自报数，并尽最大可能实现，使之符合委托人利益。

3. 不确定性下联合确定基数法的激励性分析。设代理人实际完成数 $A = G + \varepsilon$，其中，G 为下级银行努力能够决定的业绩水平，ε 为不为下级银行所控制的各种干扰业绩的因素总和，ε 服从 $[-\sigma, \sigma]$ 上的均匀分布，实际完成数的分布函数为

$$
f(A) = \begin{cases} \dfrac{1}{2\sigma}, A \in (G - \sigma, G + \sigma) \\ 0, 其他 \end{cases}
$$

代理人努力的成本函数：$C(G) = \dfrac{1}{2}\rho_a G^2$，联合确定基数 $B = WD + (1 - W)S$，代理人的报酬函数为

$$P_{ay} = \begin{cases} Ar_0 + [A - [(1-W)S + WD]]r_1 + (S-A)r_3, A \leqslant S \\ Ar_0 + [A - [(1-W)S + WD]]r_1 - (A-S)r_2, A > S \end{cases}$$

代理人的期望效用函数为

$$EU = \int_{G-\sigma}^{S} \{Ar_0 + [A - [(1-W)S + WD]]r_1 + (S-A)r_3\} \frac{1}{2\sigma} dA$$

$$+ \int_{S}^{G+\sigma} \{Ar_0 + [A - [(1-W)S + WD]]r_1 - (A-S)r_2\} \frac{1}{2\sigma} dA - \frac{1}{2}\rho_a G^2$$

$$= r_0 G + \frac{(G-\sigma-S)^2 r_3}{4\sigma} + \{G - [(1-W)S + WD]\}r_1 - \frac{(G+\sigma-S)^2 r_2}{4\sigma} - \frac{1}{2}\rho_a G^2$$

$$(6-35)$$

此时得到代理人最佳努力水平和自报数的一阶条件是

$$\begin{cases} \dfrac{\partial U}{\partial G} = r_0 + r_1 + \dfrac{r_3(G-\sigma-S) - r_2(G+\sigma-S)}{2\sigma} - \rho_a G = 0 \\ \dfrac{\partial U}{\partial S} = 2\sigma(1-W)r_1 + (S-G-\sigma)r_2 - (S+\sigma-G)r_3 = 0 \end{cases}$$

得

$$\begin{cases} G^* = \dfrac{Wr_1 + r_0 - r_3}{\rho_a} \\ S^* = G + [1 - \dfrac{2(r_3 + (1-W)r_1)}{r_2 - r_3}]\sigma \end{cases} \qquad (6-36)$$

由 (6-36) 式可知，委托人要求数的权重 W 越大，代理人越应努力工作；超额奖励系数 r_1 和基数留利系数 r_0 越大，多报奖励系数越小，代理人越应努力工作；代理人的努力负效用系数 ρ_a 越大，代理人越不愿意努力工作。代理人越愿意努力工作，自报数应越大；若 $\dfrac{r_3 + (1-W)r_1}{r_2 - r_3} \leqslant \dfrac{1}{2}$，不确定程度 σ 越大，代理人越应多报；当 $\dfrac{r_3 + (1-W)r_1}{r_2 - r_3} < \dfrac{1}{2}$，不确定程度 σ 越大，代理人越应少报。可见，权重和各激励惩罚系数的设定如果满足一定关系，就能自动地激励代理人尽量多报并尽可能努力工作，以维护委托人利益。

三、联合确定基数法现实案例

国有商业银行上级部门在考核下级部门绩效时，不良贷款比率是一项重要指标，它对国有商业银行经营的效益性、流动性、安全性有着重要影响。因此，各国有商业银行对此项指标制定有激励和奖惩措施。在传统的不良贷款回收率基数确定方式下，下级银行总有压低基数的倾向，即使它们对不良贷款回收率指标可以完成得很好，但考虑长期因素，也会将其控制在一个适宜的范围内，跨年度转移完成额，以防上级部门"鞭打快牛"，以便来年能轻松达标。下面通过一个现实的案例分析，把联合确定基数法用于银行内不良贷款回收率基数的确定，不仅可以使下级银行自报一个自己努力可及的最大数额，而且促使其尽力而为去实现自报数。考虑到私密性的要求，在案例中隐去银行及当事人的真实名称。

张先生是某银行的总经理，他需要对下属各支行下达下一年的不良贷款回收指标。他决定采用联合确定基数法来确定不良贷款回收基数。张先生召集了各支行的负责人，向他们交代了具体实施方案。

1. 支行不良贷款回收额的目标基数 = 上级银行要求数 $D \times 0.8$ + 支行自报数 $S \times 0.2$。

2. 上级银行以下级银行最低自报数为要求数。

3. 到年末，实际不良贷款回收额超过基数部分的10%归支行所有，若完不成基数的部分由支行按10%补足（为分析方便，在此忽略基数留利系数）。

4. 要求各支行实事求是地提出下一年度不良贷款回收额的自报数，不能瞒报，鼓励多报。若某支行年初自报数小于年末实际完成数，瞒报部分受罚9%；若某支行年初自报数高于年末实际完成数，多报部分奖励1%。

各支行对上述方案表示同意。为了确定自报数应是多少，各支行进行分析，其中一个支行计算了不同情况下的支行净报酬，如表6-1所示。

表6-1　　　　　　　　　不同情况下的支行净报酬　　　　　　　单位：万元

S	100	200	300	400	500	600	700
D	100	100	100	100	100	100	100
$C = 0.2S + 0.8D$	100	120	140	160	180	200	220
A	400	400	400	400	400	400	400
$A - C$	300	280	260	240	220	200	180
超额奖励	30	28	26	24	22	20	18
少报罚款	-27	-18	-9	0	0	0	0
多报奖励	0	0	0	0	1	2	3
净报酬	3	10	17	24	23	22	21

该支行通过分析表6-1发现，当自报数刚好为实际完成数时，尽管超额奖励只有24万元，但由于避免了少报罚款，从而净报酬最大。如果在对未来

情况不明，无法精确估计实际完成数的情况下，低估实际完成数而自报 100 万元，这时虽然超额奖励最大，但少报罚款也很高，最后只有 3 万元的净报酬；反之，如果高估实际完成数而自报 700 万元，这时虽然超额奖励最小，但可以避免少报受罚，而且还有多报奖励，最后有 21 万元的净报酬，远远高于自报数为 100 万元时的情况。通过比较不难发现，下级银行各种情况下的多报获利都要大于各种情况下低报获利。因此，在不确定情况下，下级银行高估实际完成数，进而高报对自身是有利的。由于下级银行的高报，进而提高了目标基数，对上级银行无疑也是有利的。

四、结论与建议

国有商业银行传统科层绩效考核目标基数确定存在诸多弊端，导致激励约束机制失效、层级委托代理成本激增。本节从传统基数确定模型的弊端出发，打破联合确定基数法中代理人知晓实际最大产出的假定，在银行未来收益不确定性下探讨联合确定基数模型的有效性，并以现实案例进行论证。分析得出，只要下级银行自报数的权重和各激励惩罚系数的设定满足一定关系，联合确定基数方法会使下级银行自发高报并尽最大努力去实现目标。因此，国有商业银行各级分支机构在绩效考核目标基数确定中，可以引入联合确定基数的思路，改变以往上级行强调顾全大局强压指标，下级行强调自身困难讨价还价的谈判方式，将测算公式、考核指标、奖惩办法全部公开，将决定权交给下级行。这不仅符合委托—代理理论一贯主张的激励相容约束，更重要的是，它反映了上级行赋予下级行参与约束的权力，使下级行由被动变成主动，由消极变为积极，上下级关系也可由对立变为协作，通过利益诱导激励下级行挖掘潜力。

第五节　内外部经理人市场与银行科层棘轮效应的改善

近年来，国有商业银行不断完善内部激励约束机制，改革绩效考核方式，引入了诸如年薪制等激励手段，将经济增加值（EVA）与科层经理的报酬相挂钩，鼓励各分支机构提高管理水平，增强绩效。薪酬激励契约虽然可以通过明确地界定各级行经理人的责、权、利，赋予其充分的剩余索取权来协调委托代理人之间的目标冲突，激励经理人努力工作，但是这种激励方式不是万能的。薪酬激励契约不可能涉及经理人行为的方方面面，对于一些界限模糊、弹性较大的经理人行为，契约激励和约束通常失效。而且，信息不对称普遍存在，有时银行甚至根本无法通过严密的薪酬激励契约和无休止的谈判来解决下级行经理人激励不足和上级委托人监督无效的问题，无法确保激励契约的目标基数能使委托人自身利益最大化或使下级行经理人处于最佳努力状态。此外，在薪酬激励契约实行过程中，上级行无法完全获知下级各分支机构的信息，而且由于上级行前后任职务升迁和人事调动的变化政策一般不具备连续性，因而无法承诺确定不变的激励方案，所以，分支机构经理"留一手"的做法普遍存在，出于自身利益最大化考虑，谎报、瞒报部门产出数据或消极怠工，与上级行要求提高经营绩效的初衷相违背。因此，单单依靠薪酬契约的显性激励方式不足以有效解决银行各级经理人中的代理问题，竞争激励恰恰可以弥补显性薪酬契约激励的不足。竞争的环境会使经理人依靠前期努力建立起来的"声誉"变得有价值，使经理人当期的经营绩效对下期乃至更远未来的收益产生影响，从而激发经理人付出高水平的努力（Fama，1980）。

一、封闭环境下国有商业银行科层棘轮效应分析

假设某家国有商业银行有 N 家分行，每家分行有一个经理。不考虑外部经理人市场的存在，也就是说经理在相当长的时间里都只受雇于国有商业银行，也不考虑内部经理人市场的存在，也就是说内部缺乏有效的考核晋升机制，不能唯贤是举。各分行经理能力禀赋存在差异。高能力禀赋的经理以 $\overline{R}$ 表示，低能力禀赋的经理以 $\underline{R}$ 表示。经理们的努力水平用 a 表示，高水平的努力记为 $\overline{a}$，低水平的努力记为 $\underline{a}$。各分行产出水平的函数 $y = y(R,a)$。假设存在三种可能的产出水平：最高水平 $y_1 = y_1(\overline{R},\overline{a})$，是具高能力禀赋的分行经理通过高水平的努力获得；中等水平 $y_2 = y_2(\overline{R},\underline{a}) = y_2\underline{R},\overline{a})$，是低能力禀赋的分行经理通过高水平的努力获得或者是高能力禀赋的分行经理通过低水平的努力获得；最低水平 $y_3 = y_3\underline{R},\underline{a})$，是低能力禀赋的分行经理通过低水平努力获得。通常的情况是，总行一开始不十分清楚各个分行的具体情况，只能从分行上报的产出水平来判断各行经理能力禀赋高低以及努力水平的高低等信息。通过这些信息，总行会调整对各分行经理的绩效考核方案。但分行的经理们似乎也知道这一点，高能力禀赋的经理总试图向总行隐瞒其所在行能达到的最大产出，为的是不暴露自身潜能，起到降低评价标准、提高报酬、最大化自身效用的目的。于是，棘轮效应就出现了。

这里通过两阶段动态模型来说明银行分支机构绩效考核中存在的棘轮效应，$\Delta a = \overline{a} - \underline{a}$。假设在 $t = 1$ 期，总行制定的绩效考核方案为

$$\begin{cases} y = y_1, w_1 = \bar{a} + \Delta a \\ y = y_2, w_2 = \bar{a} \\ y = y_3, w_3 = \underline{a} \end{cases} \quad (6-37)$$

总行的意图是在第一期以高报酬 $w_1 = \bar{a} + \Delta a$ 来激励具有高能力禀赋的分行经理生产 y_1 的产出，从而得到经理们能力禀赋的有效信息，对经理采取不同的评价标准。在 $t = 2$ 期，总行可以仅仅根据分行经理努力水平的高低提供报酬，没收额外报酬。高能力禀赋的经理在第一期面对这套绩效考核方案，有两种选择。第一种选择，通过高水平的努力创造 y_1 产出，得到 Δa 额外报酬；第二种选择，通过低水平的努力创造 y_2 产出，同样得到 Δa 额外报酬。事实中，这些经理更会选择后者。因为，如果是第一种选择，就会向总行暴露自身潜在能力，第二期额外报酬就没有了，两阶段总共额外报酬仅仅为 Δa；如果是第二种选择，总行还是无法确定其潜在能力，因而无法提高标准并调整考核方案，高能力禀赋的经理仍然能拿到 Δa 的额外报酬，两阶段总共获得的额外报酬为 $2\Delta a$，多于第一种选择。因此，要克服分行的棘轮效应，总行必须在第一期重新设计绩效考核方案。一种可行的方案是

$$\begin{cases} y = y_1, w_1 > \bar{a} + 2\Delta a \\ y = y_2, w_2 = \bar{a} \\ y = y_3, w_3 = \underline{a} \end{cases} \quad (6-38)$$

也就是说，第一期总行只有给创造 y_1 产量的经理大于 $2\Delta a$ 额外报酬时，具有高能力禀赋的经理才有动力上报该产量。另一种可行的方案是

$$\begin{cases} y = y_1, w_1 = \bar{a} \\ y = y_2, w_2 = \underline{a} \\ y = y_3, w_3 = \underline{a} \end{cases} \quad (6-39)$$

也就是说，第一期总行诱导低能力禀赋的经理选择 y_3 的产出，从而将不同能力的经理区分开。

可见，为了消除棘轮效应，总行必须付出成本，如第一种方案中 $2\Delta a$ 的额外报酬和第二种方案带来的低产出。然而，在现实中，哪怕成本颇高的消除棘轮效应的方案实施起来也是有难度的。分行数量多、具体情况差别大，相关信息比较复杂，找不到合理的参照系，筛选分行这一过程也变得漫长而无效率。

二、外部经理人市场与棘轮效应的改善

考虑一个简化的两阶段动态模型，假设存在其他金融机构竞争的外部环

境，经理在 $t = 1$ 期在国有商业银行任职；在 $t = 2$ 期，经理可继续在本部门任职，也可到其他金融机构任职。经理所在部门当期产出函数与经理能力禀赋 R 和当期的努力水平 a 有关，$y = R + a + \theta$，θ 为服从均值为 0 方差为 σ^2 的正态分布的外生变量。在 $t = 1$ 期，经理在国有商业银行获得的报酬 w_1 与所在部门的当期产出挂钩，$w_1 = \alpha_{in} + \beta_{in} y_1$，$\alpha_{in}$ 为国有商业银行固定收入，β_{in} 是国有商业银行经理分享的产出份额，$\alpha_{in} > 0, \beta_{in} > 0$。高度竞争的外部经理人市场追捧和青睐能力禀赋高的经理，并通过第一期产出 y_1 来判断其能力禀赋的高低（Holmstrom，1999）[①]，并支付相应的报酬。设其在 $t = 2$ 期愿意提供给经理的报酬为 $w_{2ot} = \alpha_{ot} + \beta_{ot} y_{2ot} + r_{ot} y_1 = \alpha_{ot} + \beta_{ot}(R + a_{2ot} + \theta) + r_{ot}(R + a_1 + \theta)$，$\alpha_{ot}$，$\beta_{ot}, r_{ot}$ 分别为其他金融机构固定收入、分享的当期产出份额和与前期产出的相关度，且 $\alpha_{ot} > 0, \beta_{ot} > 0, r_{ot} > 0$。$r_{ot} y_1$ 也可以解释为经理人市场的竞争在第二期给予经理人的寻租额，不一定以货币工资的形式出现，可以表现为增加费用列支额度或增加业务权限，或默许他们更多的在职消费等。a_{2ot} 为 $t = 2$ 时经理在其他金融机构付出的努力水平。由于存在外部经理人市场，国有商业银行为了识别、吸引能力禀赋高的经理，防止人才流失，在 $t = 2$ 期除了考虑当期的产出外也会考虑前期的产出水平，提供的报酬为 $w_{2in} = \alpha_{in} + \beta_{in} y_{2in} + r_{in} y_1 = \alpha_{in} + \beta_{in}(R + a_{2in} + \theta) + r_{in}(R + a_1 + \theta)$，$r_{in}$ 为国有商业银行第二期报酬与第一期产出的相关度，$r_{in} > 0$；a_{2in} 为经理第二期在国有商业银行的努力水平。经理努力的成本函数 $C(a) = \dfrac{a^2}{2}$。下面分情况讨论经理在两阶段总的期望效用函数。

1. 在封闭环境下。为了便于比较，先来简单讨论不存在外部经理人市场的封闭状态。因为没有竞争，不用担心经理人跳槽的损失，也就不需要为经理人的能力禀赋增加额外的租金，$r_{in} = 0$，无论在第一期还是第二期，国有商业银行只需支付给经理人 $w_t = \alpha_{in} + \beta_{in} y_t$，$t = 1,2$。经理在两阶段的总的期望效用函数为

$$EU = w_1 - c_1 + w_2 - c_2$$

$$= \alpha_{in} + \beta_{in}(R + a_1) - \frac{a_1^2}{2} + \alpha_{in} + \beta_{in}(R + a_2) - \frac{a_2^2}{2} \tag{6-40}$$

就 a_1, a_2 分别求导，得到最大化经理人期望效用的一阶条件为

① Holmstrom（1999）认为在完全竞争的劳动力市场对经理人产出的期望与对经理人能力的评价有关，而产出的期望是建立在经理人以往产出的基础上的。

$$a_1 = \beta_{in}, a_2 = \beta_{in} \qquad (6-41)$$

也就是说，经理人在两期都只是维持基本的努力水平。

2. 存在外部经理人市场的环境下。

（1）若在 $t = 2$ 期，$Ew_{in} \geqslant Ew_{ot}$，经理选择在国有商业银行继续留任。两阶段经理人总的效用函数为

$$EU = w_1 - c_1 + w_{2in} - c_{2in}$$

$$= \alpha_{in} + \beta_{in}(R + a_1) - \frac{a_1^2}{2} + a_{in} + \beta_{in}(R + a_{2in}) + r_{in}(R + a_1) - \frac{a_{2in}^2}{2}$$

$$(6-42)$$

分别就 a_1, a_{2in} 求导，得到最大化经理期望效用的一阶条件为

$$a_1 = \beta_{in} + r_{in}, a_{2in} = \beta_{in} \qquad (6-43)$$

（2）若在 $t = 2$ 期，$Ew_{in} < Ew_{ot}$，经理选择去其他金融机构就职。两阶段经理人总的效用函数为

$$EU = w_1 - c_1 + w_{2ot} - c_{2ot}$$

$$= \alpha_{in} + \beta_{in}(R + a_1) - \frac{a_1^2}{2} + a_{ot} + \beta_{ot}(R + a_{2ot}) + r_{ot}(R + a_1) - \frac{a_{2ot}^2}{2}$$

$$(6-44)$$

分别就 a_1, a_{2in}, a_{2ot} 求导，得到最大化经理期望效用的一阶条件为

$$a_1 = \beta_{in} + r_{ot}, a_{2ot} = \beta_{ot} \qquad (6-45)$$

根据以上结果，分析得出：由于竞争性的外部经理人市场存在，经理人的能力禀赋被赋予市场价值，体现为经理人收入的一部分。而经理人第一期的产出业绩则被视为评价其能力禀赋高低的重要信息，加入到第二期的支付函数中。在第二期无论经理选择在原部门继续留任或到其他金融机构就职，其在第一期都会付出比在封闭环境下更高的努力水平，而且第二期收入与第一期产出的相关度 r_{in} 或 r_{ot} 越高，也就是市场对经理人能力禀赋的关注度越高，第一期努力水平越高。说明，外部经理人市场带来的对高能力禀赋经理的竞争，使得经理争相通过努力提高产出来体现自身的能力禀赋，并以此在未来获得更好收入，改善了原有封闭环境下的棘轮效应。

三、内部经理人市场与棘轮效应的改善

在上述两阶段动态模型框架下引入一个成熟的内部经理人市场。① 假设银

---

① 即把个人能力作为晋升经理的主要依据、不存在与职务相联系的各种隐性收入、经理从职务中得到的效用除了个人成就感的满足外就是显性货币收入。

行内设有低级职位 L 和高级职位 H，科层经理在 $t = 1$ 期职位为低级职位，$t = 2$ 期职位有可能为低级或高级职位。科层经理所在部门当期的产出 y 与经理能力禀赋 R 和当期的努力水平 a 有关，$y = R + a + \theta$，θ 为服从均值为0方差为 σ^2 正态分布的外生变量。分行经理获得的报酬 w 与所在部门的当期产出挂钩，$w = \alpha + \beta y$，α 为固定收入，β 是经理人分享的产出份额。本节不考虑职位收益中隐性控制权收益，只考虑显性货币收益部分。高级职位对应的报酬结构中的固定收入 α_H 高于低级职位的固定收入 α_L，高级职位对应的分享产出的份额 β_H 高于低级职位的分享产出份额 β_L，而且，$\alpha_H = e\alpha_L, \beta_H = f\beta_L, (e, f > 1)$。经理努力的成本 $C(a) = \dfrac{a^2}{2}$。银行在一定的概率 p 下决定在 $t = 2$ 期对某科层经理升职（不考虑降职或解约的情况）。p 由 $t = 1$ 期时经理所在分行的产出和内部考核晋升机制的有效程度决定，且 $p = ry_1 k = rk(R + a_1 + \theta); p \in [0, 1]$，$r$ 为正系数，k 是与银行内部考核、监督、奖惩有关的晋升机制因素，$k \in [0, 1]$。$k = 0$ 时，银行内部考核晋升机制不存在或完全无效；$k = 1$ 时，银行内部考核晋升机制完全有效。分行经理除了报酬激励外，还有晋升激励，即在 $t = 2$ 期可从低级职位上调到高级职位。$t = 1$ 时，分行经理得到的报酬收入 $w_1 = \alpha_L + \beta_L(R + a_1 + \theta)$；$t = 2$ 时，分行经理若没有晋升，其报酬收入 $w_{2L} = \alpha_L + \beta_L(R + a_{2L} + \theta)$，若得到晋升，其报酬收入 $w_{2H} = \alpha_H + \beta_H(R + a_{2H} + \theta) = e\alpha_L + f\beta_L(R + a_{2H} + \theta)$。

根据以上假设，两阶段经理人总的期望效用数学表达式为

$$EU = w_1 - C_1 + p(w_{2H} - C_{2H}) + (1 - p)(w_{2L} - C_{2L})$$

$$= \alpha_L + \beta_L(R + a_1) - \frac{a_1^2}{2} + rk(R + a_1)\left[\alpha_H + \beta_H(R + a_{2H}) - \frac{a_{2H}^2}{2}\right]$$

$$+ \left[1 - rk(R + a_1)\right]\left[\alpha_L + \beta_L(R + a_{2L}) - \frac{a_{2L}^2}{2}\right]$$

$$= \alpha_L + \beta_L(R + a_1) - \frac{a_1^2}{2} + rk(R + a_1)\left[e\alpha_L + f\beta_L(R + a_{2H}) - \frac{a_{2H}^2}{2}\right]$$

$$+ \left[1 - rk(R + a_1)\right]\left[\alpha_L + \beta_L(R + a_{2L}) - \frac{a_{2L}^2}{2}\right]$$

对上式就 a_1, a_{2L}, a_{2H} 分别求导，得到最大化经理人期望效用的一阶条件为

$$a_1 = rk(e - 1)\alpha_L + \left[1 + rkR(f - 1)\right]\beta_L + rk\frac{(f^2 - 1)}{2}\beta_L^2$$

$$a_{2L} = \beta_L$$

$$a_{2H} = \beta_H = f\beta_L$$

(6 - 46)

根据以上简化模型可知：

1. $a_1 > a_{2L}, a_{2H} > a_{2L}$，可见，经理在第一期的努力水平提高了，不再消极地保持基本的努力水平；在第二期，经理得到晋升后的努力水平要高于没有晋升下的努力水平，内部完善有效的考核晋升机制能充分鼓励有高能力禀赋的经理人努力工作。

2. $\frac{\partial a_1}{\partial e} > 0, \frac{\partial a_1}{\partial f} > 0$，即 e 和 f 越大，a_1 越大。如果高级职位对应的报酬结构中的固定收入和分享产出份额高出低级职位越多，分行经理在 $t = 1$ 期的努力水平越高。也就是说，如果高职位较低职位在报酬激励上有明显的优势，这种优势越明显，对经理的吸引就越强。经理会通过努力创造高产出来证明高能力禀赋从而提高被晋升的概率，有效改善了棘轮效应。特别地，如果 $e = 1$，$f = 1$，则 $a_1 = \beta_L$，即如果高级职位对应的报酬结构没什么变化，那么在两期内经理的努力将保持最基本水平。因此，要充分激励经理努力工作，就要拉开职务差距，适当提高与职位挂钩的固定薪酬和激励薪酬。

3. $\frac{\partial a_1}{\partial k} > 0$，即 k 越大，a_1 越大，银行内考核晋升机制越有效，经理在第一期的努力水平越高。当 $k = 0$ 时，$p = 0$，$a_1 = \beta_L$，即当银行内部没有有效的考核晋升机制时，经理会认为自身晋升没有任何可能，其就会在两阶段内消极地保持低水平的努力。当 $k = 1$ 时，$a_1 = r(e-1)\alpha_L + [1 + rR(f-1)]\beta_L + r\frac{(f^2-1)}{2}\beta_L^2 > \beta_L$，当银行内部考核晋升机制完全有效时，经理才有为晋升努力的动力，在第一期付出很大的努力水平。

4. 当 α_L, β_L 确定时，k, e, f 是能对 $t = 1$ 期努力水平产生激励的影响因素。

四、结论与建议

本节用两阶段动态模型框架分析了现行国有商业银行分支机构薪酬激励契约实施中的棘轮效应以及内外部经理人市场对改善棘轮效应的意义。有效的外部经理人市场机制在一定程度上克服了对经理实施监督的困难，使激励和约束与市场机制紧密结合起来，以"竞争"来解决国有商业银行的低效治理问题。然而，我国大部分地区外部经理人市场发展普遍不完善、信息不完全，定价和人才流动机制效率低下，经理人的选择机制和社会的信誉评价机制不健全，市场竞争性对经理人激励效应有限。在这样的情况下，国有商业银行只是被动地等待外部经理人市场的完善是不够的，必须找到一个能替代外部经理人市场的环境。事实上，银行内部的考核、晋升机制可以形成一个潜在的"内部经理人市场"，引入内部竞争，使经理人依靠前期努力建立起来的"声誉"成为影响日后竞争更高职位更高薪酬的名誉资本，激励经理人付出高水平的努力，改善棘轮效应。而且，内部经理人市场高效、稳定，比外部经理人市场对经理人员的激励作用更加直接，效用也更明显，有利于各级经理人将自身职业生涯规划与银行发展联系起来，增强组织凝聚力和岗位忠诚度，也有利于在内部建立起一支有才干的经理人队伍。

为此，提出以下建议：改善竞争环境，促进符合市场要求的经理人市场良好发育，使得国有商业银行经理人在职业生涯中可以自由转入非国有金融部门。同时，放开金融准入的门槛，鼓励民营资本、外资金融机构进入，构建完善的金融市场环境。

更为重要的是，改革国有商业银行内部现有以行政任命为主的晋升机制，引入市场机制和方式，以长期业绩和团队成员的认同为基础开辟唯贤是用的内部晋升通道，使不同级别的经理人都有可持续发展的职业生涯路径，从而激励经理人不断提高经营管理水平，做到人尽其才，才尽其用。减少与职务相关联的隐形控制权收益、建立健全控制权约束机制，将责、权、利更好地统一起来，从而充分发挥内部经理人市场的作用。

第六节　银行经理人激励机制案例分析

一、花旗银行经理人激励机制

花旗银行将对各级经理人的激励看做是培育核心竞争力的核心，通过有效的激励手段使各级经理人能在花旗完全发挥潜力（郑先炳，2005）。

花旗银行由人力资源部具体负责各级经理人的激励方案的拟订和实行。总行的人力资源部总裁领导一组人力资源高级经理，包括薪酬福利高级经理、培训高级经理、商业信贷人力资源高级经理、个人银行人力资源高级经理等。每个业务条线的人力资源经理既要向人力资源部总经理汇报，也要向该业务条线总部的总经理汇报。每个地区的人力资源经理既要向人力资源总部的总经理汇报也要向地区总裁汇报。

为了使经理人的薪酬更贴近市场水平，吸纳、培养和激励最优秀的经理人，花旗银行对经理人薪酬收入的制定要考虑三个方面的情况：一是在特定劳动力市场上，同等职位经理人的报酬水平及这类经理人的市场稀缺程度；二是银行经营业绩情况；三是该级经理人本身的业绩情况。经理人薪酬主要包括基本薪酬和福利、年度奖金、以股票期权计划和限制性股票计划为主的长期激励计划。基本薪酬和福利给予经理人基本生活所需的保障，年度奖金与经理人年度绩效直接挂钩，长期激励计划通过鼓励经理人以持有股票的方式建立所有权关系来激励他们为花旗发展作出贡献。为了把银行经理人的利益与股东利益更好地结合起来，花旗银行一般都规定了三到五年甚至更长时间的行权期限以及限制性股票和延期股票的锁定期限，而且规定经理人必须保留其从银行得到股票奖励和股票期权总数的一定比例（如75%）。花旗银行对不同层级的经理人采用不同的薪酬结构，基层的经理人收入主要来自于基本薪酬福利和年度奖金，长期激励措施则是中高层经理人收入的主要部分。

花旗银行对各级经理人的绩效考核主要采用平衡记分卡的方法，提供了把银行的商业战略转化为各级经理人的实际行动的工具，以平衡近期和远期目标、硬性与软性度量、前瞻性和滞后性指标。对各级经理人既有个人绩效表现考核，又有部门和机构绩效表现考核；既有短期绩效考核，又有长期绩效考核；既有定量工作结果考核，又有定性的素质能力考核，考核指标以相对指标为主。在绩效目标的制订阶段，花旗银行非常重视与经理人的沟通，了解经理人的期望和能力，与经理人共同制定个人发展目标、年度工作目标并设定完成期限，作为年末绩效评估的依据。在绩效目标跟踪指导阶段，对经理人的工作业绩进行直线审核与指导，确保按期完成任务。绩效评估阶段，根据年初制定的绩效目标对经理人实际工作绩效和行为能力进行评估，确定绩效等级，为经理人改进未来绩效提供基础信息。如果经理人的绩效评为优秀或不合格，必须注明具体的行为事例，给予特殊说明。

在对经理人职业发展规划上，花旗银行通过职位描述和评估将经理人职位的价值进行量化。职位描述包括工作目标、授权、主要职责和资历要求等；职位评估结合职位资历要求、解决问题的能力要求和职位管理权限三个方面。根据职位价值划分成不同的职级，以提供晋升的框架。对各级经理人员实行"个人发展评估"，评估经理人的发展潜能等级，识别其强项和个人需持续发展项目。潜能的评定分三个等级：（1）转变的潜能，即具有调动到另外一个不同层次的工作岗位的能力和意愿，如从部门经理到分行行长；（2）成长的潜能，即具有调动到同一层级更具复杂的工作岗位的能力和意愿，如从分行培训部经理到风险管理部经理；（3）熟练的潜能，即能够符合不断变化的工作要求，不断深化经验和专业知识，但只是停留在原工作。花旗银行将经理人潜能评定结果和绩效考核结果结合做成九格方图，把经理人放在九格方图不同的格子里，既作为奖惩的依据也作为确定经理人职业生涯发展的依据。"个人发展评估"的步骤分自我评估、上级主管评估、小组评估（成员由上级和高层主管及人力资源负责人组成）。通过个人发展评估，各级经理人获得有关本人每一个能力要素被评定的水平，得到反馈并制订出具有激励和开发功能的个人发展计划。

花旗银行推行管理培训生制度已有数十年，通过管理培训生制度招聘富有管理天赋、领导潜能的大学生，进行严格培训使之成为训练有素的职业经理人。通过严格的基本素质测试、面试、情境测试、个性测试等招聘到满意的培训生后，花旗银行安排其参加长达三年的管理培训，包括12～18个月的短期课堂学习，3个月的国外培训，其余时间为岗位实战。人力资源部经理、资深高层经理和第一线经理分别负责制作专门的培训课程和具体培训，制订个人职业规划、工作指导。花旗银行的管理培训生制对人才的寻找落到了银行外部那些毕业不久的优秀大学生身上，通过前瞻性的人才招聘、系统化的内部培训、参与专案管理、不同部门的岗位轮换、资深经理的职业生涯指导，激励这些管理培训生在深度和广度上提升业务技能、积累工作经验，具备独当一面的能力，迅速成为银行的中坚力量。

二、日本株式会社三井住友银行经理人激励机制

由住友银行与樱花银行统合而成的株式会社三井住友银行是日本四大银行集团之一，资产规模排名位居世界第三。三井住友银行认为打造一支具有高度使命感和责任感并能出色完成任务的经理人队伍是银行赖以生存和发展的根基，通过尊重个性和自我价值，激发经理人活力，使其能很好地执行银行的经营理念和经营方针，协力创造充满先进性和独创性的新型银行。为此，三井住友银行建立了以职务重要性为基础，基于成果与能力发挥的报酬制度；导入基于适应性与能力发挥、具有透明性和认同性的新型经理人评价体系；基于科学化的评价体系，对经理人设计职业生涯规划，因材施用（孙智，2004）。

三井住友银行主要实行的是深具本国特色的年功序列与终身雇佣制结合的激励方案。这种模式以人为本，将经理人视为银行的专有性资产，使其职业生涯的发展与银行的发展紧密联系。晋升高级职务将带给经理人社会地位和别人的尊敬，还有相应提升的工资报酬，激励经理人为银行的利益和目标努力工作、施展才华、不断提升。在考核评价上，将各级经理人的评价考核与科层绩效考核区别开来，对科层绩效考核只是作为该经理人考核的一个参考，但不是

全部，而且科层绩效考核结果不是经理人收入的依据（虽然对绩效优秀科层的经理人会给予名誉表彰），而是为了指导经理人以后的工作。这种重过程的评价考核避免了经理人将上级规定的指标等同于所有工作，出现指标至上的行为导向。

最近几年，随着经济国际化与金融全球化的发展，日本银行业也被席卷在经营管理行为的国际化进程中。三井住友银行在原有的"日本型"的激励方式基础上又结合了"欧美式"的激励方式，以经理人的工作基准为本位，根据其工作价值进行裁量，规定不同的职务级次，考核工作效用与成果，给予相应的报酬。其改革的核心是引入竞争机制，注重对经理人工作成果的评价和激励。具体做法是，在薪酬设计上实现工作基准和人为基准的最佳结合，按职务序列保持具有竞争力的工资水平，做到经理人各职务阶层的工作标准与待遇公开化，体现出有竞争力差别的工资待遇水平。奖金分配基于成果责任评价，体现出公平、透明与差别。在退休金的处理上，废止以前按工作年限乘以相应比率的传统做法，引入按贡献度不同支付有差别的退职金制度。在评价考核上，建立了新的经理人考核体系，从职务适应性和实力评价两方面考虑经理人考核标准体系，并推行360度多方位考核方法，采用 HAYGROUP 的职务考核等级制度，提高了经理人评价考核的客观性与公正性。实行基于成果责任的目标设定的成果考核制度，完善与经理人对话性考核方法，提高了经理人评价考核的透明性和认同性。不单单参照时点评价，更注重累计性评价。在行内塑造奋发向上、量才录用的氛围，逐步淡化年功序列制度，根据客观的考核评价来选拔使用优秀经理人。此外，三井住友银行还导入了经理人职业生涯制度，一方面强调经理人通过社会公认的资格考试来进行自我能力开发，与各级经理人充分沟通在行内的职业生涯设想，共同设计自我鞭策的职业生涯计划；另一方面建立行内人才公开竞聘制度，包括研修安排公开竞争、职务公开竞聘和岗位公开竞聘三部分，以竞争机制激励经理人根据银行的经营目标不断提升自身价值。同时，三井住友银行实行管理培训生制来选拔培养储备优秀的经理人。这些未来经理人从基础工作岗位做起，由新入行员工——年轻行员——骨干行员——管理层的阶梯进入行内经理人选拔培养体系。在经理人能力结构上，除理解力、分析力、判断力、决断力、应对力等长期注重的能力外，为了适应全球化和信息化时代的要求，三井住友银行还不断强化对经理人情报收集能力、对外交涉能力、企划力、协调力等能力的考核和激励。

三、招商银行经理人激励机制

招商银行是没有政府背景的股份制商业银行，迫于竞争的压力不断改善自身的治理结构，多年来一贯坚持"六能"，即"职级能上能下，人员能进能出，收入能高能低"的市场化弹性激励机制，在短短几年时间里已经发展壮大为国内最有竞争力的股份制商业银行，很多方面的发展已经超过国有商业银行，是国内股份制商业银行中的代表（张力升，2009）。

招商银行实行以薪酬福利为核心的物质激励，提供内部公平而富有市场和同业竞争性的薪酬。参照劳动力市场情况、地区工资水平，来确定经理人员整体薪酬政策和平均薪酬水平。依据经理人职位价值、经理人工作能力、经理人贡献、经理人所在部门和银行盈利状况来确定具体薪酬。"在什么岗，拿什么待遇；做多大贡献，给多少报酬"。招商银行完成了长期激励机制的改革，对中高级管理人员实行 H 股股票增值权激励方案，计划 10 年内分 10 期实行，每年一期。该股票增值权有效期 10 年，前两年为行权限制期。2008 年 11 月招商银行如期推出第二期 H 股票增值权激励方案，授予 132 万份 H 股股票增值权，占本激励计划签署时公司股本总额 147 亿股的 0.009%。通过 H 股股票增值权，招商银行授予中高级经理人在一定的时期和条件下获得规定数量的股票价格上升所带来的收益的权利。每一份 H 股股票增值权的收益 = 股票市价 - 授予价格。今后招商银行 H 股的股价越高，其股票增值权收益越高，如果低于授予价，无疑收益将泡汤。H 股票增值权作为一种长期激励措施，能助推招商银行的长远发展战略。

招商银行建立和形成了"以日常考核为基础，以年度考核为依据，以专项考核为重点"的经理人绩效考核体系。实行严格的绩效考核，根据考核结果，决定经理人的奖惩（奖金、调薪、晋升、交流、岗位轮换、免职、下岗、待聘、辞退等）。

招商银行十分重视竞争对经理人的激励作用。在竞争激励方面，招商银行面向社会公开招聘合适的经理人并建立"行内人才市场"，推行经理人员竞聘上岗，以业绩为标准发现和使用人才。建立行内待聘制度，对不符合要求的经理人实行末位淘汰，真正做到以业绩论英雄，"能者上，平者让、庸者下"。招商银行破除论资排辈的选任经理人的传统，积极选拔培养使用年轻的经理人才，如在深圳地区 61 家支行行长的平均年龄不到 35 岁。

招商银行是一家学习型银行，全行把向经理人提供不断学习的机会视为对经理人的一种奖励和肯定。招商银行鼓励经理人自我教育、自我培训，建立

"优秀经理人学习修养制度"，选派优秀经理人到境外、国外学习、培训；在全行实施"131"人才工程，重点培养100名管理骨干和300名业务专家；建立具有招商银行特色的总、分、支三级培训体系；立足自身，建立行内业务专家组成的兼职教师队伍；聘请一批国内外著名专家、学者，构成讲座教授、特聘教授队伍；不断创新教育培训方式，实施以"岗位资格考试"为主的在职教育培训体系；开办"E-LEARNING"网上学校；对分支机构送"教"上门。

四、中外商业银行经理人激励机制比较

在分析美国花旗银行、日本三井住友银行和我国招商银行案例的基础上，本节将国有商业银行科层经理人激励机制与美国商业银行、日本商业银行以及我国其他股份制商业银行的激励机制进行比较，了解各自的优劣和特点，从中找到与国有商业银行发展相适应的激励机制优化方案（见表6-2）。

表6-2　　　　　　　　国有商业银行和股份制商业银行与
美日商业银行经理人员激励机制比较

	国有商业银行	美国商业银行	日本商业银行	股份制商业银行
薪酬制度	以短期薪酬为主，单一且结构不合理，总体水平低且与绩效弱相关	基本工资、绩效挂钩工资和股票分红构成，将薪酬与银行整体战略紧密联系，注重长期激励	按年龄、学历、工龄领取工资，收入水平低，精神激励为主，强调经理人对银行的效忠和终身服务	绩效工资，与绩效关联性大，重视实施长效激励手段
控制权	重视控制权激励，控制权配置行政化和控制权的监督不善导致负激励的产生	控制权收益主要体现在经理人自我价值的实现和权欲的满足，控制权受到市场配置和严厉监管，很少有寻租收益	是一种重要的激励方式，通过内部晋升获得控制权，强化各级经理人的忠诚度以减少道德风险	多通过内部竞聘和外部招聘获得，控制权受到市场竞争的激励和约束
绩效考核	存在重规模重短期的倾向，目标基数设立易产生棘轮效应	指标体系、目标基数的设立科学，重视上下级的沟通和上级的支持指导，考核与奖惩联系紧密	考核不作为奖惩的主要依据，突出对日后工作的指导意义，避免考核至上主义。注重沟通、反馈	多参照国外先进银行的绩效考核方法，较为系统科学
内外部竞争	缺乏竞争，以行政方式为主	充分竞争，内外部经理人市场发达，人尽其才，才尽其用	较充分的竞争，通过年功序列的内部晋升实现优胜劣汰	内部晋聘、外部招聘具有竞争激励
培训	投入少，形式单一，不能挖掘经理人潜力	制订经理人职业发展目标，专业培训，专家扶持	经验交流，海外学习培训，业务实习	聘用专业人士或大学教授，提升经理人能力水平

　　美国商业银行激励机制的总体特点是，对各级经理人的激励和约束主要由市场来主导。成熟高效的内外部经理人市场和资本市场使经理人的控制权具有良性的竞争激励和约束，如果经理人业绩无法满足股东们的最低预期收益，便会采取"用手投票"或"用脚投票"来决定经理人的去留。薪酬激励的核心是将经理人的个人收益与银行的收益挂钩，使经理人成为银行剩余资产的部分享有者，以高薪和利益分享式薪酬对经理人的行为起着较强的激励作用，而且长期报酬在薪酬收入中占很大的比例，层级越高的经理的长期报酬所占的比例越大，可达到总收入的 60% 甚至更多，其形式有延期支付的奖金、股票期权等。同时，该机制拥有一套成熟的绩效管理制度和规范的操作流程，考核指标设置系统科学，重视上下级之间的充分沟通和上级对下级的支持、监督和指导。

　　日本商业银行激励机制的总体特点是，各级经理人一贯以来是以高声望、高地位获得有效激励。他们收入水平不是很高、差距不大、持股率也较低，主要动力来自于精神激励，如职务晋升、年功序列制、终身雇佣及荣誉称号等。在银行内等级秩序观念非常强，如果经理人业绩突出就会得到晋升，社会地位得以提高，会更受人尊重。因此，内部晋升是激励各级经理人的重要手段，其激励具有长期效应。在日本商业银行中，各级经理人的劳动被认为是专用性很强的资产，这种专用性一定程度上强化了经理人的忠诚度，减少了道德风险。近年来，日本商业银行开始更多地关注经理阶层的物质利益，陆续采用绩效工资，以赋予经理人剩余索取权来激励其努力工作，并引入股票期权等长期激励手段。绩效考核重过程轻结果，更突出考核对日后工作的参考作用，其次才是评价和奖惩，避免了经理人工作中的考核至上主义。对分支机构的考核和对经理人的考核相区别，分支机构的考核绩效只是经理人考核内容的一部分。

　　我国股份制商业银行迫于竞争的压力，基本在经理人的任用上实行竞聘制，做到能者上庸者下。普遍推行与经理人绩效紧密挂钩的薪酬制度，重视长期激励方式如股票期权的实施，业绩考核办法较为科学。凭借高薪和优异的工作条件吸引国有商业银行的优秀经理人才。注重对经理人的培训，探索适合自己的培训体系，与银行发展目标相联系。注重银行文化建设，提炼适合自己银行的核心价值观，将其与薪酬、用人、晋升等机制相配套，调动经理人的积极性，使之与银行的价值目标一致。

本章小结

　　现代商业银行完整的激励机制应包括委托代理契约明确规定的物质激励、内外部竞争环境决定的竞争激励以及满足经理人自我价值实现需求的精神激励。一个良性健康发展的现代商业银行各级经理人激励体系应该以物质激励为主导，竞争激励和精神激励兼顾，不可偏颇。受到多年行政化科层管理体制的影响，我国国有商业银行科层激励机制在控制权激励、内外部竞争、薪酬激励、绩效考核以及培训激励方面都存在低效现象。有效激励契约的设计不仅应将时滞性资产收益纳入指标体系，而且应解决资产收益时滞性与经理人任职短期性的冲突，兼顾经营效益增长和稳健持续发展，建立资产收益长效考核、激励机制。通过几种薪酬制度的比较分析可知，现行的年薪制长期激励的效果不佳，而股票期权和基于 EVA 的激励是提高长期激励效应和经营效率的有效途径，是未来薪酬制度改革的方向。与传统的基数确定方法不同，只要下级银行自报数的权重和各激励惩罚系数的设定满足一定关系，联合确定基数方法会使下级银行自发高报并尽最大努力去实现目标。因此，国有商业银行科层机构在绩效考核目标基数确定中，可以引入联合确定基数的思路，改变以往上级行强调顾全大局强压指标、下级行强调自身困难讨价还价的谈判方式，将测算公式、考核指标、奖惩办法全部公开，将决定权交给下级行。有效的内外部经理人市场机制在一定程度上克服了对经理实施监督的困难，使激励和约束与市场机制紧密结合起来，以"竞争"来解决国有商业银行的低效治理问题。

第七章 国有商业银行优化科层治理的制度安排

第一节 科层组织创新的路径选择

一、层级扁平、职能垂直的矩阵结构

国有商业银行科层组织创新应促进科层机构在纵向和横向上的约束和制衡，强化风险管理，提高总行监管效能；应缩短信息传递渠道，减少信息不对称，增强总行的透视力和对市场的快速应变力；应提高科层机构经营管理积极性，将科层的利益目标与总行的利益目标更紧密地结合；应加强科层机构间的联动协调、分工配合，共同服务于银行整体的利益，提升整体的竞争优势。具体来说，有以下几个方面要落实。

（一）层级结构扁平化

如前所述，委托代理的最优层级与每一层代理跨度和监管效率有关。随着信息技术平台在国有商业银行的建立和功能不断健全，全行统一的数据仓库和软硬件信息系统可以整合各分支机构的信息，进行统一有效的预算管理、财务核算以及评价考核。这样不仅便于上下级之间建立顺畅的信息传递通道，提高监管效率，而且使有效代理跨度得以扩大，使银行的最优层级缩减，扁平化成为趋势。扁平化的科层结构可以有效缩短委托代理链，提高信息对称程度，提高决策效率和总行监控力，减少代理成本和代理人的道德风险行为。因此，国有商业银行层级结构应打破行政区划和政府序列格局，向大中城市和效益好的经济区域集中机构，充分考虑到委托代理链条中的代理跨度、监管效率、信息技术支持水平等因素，确定分支机构的合理层级。改变原来多级管理、一级经营的模式，缩短营业网点到总行的距离，减少管理层次，提升经营层次。一种设想的模式是，总行和一级分行间在大的经济区域设立区域中心，区域中心是

总行职能的延伸，总行通过这些区域中心强化对全国各地分行的管理；建立总行和一级分行两级管理的层级结构，撤销二级分行，二级分行所辖城区支行和县支行全部由省级分行直管，城区支行和县支行为基本经营核算单位也是面向市场的营销中心（见图7－1）。总行加强统一规划和管理，包括统一考核激励、统一核算营业资产、统一管理资金、统一网点安全保卫、集中管理信贷审批、统一提供科技保障、统一人力资源管理等，延伸控制视野，扩大监管范围。上下级行间的关系由原来的上下级领导与被领导逐步转变为支持与被支持、协调与被协调关系。

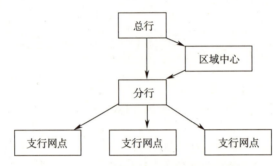

图7－1　二级管理一级经营的扁平模式①

（二）职能条线垂直化

与以行政职能划分的"金字塔"型科层机构设置不同，职能条线垂直化要求总行层面按前、中、后台职责不同，设置三大职能条线。前台可以是零售业务、公司业务和资金业务条线；中台是负责风险管理、财务管理等的管理条线；后台是负责信息技术、人力资源等的支持保障条线。分行层面也设置与总行前、中、后台相似的部门。前、中、后台分离制衡，以前台为业务中心，中、后台监督管理前台并为前台提供服务和保障，加强整体协作能力。采用纵向职能条线管理为主、横向运作管理为辅的设置结构。职能条线的垂直化管理主要体现在每一级分行的前、中、后台职能条线直接接受总行条线上级的领导，条线负责人的任命、业务权限分配、资源配置、考核奖惩主要由总行条线上级决定。下面以零售业务为例来说明业务条线的垂直化管理。零售业务是银行重要的利润中心之一，总分行针对不同的目标市场进行营销，总行以跨区域的全国型或全球型的特大客户为主要定位，分行以大中型区域型客户为主要定位。总行对零售业务条线进行统一规划和协调，如制定全行业务发展规划和市

---

① 陈如清．基于信息技术视角的商业银行组织结构模式探析［J］．福建金融，2008（6）：47－49.

场营销计划、业绩考核、资源配置、条线内部负责人任免等。中、后台管理和保障条线也采用纵向垂直管理方式，与前台业务条线之间是派驻制关系，实行双线汇报制度，即同时向派出部门和派驻部门的上级主要负责人汇报，如风险管理条线向前台业务条线和各层业务单元派出风险管理和控制小组，专门负责业务部门的风险控制工作。然而，派出人员本身的干部人事权力和薪酬管理应归属原来的派出机构，可加强监督管理的公正性、透明性和独立性。

（三）扁平层级与职能条线结合的矩阵式

国有商业银行在层级设置扁平化和职能条线垂直化的基础上可以建立纵向业务条线和横向层级相结合的矩阵、前台业务条线和中、后台管理保障条线的矩阵，实行双向授权、双向责任（见图7-2）。国有商业银行科层组织结构的矩阵模式主要包括以下内容：首先，业务条线行使业务目标范围内的经营管理权，纵向上接受业务总部的业务指导，横向上接受所辖行和其他职能部门的领导。其次，前台业务条线和中、后台职能支持保障条线建立矩阵，中、后台职能条线为前台业务条线开展工作提供监督、管理、支持和保障，维护总行战略目标和整体长远利益，中、后台的职能条线向业务条线派驻人员，这些派驻人员向派驻部门与派出部门负责人双线汇报。再次，矩阵结构的双向报告体系在改革的不同阶段可采用不同的形式，如现阶段可采用以横向报告为主、纵向报告为辅的模式，逐渐改变为两者并重，到改革后期可最终优化为以垂直报告为主、横向报告为辅的成熟模式，真正以业务条线为主线，强调银行的系统管理，弱化分行职能，极大地强化总行的监管能力。

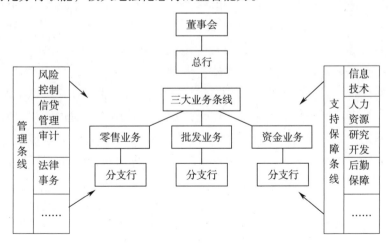

图7-2　银行矩阵式科层组织结构

二、渐进视角下银行科层组织结构改革

国外先进商业银行的矩阵式设置结构是代表商业银行发展方向的典型的现代化模式，无疑也是我国国有商业银行科层组织结构改革的方向。然而，目前国有商业银行的总体管理水平和经营环境还不成熟，信息技术条件和人员素质都有待于进一步提高，而且我国明显的区域经济特征使当下"块块"设置模式有一定的合理性。正如前面对分支机构改革动力机制研究所述，如果不结合客观实际，马上全面推行矩阵式设置结构，将加大改革成本，可能大大挫伤分支机构改革的积极性，增加改革推进的难度，使改革陷入僵局。因此，改革应循序渐进、分步实施、因时制宜。在改革前中期，可以"横向为主、纵向为辅"，在部分业务条线率先实施职能垂直化改革，合理压缩管理层级，加大管理信息平台建设的投入和管理人员的业务素质培训的投入以及其他基础配套工作改革的力度，为全面实施矩阵式设置结构做好充足准备。通过重点业务、地区试点，在基础条件成熟、管理水平提高、试点取得经验的基础上，最终向"纵向为主、横向为辅"的全面矩阵结构转变。

第一步：相对重要的职能和业务首先进行垂直管理。

在改革前期，在不具备矩阵式结构实施条件的情况下，可以选择重要的职能和业务，如在前台业务部门中的中间业务部、个人金融部、电子银行部、信用卡部等部门，在中台管理部门中信贷管理、风险控制、审计等部门可以先推行条线垂直管理的事业部制；在总行内部分类设置一些事业部，再对分支机构相应部门实施垂直化管理，实行营运集中管理。在分行层面纵向层级上可以简化为总行事业部——分行对口事业部——支行对口事业部——客户经理，实施网点撤并，优化布局。

第二步：加快基础配套条件建设。

要实现传统的行政化的层级组织结构向现代银行的矩阵式目标结构转变，一些基础配套工作必须提前完成。首先，要建设大集中模式的数据处理体系以及在此基础上的管理信息系统，通过数据大集中将各类业务统一到综合业务系统或全功能银行系统中，统一的数据仓库和完备先进的管理信息系统可以使全行的资源充分共享。在数据集中化的基础上，建设管理会计项目，形成先进的预算管理系统、成本管理系统和盈利能力分析系统，定时将每个责任中心的实际完成数与预算数对比，确定业务发展及资源投入重点以及明确成本控制的目标和责任，为职能条线的系统管理提供信息化的技术分析手段。其次，没有科学的内部转移定价机制下的矩阵式管理容易造成管理责任不清、业务部门相互

推诿的现象。因此，分支机构的资金转移定价要科学、准确，各地区、各职能条线、各项目团队、各小组、各人的成本和利润核算要细化到最小微观单位，资源的占有、收入的创造都要合理计算、精确度量，做到公平、合理、有章可循。再次，全行应在经济资本模式下建立一套关键绩效考核评价指标体系，对各分支行及业务条线进行分别评价、考核、奖惩。绩效考核突出以客户为中心、市场为导向的经营理念，以风险考核引导各分支机构将银行长远利益与短期利益、整体利益与局部利益相结合，关注银行的长效发展，为矩阵式结构的有效运作创造良好的环境。最后，加强各层次经营管理人员的专业素质，使其管理和业务能力能够达到矩阵化设置的要求。

第三步：全面推行矩阵式设置结构。

随着国有商业银行科层组织结构改革试点经验的逐步积累，一些重要的独立的业务和职能部门垂直管理陆续推行，信息技术、管理会计、内部转移定价和考核评价机制逐渐成熟，实施矩阵式设置结构的基础配套条件就基本具备了。这时，我国国有商业银行可在全国分支机构中构建统一的矩阵式设置结构。

三、几个难点

国有商业银行科层组织结构矩阵式改革是缩短委托代理链条，减少代理成本，增进银行内部治理效率的必然选择，然而，如同任何方案都有利弊一样，矩阵式结构仍然可能存在银行内部各利益集团之间的博弈，我们在看到矩阵式结构带来效率提高的同时，也不能回避这种博弈的成本。而且，组织调整的过程中涉及各部门权、责、利的重新整合，带来了很多不确定性和难度。具体来说，银行科层组织矩阵式改革存在几个难点等待破解：难点一，如何协调各业务条线与银行整体的关系？各业务条线在纵向上接受总部对口领导，但各条业务线又拥有较大的自主权，容易导致其只顾局部利益，忽视整体利益；注重短期利益，忽略长远利益，从而影响银行整体战略和规划的实现，不利于银行稳定、可持续发展。业务条线的决策者可能会较多地投入于具体的日常经营活动而忽视对业务条线长远发展的战略考虑，难以兼顾具体业务的市场拓展和战略规划的平衡。而且，各业务条线之间相对独立，其对自身利益的过度追求会导致条线之间协调难度加大，合作意识淡薄，难免造成管理费用增加、资源浪费、内耗增加。在银行产品和服务日益多样化的今天，单单某条业务线的运作是很难满足客户需求的，必须解决各业务条线间协同合作问题才能提高竞争力。难点二，如何协调各业务条线与分支行的关系？业务条线更多的是立足于某项具体业务职能，接受总行垂直领导；而分支行立足于所在地区，兼顾各项业务并要考虑到地域市场特点。两者发生矛盾时，如何平衡统筹大有学问，这也是银行实行矩阵式结构要解决的问题。难点三，如何重新定位分支行的角色？在业务条线垂直化管理的情况下，原有分支行的功能会大大萎缩，意味着大部分甚至全部的高利润业务会交给不同的业务条线完成。分支行在新的组织模式中如何定位将是一个亟待解决的问题。一个可能的思路是，分支行可根据实际情况对所辖区域里的各业务条线进行行政事务型管理，做好沟通协调工作，为业务条线提供相应的配套条件，为其发展拓展空间。

第二节　科层治理中集权和分权的综合权衡

一、权限配置差异化

（一）权限配置因权力、业务而异

总行在法定经营的范围内对分支行实行权限的有限配置，不是将总行享有的所有权力全部授予分支行，以防止分支行在经营过程中形成过大风险，给总行造成难以承受的损失。而且，总行要根据业务品种风险度大小、权力对全局的重要性来决定是否进行分权。一般而言，风险度高的业务，其审批决策权应当集中，而风险度较低的业务，其决策审批权应适当分散；客户对服务时效性要求高的业务，同业竞争激烈的业务，其审批决策权应适当分散；对于统一业务品种，大额业务的审批决策权应适当集中，小额业务的审批决策权应适度分散；关系到全局战略决策、风险控制、资源配置、财务管理的重要权力应集中，而涉及业务经营管理、操作层面又与客户和市场联系较大的权力应分散。

（二）权限配置因分支行情况而异

总行应根据分支行所负责经营管理范围、风险控制能力等情况配置适当权限。国有商业银行分支机构数量大、分布范围遍布全国各地。由于地区经济状况差异大，各分支机构发展很不平衡，经营范围不尽相同，风险与内控管理水平也呈现较大差异。因此，在权限的集中和分散程度上必须要有所区别，以实现优质资源向风险与内控管理水平高、区域经济发达的分支行倾斜，提高资源配置效率。此外，为了防止授权失控，在权限配置前还必须对各分支行的经营管理水平、风险管理与内部控制能力、业务发展潜力、经营管理人员综合素质、地区经济环境、内外部可利用资源等方面进行综合评估，确定评价等级，并以此作为是否对其配置权限、权限大小的依据。对那些经营管理水平低、资产质量差、风险管理与内部控制能力弱、业务发展权力小、审批决策机制不健全的分支行，总行要严格限制向其授权。

（三）权限配置因总行战略而异

总行应根据全行在行业、地区、业务品种、重点客户群等业务发展战略的发展需要进行权限配置决策。对重点发展的行业、地区、业务和目标客户，权限配置上应该倾斜。权限配置作为优化资源配置的重要手段，应该促进和保障全行发展战略的贯彻实施。不同的发展阶段、不同的经营目标，对不同权限的集中和分散程度的把握也应有所区分。

总之，权限配置取决于业务、权力、分支行情况和总行战略，如果内外部因素发生了变化，原有的一些权限配置方式可能不适应风险与内控管理水平，与客户需求相冲突，削弱了同业竞争力，就要在保持授权权限相对稳定的前提下对权限配置方式进行微调以满足业务发展的需要。

二、权限配置与授权等级评价

国有商业银行各分支机构在总行一级法人统一管理下，在权限配置的范围内依法开展业务。如前所述，对分支机构差异化配置权限有助于加强银行风险管理与内部控制，规范各级行的经营管理行为，实现资源优化配置，兼顾控制力和灵活性。而授权等级评价是差异化权限配置的依据和前提。然而，传统的等级评价的指标选择和指标权重缺乏系统考虑，指标之间互相割裂，无法进行统一评价，影响权限配置的科学性。随着总行对分支机构权限配置范围的拓展和内容的深入，为能更全面科学合理地确定授权对象授权等级，规范化地推行差别化权限配置，有必要研究制订统一的授权等级评价方法，建立统一的授权等级评价制度，根据统一的评价标准，对授权对象进行统一的授权，以此作为差异化权限配置的依据。

在授权等级评价中，不仅需要考虑反映某项业务特点的评价因素，还需要设置反映共性要求的评价因素。比如，信贷权限的等级评价内容，除了需要反映信贷资产质量和资产效益状况的评价指标外，还应包括分支行风险与内部控制管理能力，可供分支行支配利用的内外部资源等方面的评价因素。具体操作中，可以首先将影响分支行权限范围内执行能力的内外部因素全部罗列出来，逐一分析，这些内外部因素往往相互联系、相互制约；其次，寻找到关键性的可变因素，作为授权等级评价因素，合理地设置相应权重，科学地划分授权等级；再次，再对每一项评价因素进行细分，确定多个评价指标；最后，形成一个由多因素层次、多评价指标体系构成的统一的授权等级评价方法，从不同侧面全面、系统地评价分支行的综合经营管理与风险控制状况（中国建设银行"国有商业银行法人授权管理机制研究"课题组，2003）。在评价因素的选择上，应突出商业银行的风险敏感性，重点考虑分支行的风险控制能力，适度考虑分支行的盈利能力和市场拓展能力，兼顾地区经济发展状况。在对每一评价因素包含的评价指标选择上，应突出综合性分析指标的作用，避免因选择指标过多而弱化了一些重要指标的作用。此外，在统一的等级评价方法中，还应根据各个评价因素和评价指标在商业银行经营管理和经营发展战略中的重要程度不同，赋予其不同的权重。国外比较先进的一种授权等级评价方法是建立在层次分析法基础之上，是将授权等级评价所需考虑的多个因素进行合理的分解和归类，划分为资产质量、风险与内控管理能力、市场份额、经营规模、盈利能力及地区发展水平这六大类评价因素，再对每一项评价因素进行细分，确定多个评价指标，如表7-1所示。目前，除了中国建设银行还继续沿用了传统的分项评价方法对分支行分别进行评价外，国内很多商业银行如中国工商银行、中国农业银行、中国银行、交通银行已开始参照层次分析法的原则，逐步建立符合自己银行实际的授权等级评价体系。

表7-1 　　　　　　　　　　　**银行授权评价层次分析法**

评价因素		评价指标
内部管理状况	经营控制	会计信息质量、会计基础工作规范化单位占比、审批人绩效考核、客户满意度、员工受培训率等
	风险防范	案件防查情况、预期贷款损失率、贷款损失准备、贷款损失净值、信贷业务审批未通过率、上报项目审批通过率等
财务状况	资产质量	不良贷款余额、不良贷款下降率、不良资产率、资产损失额、资产损失率等
	经营规模	一般性存款余额、一般性存款增长率、一般性存款余额同业占比、一般性存款余额同业占比增长率、各项贷款余额、各项贷款增长率、各项贷款余额同业占比、各项贷款余额同业占比增长率等
	盈利能力	调整后利润、资产收益率、贷款实际收益率。费用利润率、中间业务收入等
地区经济发展状况		地区GDP、地区GDP增长率、地区人均GDP、地区财政收入、地区工业经济效益综合指数、地区金融机构存款余额及贷款余额等

资料来源：中国建设银行"国有商业银行法人授权管理机制研究"课题组. 国有商业银行法人授权管理机制研究［J］. 经济研究参考，2003（10）；吴旺延. 国有商业银行法人授权等级评价指标体系及财务综合评价模型［J］. 经济管理，2007（12）。

三、纵横双向的权限配置模式创新

在一级法人管理体系下，全面风险管理、财务管理、集团信贷管理等与银行全局活动有关的管理职能全部集中到总行，保持银行整体在战略支持和监督，政策、标准制度方面的统一性和专业化。权限配置分纵向业务条线和横向分行条线。将原先各分行信贷管理、结算业务管理、外汇业务经营管理、银行卡业务管理、代理业务管理、资产损失管理等权限按几个单独的纵向业务条线配置。一方面，每条业务线在总行都设有监管中心，实现垂直化管理，进行实质性的考核和激励，并建立相应的权限控制、风险控制、财务控制和激励控制，确保业务条线的经营发展符合全行战略发展要求。另一方面，各业务条线都有相对独立的业务管理自主权，总行不直接干预其具体业务的经营。在横向分行条线上，缩短授权和转授权的层级，总行在继续对一级分行直接授权的同时，强化对二级分行的权限管理；一级分行在继续对二级分行授权的同时，强化对县级支行的权限管理。一些重要权限如资金管理、人员和劳动工资管理、法律事务管理等可在总行和一级分行间整合，根据一级分行所在地经济发展情况、一级分行资产负债规模、资产质量、经营效益、经营管理水平和风险状况等综合指标决定。通过分类授权的方式，给予二级分行与其经营规模、创利水平和风险控制能力相适应的经营自主权。从二级分行以下各机构直接面对客户，只进行标准化、程序化的操作性业务，基本没有管理职能，只是面向市场的营销小组和利润中心。在这种纵横双向权限配置模式下，总行相对分散了业务管理的权限，而集中了战略决策、资源配置、风险管理、财务控制的权力。总行不仅具有更强的战略管理和统揽全局的能力，而且缩短了权限配置的链条，强化了分支机构的市场敏感度和经营机动性，以应对金融市场业务多元化趋势。

四、权限配置的关键一环：总行对二级分行权限的直接管理

二级分行是基本经营单位，很多经营风险往往集中在二级分行以下的机构。如果不能有效配置和管理二级分行的权限，对其失去有效控制，必然导致风险大量增加。因此，要特别注意总行对二级分行权限的直接监管。应在总行设立专门部门，对二级分行的业务、机构、人员等方面的权限实行集中监管、实时监控。建立总行对二级分行统一的授权评级办法及奖励与处罚标准。根据监测的评级结果，设定不同级别的二级分行所获得的经营权限区间，对管理好、风险小的行列入支持级，设定权限最低限。对监测评级结果不好甚至很差

的二级分行，实行举牌处罚制度，被举牌的分行列入限制级，设定资源和权限的最高限，同时，在业务开展上分别施以限期整改、上收业务权限乃至业务停办、无限期整改等处罚。总行可以随时根据监测评级情况建议一级分行扩大或缩小二级分行的经营权限。

利用信息技术，打通管理屏障，可以有效实现总行对二级分行的直接监控。首先，可研制开发信贷综合业务管理系统。通过信贷综合业务管理系统，总行可以实时监控二级分行乃至全行的信贷情况，对各分支机构的每一笔贷款从发放到回收的全过程了如指掌，及时准确地掌握贷款状态和资产质量状况。为适应对二级分行的监控，要做好信贷业务管理系统的升级工作，增加刚性程序限制、关联企业控制、自动风险预警、交叉违约锁定等功能，扩充信息来源，改进系统结构，提升系统档次，提高系统运行质量和效率。其次，可开发财务核算和管理系统，建立全行效益实时监测预报系统。更新并统一财务核算和管理系统软件，以数据仓库为支持平台，采用现代化的手段进行标准化、自动化的处理和控制，增强财务监测和分析的及时性和针对性。再次，加快数据仓库的开发，改善信息管理和决策支持系统。通过数据仓库建设把现有分散的信息变成集中的信息，把过去无价值的信息变成有价值的信息，把原始的、潜在的信息变成直接、已经加工的信息，把事后的反映变成事前的控制。数据库的建立为信贷综合业务管理系统和财务核算管理系统提供保障。借助数据库，总行可以根据不同的管理需求，把各分支机构划分为不同级别的利润和成本中心，特别是能够比较迅捷地把作为经营主体的二级分行的经营状况识别出来以便直接监测分析，大大增强了控制的严密性和精准性。

第三节　全方位科层激励机制构建

一、构建科层激励机制的条件

（一）制度环境

国有商业银行不可避免地要受到政府的控制和干预。国有产权和行政干预在一定程度上扭曲了国有商业银行激励机制。国有产权没有人格化的主体，缺乏监督经理人自发的动力，也不能通过授予经理人一定的剩余索取权来激励其努力工作，行政级别化管理强化了控制权激励，其结果是经理人不会全心全意对经营绩效负责。另一方面，各级政府对国有商业银行的行政干预导致了预算软约束，加大了信息不对称和经理人的道德风险。

自 2003 年底以来，国有商业银行逐步推进了产权改革，建立现代公司治理结构，引进境外战略投资者，在境内外发行上市等，改变了原来国家"一股独大"的产权结构，明晰产权并规范政府行为[①]。在产权改革的新形势下，国有商业银行逐渐脱离行政体制，以现代公司治理取而代之，多样化的经济激励手段使银行经理人的报酬所得与工作绩效的关联度更加紧密。

（二）法律环境

完善的法律环境是市场经济健康运行的重要保证。西方国家依靠其完善的法律体系对经理人的行为进行强有力的激励约束，既规定了其拥有的权力和应承担的义务，又规定了其违法时应受到的惩罚和达到经营目标时可得到的合法收益。如一些国家法律规定，公司破产时除了要依法追究公司经营者的渎职行为外，还规定该经营者在一定时期内或永远不得担任经理、董事职务，从法律上对经理人的行为构成激励。

改革开放以来，我国颁布的与银行业有关的法律包括《商业银行法》《中国人民银行法》《公司法》《票据法》《证券法》《税法》《金融违法行为处罚办法》等，为商业银行激励机制的改革提供法律依据和保障。但是，随着国有商业银行股份制改造的深入和大量外资银行的进入，很多法律条文无法适应新时期银行内部激励机制设计的需要，导致银行激励手段相对落后。以国有商业银行开始着手实施的股票期权激励为例，法律上还存在一些问题（张文，2004）：一是股票来源的问题。股权激励的实施，从规范的制度设计看，股票应来自公司，即期权权利人以事先确定的价格从公司实际购得股票。然而依据我国现行的法律制度，公司无法拥有本公司股票。所以在实践中，国内有的公司采用公司大股东出售或转赠股份包括国有股东减持股份的方式来解决股票来源问题，也有以大股东的名义从二级市场购买，其操作完全取决于大股东的单方愿意，其中的许多弊端和包括如计价、流通等许多法律问题仍存在，因而不宜作制度性推广。二是股票流通与利益变现的法律限制。一方面，股权激励要设置一定的变现障碍，否则可能导致短期套现行为，激励机制将蜕化为一种一次性福利；另一方面，完整的股权激励应包括行权后的股票流通，这才能使其

---

① 国有商业银行上市简况：2005 年 6 月 23 日，交通银行率先在香港上市，全球 IPO 融资 21.59 亿美元。2005 年 10 月 27 日，中国建设银行在香港上市，全球 IPO 融资 92.28 亿美元。2006 年 6 月，中国银行在香港和上海两地先后上市，全球融资 112 亿美元。2006 年 10 月 27 日，中国工商银行在香港和上海两地同步上市，全球融资 191 亿美元。2009 年 1 月，中国农业银行股份有限公司创立，2010 年 7 月在香港和上海两地同步上市，全球融资 221 亿美元。

激励成分真正体现，否则持股人只能实现纸上富贵。而《公司法》第一百四十七条正是对公司高管人员持股的流通作了限制，规定公司董事、监事和经理任职期间不得转让其所持本公司股份，采用国有股转让的股票行使期权同样无法流通。三是内幕交易的问题。内幕交易是为任何国家的证券法律所禁止的行为。《证券法》第六十八条确认的证券交易内幕信息的知情人包括"发行股票或者公司债券的公司董事、监事、经理、副经理及有关高级管理人员"。《证券法》第七十条规定，"知悉证券交易内幕信息的知情人员或者非法获取内幕信息的其他人员，不得买入或者卖出所持有的该公司的证券。"也就是说，即使上述两个法律障碍得以修改，在实施股票期权计划过程中，内幕交易也必将成为另一个法律问题。在允许期权权利人通过择机卖出股票以实现最大激励利益和禁止内幕交易之间，构成了一对十分现实的矛盾。四是税法的缺陷。美国国内税收法典规定，对于法定型股票期权计划，个人行权时无须赋税，只需要以售价与行权价的差额缴纳资本利得税，对于非法定型股票期权计划，也有一定税收优惠。对于实施股权激励的公司，期权的价值还可以作为费用计入损益表并作为税前扣除项目。而在我国，目前对股票交易行为除了征收证券交易印花税外，还对个人的股息、红利所得征收个人所得税，这些规定在无形中加大了公司的成本，减少了经理人的实际收入，最终激励目的难以达到。

随着国有商业银行内部治理向纵深发展，应通过法律法规的制定和完善，加强对国有商业银行各级代理人的监督和激励，减少代理人以权谋私、玩忽职守的行为。

（三）金融产品市场

金融产品市场中各家商业银行为了争取到更多的客户以出售金融产品和服务而激烈竞争。商业银行在金融产品市场上提供金融产品和服务的质量、价格、种类、满足客户需要的程度直接反映了银行各级经理人的经营管理绩效和银行经营状况，也反映了银行经理人的职业能力和努力程度。银行在资本市场上股价的波动归根到底也要取决于其在金融产品市场上现在和未来的竞争力。如果金融产品市场是充分竞争的，有众多金融产品的供应者，那么银行经理人就会受到来自市场的激励，努力工作，提高银行产品和服务的竞争力，否则就会失去客户，就会没有利润，继而影响到经理人自身财富利益。①

---

① 银行各级经理人已取得一部分剩余索取权，其报酬一方面与银行经营业绩挂钩，糟糕的经营业绩就意味着年薪收入下降；另一方面，他们收入中的一部分是股权收益，银行的业绩影响股票的价格，进而影响经理人的收入。

从另一个角度看，金融产品市场的激烈竞争可以使经理人相对业绩比较更有意义。商业银行经理人的经营业绩不仅受到经理个人才能和努力水平的影响，而且还与市场需求状况、行业竞争程度和宏观经济政策有关。因此，在设计激励机制时，除了经理人所在银行的经营业绩外，竞争性金融产品市场上反映的情况可以提供关于经理人行为的有价值的信息，剔除更多外部不确定的影响，使经理人的报酬与其努力程度的关系更为紧密，更好地调动其努力工作的积极性。

近年来，随着我国金融市场对内对外开放，竞争程度大大增加了，国有商业银行绝对垄断地位已经被打破。尽管如此，四大国有商业银行占国内金融市场总资产的59%，市场份额仍然很高，其他性质的金融机构在整个金融市场中的比重仍然是十分低的。因此，国内金融市场仍然是竞争不充分的市场。不充分竞争的金融产品市场不能有效地激励银行经理人努力改进金融产品、降低经营成本。长期以来政府信誉的强有力支撑和保护，绝对优势的市场占有率使得国有商业银行经理人没有改进金融产品的动力，金融产品种类匮乏、滞后，业务单一，主要依靠传统信贷业务，不能有效满足市场需求，也给资产配置带来困难，影响银行资产结构优化和流动性，无法有效分散经营风险。因此，应进一步放宽国内金融市场准入限制，适度强化市场竞争，从而达到从外部激励经理人的效果，进而提高银行效率。

（四）资本市场

资本市场的外部激励作用主要从五个方面呈现：第一，目前公司上市实行核准制，只有符合条件的公司才允许挂牌上市筹集资金。即使是已上市银行，也存在着通过股票市场继续配股融资的需求，因此经理人为了能通过资本市场融到所需的资金数量，必须努力改善公司治理水平，改善公司管理结构，提升公司业绩，树立良好市场形象。第二，资本市场强有力的信息披露制度使股东和潜在的投资者能够得到准确详细的信息，从而使他们能对经理层是否称职作出评价并对股票的价值进行评估，这样可以有效提高银行经营指标的透明度和银行管理层自身行为的透明度，如果经理人披露出来的业绩不佳就会面临被撤换的危险，从而激励经理人努力工作。第三，股价能够及时、准确地反映市场对公司的评价，从某种程度上可以视为市场对经理人员表现满意程度的一种指标，而且，通过股票市场的价格发现功能降低了投资者的信息搜寻成本，提高了市场关注银行公司治理的热情，形成对经理人行为的激励。第四，股东通过"用脚投票"机制对银行进行筛选，买入业绩好的股票，卖出业绩不好的股票，造成股票价格的波动，这会对经理层产生直接的压力和动力，使经理人努力工作，用良好的业绩来维持股票价格。第五，如果银行经营不好，市场价值下降，就有被寻找并购机会银行低价收购的风险，原有的经理层就有可能失去管理岗位。资本市场潜在的并购活动可激励经理人注重经营管理。

我国资本市场从成立以来发展迅速，国有商业银行通过股改已经在国内资本市场全部成功上市，这对于促进国有商业银行股东多元化、解决预算软约束，通过信息披露、媒体监督、股东监督改善目前内部人控制的局面起到了积极作用。然而，我国资本市场本身存在很多制度缺陷，在总体架构、准入制度、监管活动方面仍有计划经济色彩，表现为"政策市"依然是我国资本市场的一个重要特征。同时由于上市公司股权结构不合理、信息真实度和透明度不高、资金多元化、监管手段落后、法律制度跟不上等问题依然存在，使得我国资本市场不成熟、不规范，投机气氛较重。在这种大背景下，我国银行股价不能真实地反映上市银行的经营业绩，这种扭曲的价格形成机制使得银行资本市场信号失真，资本市场价格机制难以发挥作用，削弱了外部激励机制（吴金旺，2010）。而且，由于中国银行业有独特的进入壁垒，民营资本、国外战略资本的进入一般受到严格的持股限制和法律瓶颈，管理层收购又有巨大的政策障碍，因此我国银行业的收购兼并不可能像英美国家那样作为一种普遍使用的外部激励机制，银行之间并购主要还是通过中央政府和地方政府行政安排，这种政府主导型的并购对商业银行治理能力的提高效果不明显。国有商业银行是国家的金融命脉，是政府控制金融市场、实施金融货币政策的工具，因为其地位特殊，国家势必要掌握对其的控股地位，这也在一定程度上弱化了资本市场的激励作用。

（五）职业经理人市场

国有商业银行的最大股东是国家政府，为了加强控制，政府总倾向于行政化地委任各级经营管理者。虽然，经过股改国有商业银行名义上已经取消行政委任制，但实践中各级行的经理人员仍然具有隐性的行政级别，保留着银行经理人与政府官员地位交换的途径。

职业经理人市场具有与行政化委任截然不同的激励效果，因为前者的选择机制是直接建立在银行经理人的素质水平上，并由此产生合理的报酬。在竞争性的职业经理人市场上，银行经理人所经营的银行的效益、规模、发展潜力是其个人才能素质的外在名片，是其赢取地位、荣誉和收入的资本。而且，银行的效益、规模、发展潜力有外在竞争性的资本市场和产品市场的客观评价和度量，唯一的标准是银行在市场的综合竞争力。外部职业经理人市场能判断银行管理者对银行资源是否运用得当，如果运用不当，市场会决定根据什么标准、按什么程序和采取什么方式来替换这些管理者。竞争性的职业经理人市场能以优胜劣汰的基本遴选逻辑构成对银行各级经理人经营管理行为的激励。如果管理者经营的银行长期绩效很好，就说明其具备良好银行家的素质，就应该给予更高的职位和更多的报酬；反之就不应该再被选聘。只有通过市场这种"以成败论英雄"的铁面无私的选拔方式，银行各级经理人才能面对激烈的竞争和多变的市场环境，不断提高自身的经营管理能力和水平。

然而，中国经理人市场目前还处于萌芽和兴起阶段，市场规模小，发展不规范，削弱了竞争市场的激励效果。如职业经理人受档案关系、人事关系、福利等因素影响而被限制在"条块"之内，限制了经理人的有效流动；职业经理人的招聘任用往往是通过单独接触、少量的"猎头"公司和零星广告来实现，交易平台少；信息传递受各种因素的阻挠，经理人才的供求双方相互了解的程度有限；职业经理人评价机制不健全，职业经理人的认证机构良莠不齐，评判标准缺失，导致经理人才还没有成为真正意义上的商品进入流通领域；行业组织的档案记录和披露制度尚未建立，缺少对经理人过去行为的备案和披露。因此，外部职业经理人市场对国有商业银行经理人隐性激励作用有限。

二、内部激励机制的构建

（一）薪酬激励机制

发挥薪酬激励在国有商业银行各级经理人中的主导地位，促使以控制权为主的激励结构向以薪酬为主的激励结构转型，逐步在各级经理人与银行间建立清晰的、市场化的、契约化的激励关系，综合采用与国际接轨的工资、奖金、社保、公积金、股票期权、延期支付与退休金计划等多种激励方式，协调银行整体效用与各级经理人效用的不一致，将各级经理人的薪酬与经营的效益、质量、规模和可持续发展能力结合起来。具体有以下两方面。

第一，完善薪酬结构。各级经理人员的薪酬可由"固定薪酬（含福利）＋绩效工资＋长期激励"构成，其中，岗位价值代替原来的行政职级作为确定固定薪酬的依据，各项津贴和补贴纳入固定薪酬并逐步取消。绩效工资和长期激励根据岗位类别、组织和个人绩效水平确定，构建差异化的薪酬结构，进而根据地区收入差异形成差异化的薪酬水平。对科层经理人员，实行以绩效工资和长期激励为主、固定薪酬为辅的分配制度。在较高层级的负责经营管理、业务管理和战略管理的经理人的薪酬激励中加大长期激励尤其是股票增值权激励的比重，将其个人目标与银行长期发展联系起来。

第二，完善长期激励机制和福利建设。赋予各级经理人一定的剩余索取权，引进中长期激励措施，减少经理人员的短期行为，使其个人收益与银行的长期发展更好地统一起来。如全面推广银行年金制度，通过各级经理人在职期间的长期积累，设立经理退休保障基金，逐步建立薪酬长效激励和约束机制。再如分步骤试行股票期权计划，允许经理人在未来一定时期以锁定的价格购买相应的股票，从股票价格上涨中获益。较高层级的负责经营管理、业务管理和战略管理的经理人的长期激励以股票增值权为主，辅以奖励性年金等工具，中下层负责经营管理和业务管理的经理人的长期激励以延期支付的绩效工资为主。创新福利方式，以自助餐式的福利发挥其精神激励效用，扩大福利项目的受众面，增加凝聚力；适当拉开经理人在福利项目和福利标准上的差距，由业绩等因素决定福利金额范围，改变福利平均化分配格局。

（二）经理人内部选聘机制

科层经理人有不同的职责，可分为从事战略管理、经营管理和业务管理三种岗位类型。根据不同的决策层次、管理幅度可划分为以下职务层级：最高层是董事、行长、监事、副行长以及董事会秘书等，主要从事战略管理；高层是一级分行（直属分行）正副行长、总行部门正副总经理；中层是二级分行（直属分行）正副行长、一级分行部门正副总经理；基层包括支行行长、二级分行主要部门正副总经理。建立充分竞争的银行经理人内部选聘机制可以以经理人当前或以往的工作绩效来决定其在银行未来的地位和报酬，通过声誉效应达到隐性激励的作用，具体做法可采取以下几点。

第一，完善各级经理人内部职务序列和职务体系。针对管理岗位的特点，以及工作性质、业务特点和任职资格要求，合理设立经理人的职务序列和职务体系，建立完善的经理人职业发展通道，使不同级别的经理人都有可持续发展的职业生涯路径，并在各自的通道内获得平等晋升机会、不同通道之间的转换机会，从而引导经理人多元化发展，促进人尽其才，才尽其用。

第二，对各级经理人实行分级聘任、分级管理。根据岗位和职务的汇报关系和管理层级，按照"谁用人、谁聘任、谁管理、谁负责"的原则对各级经理人分级聘任、分级管理。各级经理人由上级机构选拔聘任，副职由本级机构正职负责人提名，上级决定，通过公开、竞争的方式来选择经理人。对各级经理人实行聘任制，进行聘期管理，聘期结束后，考核合格者可以连任。在聘期内，对经理人进行定期考核，考核不称职者可以解聘，不受聘期约束。

第三，完善各级经理人内部竞争上岗机制。各级经理人要实现职务转换和晋升必须满足相应的任职资格，通过任职资格考试，具备一定的工作经验。在前一任职期间的业绩表现是经理人以后是否晋升的基础。各级经理人员任职资格具体有：通过学历教育、培训或工作经验获得的专业知识是否全面扎实；实践经验是否丰富，以往工作业绩是否优良；是否具备应有的管理能力、学习能力、创新能力和交际能力等。在竞争上岗考试方式上应该多元化，改变主要依靠笔试和面试的选拔方法，可以适当引进心理素质测评、能力测评、性格测评等工具，综合运用结构化面试、心理测试、情景模拟测试等考察方式，综合考察候选人的素质、能力、经验和性格，使真正合格的经理人能胜出。扩大内部竞争上岗的覆盖面和淘汰率，通过内部竞争上岗引入竞争意识和竞争机制，并疏通经理人退出通道，将外部经理人市场的压力转化为内部晋升的动力，促进内部经理人队伍结构优化和素质提高。

第四，注重发挥内部选聘机制在激发经理人忠诚度上的作用。公正有效的晋升阶梯和竞争程序能使经理人体会到上级对其生存与发展的关心和期望，感受到银行的发展与自身前途休戚相关，以此激发其工作的动力和敬业心。

（三）绩效考核

对银行各级经理人的绩效考核已经成为商业银行实现价值分配的基础，在评估银行目标、激励经理人等方面扮演着重要角色。针对我国国有商业银行目前绩效考核指标设置不全面，重短期指标，轻长期指标和风险指标，与银行战略实施脱节等弊端，有必要重新调整银行绩效考核方式，将其作为引导经理行为的重要工具。将外延扩展型绩效考核指标体系转变为价值型指标体系，从银行的整体战略目标出发，可按照平衡计分卡原理，综合银行经营效益、质量、规模和可持续发展能力的方方面面，从财务、内部营运、客户与市场以及学习与发展四个方面将战略目标分解为具体的关键绩效指标，兼顾外延扩展与质量提高的平衡、财务目标与非财务目标的平衡、长期目标与短期目标的平衡、内部与外部平衡、整体与局部平衡、经营过程和经营结果的平衡，指标宜精而不宜多，明确而不模糊，多采用可量化的指标（见图7-3）。绩效指标确定后，要逐层分解，形成各级分支机构的组织、部门及个人的计划目标。在分解过程中制定各级经理人绩效目标基数时，特别要注意上下级之间的沟通，不是由上级单方面决定下级经理人应达到的目标，而由下级经理人自己选择最有利的结果。应鼓励经理人超额完成任务，通过有效的激励实现最大的产出。在绩效计划实施过程中，上级行对下级经理人应做好随时检查监督指导工作，并根据情况变化对目标进行合理调整，同时上下级之间应建立通畅的反馈渠道以解决在绩效计划实施过程中的问题。最后，对各级经理人的绩效考核应以组织绩效为主，辅之以个人能力和行为的考核，宜采取任期考核与年度考核相结合的方式。绩效考核结果应与薪酬、培训、晋升等激励措施相联系，最大限度地调动各级经理人的积极性。

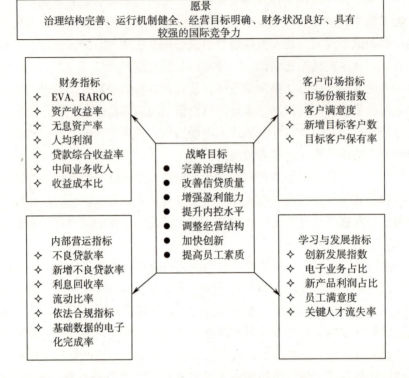

资料来源：李宋岚，刘嫦娥．基于平衡计分卡的商业银行绩效考核分析［J］．财经问题研究，2010（4）：76－79.

图 7 - 3　银行科层绩效指标体系

（四）培训

根据科层经理人的任职要求，培训可主要集中在任职资格培训、履职能力培训和职务提升培训三方面。三方面的培训相互关联，形成梯次，贯穿于经理人职业生涯发展的全过程。对不同层级的经理人制定不同的培训方案，确定差异化的培训内容和方式。对高层经理人员要以领导素质和领导力为核心，重点进行现代金融理论、管理知识和企业文化、政治理论、战略规划能力、系统思维能力、宏观决策能力和开拓创新能力的培训，全面提高高层经理人的思想政治素质、政策理论水平和综合经营管理水平。对中层经理人重点开展以提高对现代金融发展认知能力、市场拓展能力和防范化解金融风险能力为主要内容的业务培训，以强化政策执行能力、协调能力、创新能力为主要内容的领导知识培训。对基层经理人应以提高思想政治素质，增强业务拓展能力、防范化解金融风险能力的培训为主。可综合运用以授课为主的演示型培训、以远程教育为主的新技术培训、以师带徒为主的传递型培训、以角色扮演为主的模拟型培训、以工作轮换为主的经历型培训等方式，同时兼顾运用外派培训、出国考察、委培等其他方式。内设培训师职务序列和岗位，通过进修、实习等多种途径加强行内培训师队伍建设，并采取切实有效的措施吸引行内外专家、学者担任兼职教师，逐步建立全行系统的师资库，加强培训的师资力量。

三、外部激励机制的构建

国有商业银行要提高科层管理的效率，减少代理成本和各级经理人的道德风险，还应充分认识到外部竞争性的市场如外部职业经理人市场、资本市场、产品市场等对银行科层经理人的激励作用。外部激励机制作为一种非正式的制度安排，主要是利用市场机制让银行经理人员感受到竞争的压力，激励其努力工作，为银行创造更大的价值。

（一）引入职业经理人市场的竞争激励

如何在国有商业银行科层经理人选聘环节恰当地引入外部经理人市场的竞争需要注意以下问题：首先，国有商业银行具有与一般商业银行不同的性质和地位，它的最大股东是政府，是政府用以调节控制国家金融货币市场的重要工具，政府不可能也不应该在银行经理人的选择上完全放弃权利。因此，引入外部经理人市场的竞争制约机制不等于完全放弃行政化的遴选模式。只是要在国有商业银行建立起以市场化配置为主、行政配置为辅的选人用人方式，行政配置经理要有限度，局限在银行最高管理层层面，而对大量分支行经理人则可通过市场化的选拔来挑选。其次，我国大部分地区外部经理人市场发展普遍不完善、信息不完全，定价和人才流动机制效率低下，经理人的选择机制和社会的信誉评价机制不健全，市场竞争性对经理人激励和约束效应有限。在这种情况下引入外部制约机制必须与内部竞争上岗有效地结合起来。引入外部经理人市场的制约不能简单地理解为要从外部去物色各级各类经理人，而是要建立系列制度安排，把经理人的培养、评价、选拔都纳入市场运行的轨道，运用市场手段进行调节和管理，发挥市场配置人力资源的基础性作用，通过市场来影响这些经理人的升迁和社会地位，以竞争和优胜劣汰来达到刚性制约效果，促使其尽职尽责。现阶段具体做法上可以用差异化的招聘方式引入竞争意识和竞争机制，要冲破用人制度的行政级别，扩大选择范围，实施跨地区、跨所有制的竞争上岗政策，并疏通经理人退出通道。通过打通内外部经理人市场交流通道，扩大内部竞争上岗的覆盖面和淘汰率，将外部经理人市场的压力转化为内部晋升的动力，激活内部选拔经理人的机制。最后，政府应该从原来"创造"银行家的角色中淡出，转而着手法律和制度方面的规范化建设，为银行职业经理人生成、成长和选择提供一种良好的竞争性的制度环境，为银行经理人阶层的发展提供一个开放和宽松的社会经济环境，不断完善外部职业经理人市场，为人才配置的市场化打下基础。

（二）完善国内资本市场的投融资环境

只有高效、完善的资本市场才能有效发挥对银行经理层的激励作用。第一，继续拓展壮大资本市场，增加上市银行数量和比例，有计划分步骤地实现上市核准制向注册制转变，以保荐机构为中介公司牵头，协调律师事务所、会计师事务所、信用评级机构等多家中介机构，确保中介机构能够诚实守信、勤勉尽责，推荐治理结构良好的优质银行发行上市，形成实力强大的银行板块。第二，提高资本市场信息披露的及时性、准确性和真实性。先发展一批中介机构如会计师事务所、税务师事务所、证券公司、各类型基金公司、投资银行等投资咨询机构，将银行公司治理现状和风险管理水平，经营管理人员薪酬及在职消费情况等信息以简单、直观、实用的形式提供给投资者。第三，避免资本市场过多地受政策和行政的干扰，使其尽快法制化、规范化、市场化，建立合理的价格生成机制。第四，培养一批具有专业投资理念的从业人员，同时不断改进投资者的投资理念，有效缓解我国股市严重的投机现象。第五，通过降低印花税和佣金等，降低股票交易成本，提高股票流动性，从而提高资本市场效率。第六，资本市场作用的有效发挥离不开良好的法律管理环境，应完善保护中小投资者的法律法规，完善信息披露制度。在理清法律法规条理的基础上，进一步完善《公司法》《证券法》《破产法》《银行法》以及《金融机构撤销条例》等（吴金旺，2010）。

（三）继续推进国有商业银行海外上市

我国资本市场投融资环境不佳，与发达经济体成熟完善的资本市场差距还非常大，这弱化了其对上市银行内部治理强有力的激励约束效应。目前，工商银行、建设银行、中国银行、交通银行和农业银行已经成功在香港证券交易所上市。下一步，可鼓励国有商业银行进一步"走出去"，向欧美资本市场拓展。海外资本市场成熟、高效、严密的运行机制将对国有商业银行各级经理人产生有效的激励。

1. 国际投资者重视银行长期激励方案的建设，以此来衡量银行未来发展的优劣。这些长期激励方案包括股份期权计划、股份储蓄计划、股份增值权计划、员工持股计划等，对不同层级的员工进行激励。海外资本市场较为完善地规定了银行的股票期权实施细则，有利于银行设立规范的股权激励计划。而且与国内市场相比，海外资本市场的投资性较强，较有效率，股票价格能够体现公司价值，使股票期权真正起到长期激励的作用。参照国外银行的经验，国有商业银行在海外资本市场上可采取股份期权计划与股份储蓄计划，或者股份期权计划与员工持股计划相结合的方式，建立长期激励约束机制。

2. 国际投资者更加重视信息披露，成为海外资本市场制约公司治理的重要环节。海外资本市场具有严格的法律监管环境，高度重视信息披露的有效性、真实性和及时性，从上市公司披露信息、监管机构监管信息披露，到投资者根据信息投资，构成了严密高效规范的信息披露体系，确保公司治理的有效性和市场的有效性。海外上市将倒逼国有商业银行加强对信息披露有关规定的认识，引进国际会计准则，提高信息披露的有效性，改善经营管理的透明度，树立向投资者负责、向市场负责的理念。海外资本市场的监管部门实施对银行资本金、高管和信息披露的强力监管，对各级经理人形成压力，减少违规事件的发生。

3. 国际投资者相当看重股息分配政策，客观地衡量银行的各项财务指标。海外资本市场与国内资本市场在分红派息上有很大差别。前者看重派息，而后者多是转赠送股。海外资本市场要求上市银行能根据发展需要合理制定长期股息分配政策，能吸引投资者长线持有，而不是以赚取差价为主，否则上市后股价难以保持持续上涨势头，也难以实现融资的目的。海外银行蓝筹股在分红派息方面相当丰厚，基本保持在40%～90%。这就说明，在海外资本市场上更加维护中小股东的利益，更加鼓励投资行为而不是投机，使投资者能够较好地利用"以脚投票"的权力，选择真正具有投资价值的公司。国有商业银行与国外大型商业银行相比在各个方面都存在较大差距，一旦在海外上市，国际市场的投资者就会客观地将国有银行与国外银行进行对比，客观地衡量银行各项财务指标，这将对国有商业银行造成很大压力，迫使其采取各种有效手段提高经营管理能力。

4. 海外资本市场有利于国有商业银行建立客观的市场评价基准。由于制度和众多股东的约束，海外上市后，政府有关部门对国有商业银行的干预会少得多，有利于国有银行建立市场评价基准。"国有银行究竟干得好不好，长期以来就是一个有争议的问题，而上市以后国有银行之间谁干得好不好，市场会给出评价的标准。这是因为各种指标和股票价格变成可比了。"[①] 海外资本市

---

① 中央汇金公司总经理谢平在第十届中国资本市场论坛上的讲话。

场能够及时、准确地将银行经营管理情况反映在投资者面前，形成对经理人的约束。

　　积极鼓励国有商业银行海外上市的重要意义就是要引入国际资本市场规范化的监管制度约束和高度完善的竞争约束，使现代经营管理理念渗透到各级分支机构，科层治理机制能加速良性转变，逐步趋向规范，促进银行核心竞争力有效提升。因此，国有商业银行在国内资本市场不够发达完善的情况下，应该到国际资本市场上炼筋骨，有效利用国际资本市场对银行治理的外在约束，改善自身的内部治理。

第四节　科层内部控制的强化

　　由于国有商业银行各级行与上级委托人之间存在着目标差异、信息不对称等因素，在经营管理上各级代理人为了本级行的利益，就会利用自己的信息优势，偏离上级行的旨意，以牺牲上级行和所有人的利益为代价谋求自身利益最大化，需要通过完善有效的内部控制机制对银行各级代理人行为进行监控。加强内部控制是防范层级代理风险，提高委托人监控能力的重要保障。然而，国有商业银行由于特殊的历史背景和运行环境，内部控制长期得不到重视，发展滞后，如内部控制制度流于形式、政出多门，缺乏整体性和协调性；重事后监督、轻事前防范；缺乏相应的配套衔接；等等。因此，必须优化国有商业银行内部控制机制来提高科层治理的效率。

一、商业银行内部控制的含义和基本原则

　　内部控制的概念是在实践中逐步发展完善起来的。1992 年美国 COSO① 的《内部控制统一框架》把内部控制定义为："内部控制是由企业董事会、管理当局和其他员工实施的，为保证财务报告的可靠性、经营的效率效果以及现行法规的遵循等目标的达成而提供合理保证的过程。"巴塞尔银行监管委员会为了成员国银行能切实加强银行的内部控制，早在 1998 年 9 月就颁布了《银行机构内部控制制度框架》，系统地提出了评价商业银行内部控制体系的十三项

---

　　① 由美国注册会计师协会、内部审计协会、财务经理协会、美国会计协会、管理会计协会等多个专业团体共同发起组成的 "Committee of Sponsoring Organizations of the Tread Way Commission"（COSO），专门从事内部控制研究。

指导原则，并将内部控制定义为"由董事会、高级管理人员以及其他人员实施的一个过程，其目的是为了实现经营的效果与效率、会计与管理信息的可靠、完整与及时以及经营活动符合现行法律、法规的要求"。该定义进一步强调董事会和高级管理层对内控的影响，组织中的所有各级人员都必须参加内控过程，并会对内控产生影响。中国人民银行根据我国的实际情况颁布实施了《商业银行内部控制指引》（以下简称《指引》）。《指引》把内部控制定义为"商业银行为实现经营目标，通过制定和实施一系列制度、程序和办法，对风险进行事前防范、事中控制、事后监督的纠正的动态过程和机制"。《指引》同时提出了我国银行加强内部控制应贯彻全面、有效、独立、审慎的原则。该《指引》的基本精神与 COSO 和巴塞尔委员会是一致的，倡导商业银行设计和建立能有效识别、衡量、检测控制、报告以信用风险、操作风险和市场风险为主的银行风险内控管理体系，以便各级行内控有标准、部门有制约、操作有制度、岗位有职责、过程有监控、风险有检测、工作有评价、事后有考核。

二、国有商业银行内部控制机制的定位

国有商业银行内部控制机制主要不是来解决两权分离问题，而是解决银行实行总分行制条件下的分层次多级管理的问题，其内部控制应该主要着眼于满足内部管理的需要，逐级对下实施监控并对上级决策层服务、对全行为最高决策管理层服务。其次，国有商业银行实行统一法人下的总分行制，这与母子公司制度在法律含义和管理模式上都有明显不同。国有商业银行总行唯一享有法人地位，代表统一法人利益，并依法承担全行经营管理责任。各分支行只在上级行授权委托下依法经营，要按照上级行的规定办事，服从上级行的利益，对外不代表独立的法人资格，无须承担经营管理风险。统一法人体制要求国有商业银行内部控制机制必须高度集中，监督控制必须要有相对独立性、权威性和超脱性，必须实行总行垂直领导，否则如果监督控制活动被各分支机构所掌握，就会相互冲突、丧失公正，内控就失去了意义。

三、内部控制机制的基础：三维架构设计

银行内部控制部门是总行对分支行进行有效监管、减少层级信息不对称的基础，是银行提高层级委托代理效率、减少代理成本和风险的有效途径。从组织保障角度增强总行委托人的委托效率和监控能力不仅需要分支机构整体设置的垂直化、扁平化和矩阵化，还需要重新调整银行内部控制部门的架构设置。银行内部控制的基本架构应为纵向直接控制、横向相互制约和相向反馈三条路

线，体现了风险控制的集中和分散（见图 7 - 4）。

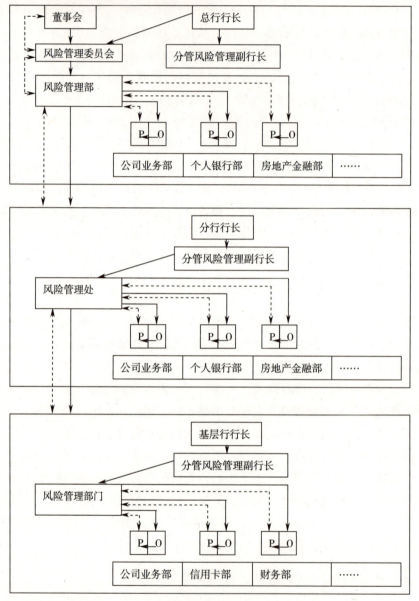

注：→ 为控制路线，←--→ 为交流路线，P 为各相关部门非内部控制职能岗，O 为各相关部门内部控制职能岗。

资料来源：叶永刚，顾京圃．中国商业银行内部控制体系研究、设计与实施 ［M］．中国金融出版社，2003：7 - 48.

图 7 - 4　银行内部控制架构

（一）纵向直线控制

实行最高权力层控制决策层、决策层控制管理层、管理层控制执行层、执行层控制操作者的直线控制路径。从董事会到总行风险管理部，到分行风险管理处，到基层行风险管理部门，到基层行的各个相关部室，应体现直接控制关系。董事会下设风险管理委员会，在总行设立相应的风险管理部，全面负责全行经营管理活动和经营风险的控制。总行风险管理部向分支行派驻风险管理专家，参与各分支行的经营决策，并在各级分行设立风险管理部门。各级分行的风险管理部门在董事会风险管理委员会的直接领导下，主要对上级风险管理部门负责，接受上级行风险管理部的指导，对所在行经营管理活动及其资产质量、资产负债比例、经营效率进行监督，对经营风险进行全面控制，保证银行风险管理中事前授权审批、事中执行和事后审计监督的独立性。各级分行行长对总行法人负责，协调本行风险管理工作和行政事务，但不进行直接干预和控制。

（二）横向相互制约

在总行层面各部室与风险管理部门之间、分行层面各部室与风险管理处之间，以及基层行各部室与风险管理部门之间应体现横向控制与相互制约的关系。各级分支行的内部控制和风险管理部门为各级行内部控制管理的职能部门，应独立于银行业务发展、综合管理和支持保障等部门。在横向制约路线中设立顺序递进的三道监控防线，首先是各级分行内部各部门、岗位按业务章程、操作规程、法律法规的要求进行自律，这是第一道防线；然后是各职能部门的内部控制职能岗对所在部门按岗位责任制和目标责任制进行考核管理，这是第二道防线；最后是风险管理部门对各部门各岗位业务经营活动进行稽核，发挥风险管理的事前、事中、事后的预警和防控作用，这是第三道防线。

（三）相向反馈

从总行董事会到总行风险管理部，到分行风险管理处，到基层行风险管理部门，到基层行的各个相关部室，以及在总行层面各部室与风险管理部门之间、分行层面各部室与风险管理处之间以及基层行各部室与风险管理部门之间除了控制与被控制的关系外，还应体现相互交流的关系。各级风险管理部门应定期向本级行行长和上级风险管理部门提供风险与内部控制报告；此外，各级行风险管理部门以外的部门和岗位也要通过信息反馈系统，向同级和上级风险管理部门递送风险与内部控制报告。反馈报告是对各部门内控工作进行评价和有针对性的赏罚的依据，也是对内控中不合理的地方作出及时调整的依据。分行向上联结总行、向下联结基层支行，应在全行的内部控制体系中起承上启下的作用，一方面要负责本分行系统内的内部控制管理，另一方面对上要与总行相关部门联系，提交风险报告并报告重大风险事件，对下负责接收、处理基层行提交的风险报告和风险事件。

四、内部控制机制的关键：彼此制衡的权力

国有商业银行科层治理中普遍执行行长负责制，若各级分支行行长的权力没有有效的监督制约，就会独断专行，近些年来发生在分支行中的一些重大案件也往往与分支行行长权力过大有关，因此，内控机制的设计尤其要注意到各部门权力的彼此制衡，不加约束的权力必定会引发问题。

（一）完善决策层面的制衡机制

通过一系列规范有效的制约机制如民主决策制约机制、会计约束机制、成本核算和财务收支约束机制等，避免管理决策者个人随意性和个人意志对全行重大决策的影响。重大经营决策一定要通过集体研究决定，少数服从多数。业务上应建立和完善以审贷分离为核心的贷款决策风险约束机制，对决策者行为进行有效约束。设立以真正专家为主体构成的独立的信贷评审委员会，切实从制度上避免由长官意志可能带来的信贷风险。实施季度评估报告制度，高级管理层每季度都要向审计委员会与风险管理委员会提交内控制度和风险管理情况报告，接受委员的质询。专门委员会在对高级管理层提供的报告进行讨论后，形成审议意见和建议向董事会报告，由董事会责成高级管理层整改。

（二）加强内部审计部门的独立性和权威性

建立真正有效的内审监督体系，保证内审的独立性和权威性，使之成为银行内部多级委托代理关系的监控和反馈工具。首先，要建立垂直管理的内审部门。各级内审部门与本级行相对独立，直接向上一级决策部门和上级内审部门负责。下级行内审负责人的聘任、解聘、审计预算、薪酬等由上级行内审部门或上一级决策部门决定，保证内审部门独立于被审计对象的日常内部控制过程，使内审部门能够在没有干涉的情况下对各项业务经营活动实行严格的内部稽查控制职责。内审报告路线应与垂直管理体系相配合。各级内审委员会应按季度逐级向上报告审计工作情况、审计的发现和评价，发现的问题能够及时完整地被上一级或最高级决策部门所掌握。其次，内部审计应确保客观性。各级内审部门可以就内部风险控制等有关事项提供咨询建议，但不允许直接负责或参与内部控制设计以及经营管理决策的制定和实施。内审部门可以通过内审回避机制保证审计结果的客观公正和权威性。再次，要提高内部审计人员素质，包括职业道德、专业技能和价值观等，培养审计人员不偏不倚、公正客观的工

作态度。

（三）推行各级重要经理人员年审及问责制度

上级监管部门应定期对重要经理人员经营管理情况、重大决策情况、执行制度情况进行稽核、监察、评价。完善各级行行长离任和重要岗位上负责人换岗的审计制度，应由人事、稽核、会计、信贷等有关部门对其任职期间的任期目标完成情况和经营管理情况进行全面检查，结果应在适当的范围和场合予以公示，并记入个人档案。建立风险责任制，把风险责任分解到个人，重要经理人的任免奖惩直接与银行经营风险挂钩，以促进各级重要经理人提高决策能力，减少决策失误。

（四）完善经理人内部交流制度

应该对各级重要行政管理人员的任期和交流以及各级重要业务岗位上负责人的任期和交流作出明确规定，使之制度化、规范化，避免长期任职形成的利益集团之间的串谋和势力范围中的监督缺失。

五、内部控制机制的媒质：事前、事中、事后的动态反映

首先，国有商业银行科层经营风险的多发性、连带性和扩散性的特点决定了其内部控制必须努力做到事前防范，内控制度体系和程序的实际必须建立在前馈基础之上，并广泛运用信息管理技术和风险预警预报系统。建立风险预警预报系统就要设计一套动态的内部控制预警指标体系，对控制目标设定一系列渐进式分界点，内部控制监测指标逼近临界点时，系统能自动发出警示，及时对带有苗头性、倾向性问题进行风险预测、预报，并根据可能会影响银行正常营运的各类潜在风险制定出切实的应急应变步骤与措施。其次，国有商业银行应当围绕各级分支行业务管理、经营行为、风险防范、资产安全等建立定期业务分析、资产质量评价、风险评估制度，能够完整真实地、实时地监控各级行的经营管理行为，作出科学评价，并对评价结论作出客观公正的处理，及时查找和填补内部控制的空白点，达到对主要业务环节随时监控和反馈的效果。再次，银行内部控制机制应根据各级各部门业务创新和运作状况随时调整以适应不同时期、不同层次控制对象的变化和外部控制环境的改变。

六、内部控制机制的保障：配套体系建设

（一）完善各级分支行和各部门的内控自律机制

内控自律机制是国有商业银行内部控制体系的基础环节，与规范管理、管理者的素质和银行内控氛围有着极其密切的联系。因此，建立内控自律机制就要从三方面着手：第一，建立健全的银行内部各项规章制度，确立规范的商业银行经营管理标准，实行依法经营，稳健经营，从根本上遏制违规操作、越权行为的发生。第二，通过银行内部或市场公开招聘的办法并结合形势政策教育、职业道德强化训练、规章制度学习、岗位轮换和定期考核等系列举措塑造一批政治过硬、业务精湛、技术全面、智能互补、有较强风险管理意识的各级各类管理人才，使其在经营管理过程中能自觉地维护国有商业银行整体利益，做到遵纪守法，依法经营，加强风险的防范和控制。第三，培育银行内控文化，从培育正确的价值观入手，树立集体主义观念，纠正狭隘的个人至上的思想导向。商业银行各项经营活动往往是经济、文化一体化的运作，经营的每一步发展都离不开文化的支持，必须高度重视内部控制文化与全面提高内部控制水平的关系。在日常生活中，通过赏罚机制、舆论导向等手段培养银行员工良好的职业道德，以诚信、廉洁、守法、服务、敬业、勤勉、协作为标准要求每个员工，使每个员工熟悉工作职责和要求，理解掌握工作中风险防范的要点，积极努力地去发现问题和披露问题，促进银行上下形成自律自控、互相监督的良好氛围。

（二）为内部控制提供强有力的技术性支持

要建立和完善银行管理信息系统和业务信息系统，实现信息资源的共享，而且通过数据库、模型库、方法库去实现快速、准确、合理的预测和分析，给予内部控制丰富的信息资源和最终的决策支持。同时各级管理层可以通过信息传导机制及时发现纵横双向部门内部控制中的问题并采取有效补救措施。目前，国有商业银行基本上建立了由总行掌控的数据中心，但还需进一步改进升级，要依托数据大集中为内部控制提供强有力的技术性支持。总行通过点对点的网络系统即时获取各分支行、营业部的各类经营管理信息，使对银行各级的内部控制建立在信息高度透明的基础上，使银行内部控制的触角可以触及每个角落、每个流程、每道环节、每个当事人，随时接收风险的预警信号，做到防患于未然。此外，要鼓励全行上下学习掌握先进的现代银行内控技术，包括信贷和风险评估、流动性管理、风险准备金安排和现代人事管理等。

（三）构建专业化的内部控制队伍

培养一支高素质的内部控制人才队伍能使国有商业银行从战略高度进一步加强内控规划和内控研究，提高内控水平。内部控制人才素质直接关系到银行未来内部控制的发展，从而关系到银行长久稳健经营。而现在国有商业银行的内控人才的素质普遍无法满足银行进一步提高内控水平的要求。因此，要加大内控人才的选拔和培养，随着商业银行混业经营趋势的增强，还应招聘和培养有证券、保险、信托等多种从业经验的高素质、复合型人才来充实内部控制队伍，以加强在混业经营、交叉型金融服务中违规行为的识别、风险的度量和控制。

本章小结

国有商业银行可以建立纵向职能条线和横向层级相结合的矩阵、前台业务条线和中后台管理保障条线的矩阵，实行双向授权、双向责任，缩短代理层级，提高总行的控制力、透视力和分支机构的市场响应力。针对我国目前国有商业银行总体管理水平和经营环境还不成熟的现状，科层组织结构改革应该循序渐进、分步实施。矩阵式结构在调整的过程中涉及各部门权、责、利的重新整合，难点是如何处理好各业务条线与银行整体关系、各业务条线与分支行的关系以及如何对分支行的角色进行重新定位。

国有商业银行科层权限配置差异化，就是要根据业务品种风险度大小、权力对全局的重要性、分支行的情况以及总行的战略综合权衡集权或分权的程度并适时进行调整以满足业务发展的需要。授权等级评价是差异化权限配置的依据和前提，有必要研究制订统一的授权等级评价方法和制度，根据统一的评价标准，对授权对象进行统一的授权。纵横双向的权限配置模式可以使总行相对分散业务管理的权限，集中战略决策、资源配置、风险管理、财务控制的权力，而且缩短了权限配置的链条，强化了分支机构的市场敏感度和经营机动性。二级分行是基本经营单位，很多经营风险往往集中在二级分行以下的机构，要特别注意总行对二级分行权限的直接监管。

国有商业银行要构建全方位的科层激励机制依赖于也受制于一定的外部条件，包括制度环境、法律环境、金融产品市场、资本市场和职业经理人市场。要从薪酬、经理人内部选聘、绩效考核、培训等各方面构建完善的内部激励机制，除此之外，还应引入职业经理人市场的竞争激励、完善国内资本市场的投融资环境、继续推进国有商业银行的海外上市等，利用市场机制让银行经理人员感受到竞争的压力，激励其努力工作，为银行创造更大的价值。

加强国有商业银行内部控制是防范科层代理风险，提高委托人监控能力的重要保障。根据国有商业银行的性质和特点，其内部控制主要是解决总分行制条件下分层次多级管理问题，而且监督控制必须具有集中性、独立性和权威性。内部控制机制的基础是纵向直接控制、横向相互制约和相向反馈的三维架构设计，体现了风险控制的集中和分散；内部控制的关键是彼此制衡的权力，要完善决策层面的制衡机制，加强内部审计部门的独立性和权威性，推行各级重要管理人员年审及问责制度，完善管理者内部交流制度；内部控制机制的媒质是事前、事中、事后的动态反映，能够进行风险预警，实时监控反馈，随时调整；内部控制机制的保障是配套体系建设，如完善内控自律机制、强化技术性支持，构建专业化的内部控制队伍等。

总结和展望

2003 年开始国有商业银行股份制改革已全面铺开，到 2010 年 7 月国有商业银行均已实现股份制改造并成功上市。国有商业银行作为超大规模的经济组织，经过股份制改造，已逐渐建立起现代公司治理作为宏观架构，然而，缺乏有效的科层组织结构及其相应的激励约束机制仍是其目前治理机制中的重要缺陷。本书针对我国国有商业银行科层治理的现实问题，在充分吸收和借鉴国内外学者研究成果的基础上，以委托—代理理论为基本分析框架，从委托代理角度来解读国有商业银行科层治理运作的实际情况，使国有商业银行的宏观表现具备更有说服力的微观解释。

我国国有商业银行公司治理改革虽然进行了多年，但改革更多是停留在业务层面上或产权层面，对涉及组织结构、权力分配和人事激励等科层治理方面的一系列复杂问题，一直不敢贸然改进。具体地讲，国有商业银行在科层治理机制上存在以下问题：（1）地方政府凭"交易式干预"使科层经理人承担了政策性任务，加重了信息不对称，为科层经理人道德风险行为和内部人控制留了可乘之机。由于预算软约束和寻租收益双重激励，科层经理人存在从事道德风险活动的动机。（2）科层机构纵向多层委托代理削弱总行对分支机构的控制力和监管效率，导致激励约束机制、风险控制机制、资源配置机制和信息传导机制失灵；横向机构块状分割降低同级机构间的协调和制衡，导致利益多元、分工不明、内控不利。（3）分级授权层次过多，法人效力和经营效率低下，极易形成内部人控制，授权评价机制僵化。目前各行普遍上收权限的做法实际上是受制于僵化的科层权限配置模式的权宜之举。（4）科层激励机制在控制权激励、内外部竞争、薪酬激励、绩效考核以及培训激励方面都存在低效现象。总之，国有商业银行组织层级和类型众多，委托代理链条加长，使得产权逻辑在科层运行的传导中削弱，而且科层规模庞大使得各级行实现机会主义的概率大大提高（代理成本大大提高），委托代理矛盾突出。因此，完善国有商业银行科层治理刻不容缓，建议从以下几方面推进。

首先，国有商业银行可以建立纵向业务条线和横向层级相结合的矩阵、前台业务条线和中后台管理保障条线的矩阵，实行双向授权、双向责任，促进分支机构纵横双向的约束和制衡，缩短代理层级，提高总行的控制力、透视力和分支机构的市场响应力。然而，难点是如何处理好各业务条线与银行整体关系、各业务条线与分支行的关系以及如何对分支行的角色进行重新定位。科层组织结构改革应该循序渐进、分步实施。

其次，国有商业银行可以实施科层差异化权限配置，根据业务品种风险度大小、权力对全局的重要性、分支行的情况以及总行的战略综合权衡集权或分权的程度并适时进行调整以满足业务发展的需要。授权等级评价是差异化权限配置的依据和前提，有必要研究制订统一的授权等级评价方法和评价制度，根据统一的评价标准，对授权对象进行统一的授权。

再次，国有商业银行可以构建全方位的科层激励机制。在不断优化薪酬、经理人内部选聘、绩效考核、培训等内部激励机制的同时，培育完善外部激励环境，包括制度法律环境、金融产品市场、资本市场和职业经理人市场，利用外部市场机制让银行经理人员感受到竞争的压力，激励其努力工作，为银行创造更大的价值。

最后，国有商业银行防范科层代理风险，提高委托人监控能力须以严密的内部控制作为保障。根据国有商业银行的性质和特点，其内部控制主要是解决总分行制条件下分层次多级管理问题，而且监督控制必须具有集中性、独立性和权威性。内部控制机制的基础是纵向直接控制、横向相互制约和相向反馈的三维架构设计；内部控制的关键是彼此制衡的权力；内部控制机制的媒质是事前、事中、事后的动态反映，能够进行风险预警，实时监控反馈；内部控制机制的保障是配套体系建设，如完善内控自律机制、强化技术性支持，构建专业化的内部控制队伍等。

受文献、数据以及个人学术能力的限制，本书的研究也存在若干不足，笔者认为今后的研究仍需从以下几个方面继续展开：（1）研究方法。在今后的研究中可以进一步结合合理到位的问卷调查，设计计量模型，对国有商业银行科层治理问题进行详尽的计量实证分析。（2）研究对象。在研究对象上还可包括同级行内各层职级的管理，研究管理者和普通员工间的委托代理问题，如员工的团队合作。另外，未来的研究可以涉及委托人层面的问题，探讨科层治理中委托人多头管理的现象。此外，国有商业银行科层管理中多种串谋问题，如上下级经理人之间串谋、经理人与监管人员的串谋、同级行内部的串谋等也值得以后深入剖析。（3）研究的动态时点。在中国这样一个经济转型的国家，现实变化日新月异，研究往往跟不上现实的变化，国有商业银行改革实践不断为理论研究提供新的素材。今后应该多结合国有商业银行股份制改革后科层治理的新状况，进行更有针对性和现实性的研究。（4）研究的对策建议。今后的研究可以结合现阶段国有商业银行内部人力、物力、技术、观念等现有条件作出精细化的科层治理优化方案和进度表。

参考文献

［1］保罗·哈里森. 第三世界（苦难、曲折、希望）［M］. 新华出版社, 1984.

［2］彼得·布劳, 马歇尔·梅耶. 现代社会中的科层制［M］. 学林出版社, 2001.

［3］蔡宏图. 应用"HU"理论实现利润翻番——中国石化集团洛阳石油化工总厂的试验
［J］. 商业经济与管理, 2006（10）: 23 – 26.

［4］常琨, 杨方步. 国有商业银行管理的博弈分析［J］. 商业研究, 2003（17）: 145 – 148.

［5］陈虎城. 国有银行治理结构改造的逻辑起点与模式选择［J］. 河南金融管理干部学院
报, 2005（4）.

［6］陈四清. 我国商业银行经营性分支机构开展长效机制建设的思考［J］. 国际金融研
究, 2008（2）: 67 – 71.

［7］陈学彬. 中国商业银行薪酬激励机制分析［J］. 金融研究, 2005（7）: 80 – 98.

［8］陈郁. 所有权、控制权与激励—代理经济学文选［M］. 上海三联出版社, 1997.

［9］成克利. 经营管理中的利润分配双赢问题——谈"HU法"对策论模型的优化应用
［J］. 数学通报, 2004（3）: 34 – 36.

［10］迟名海. 我国国有商业银行实施差异化战略的具体策略［J］. 金融论坛, 2004（5）:
41 – 45.

［11］丛高, 李敏强, 寇纪淞. 利用信息技术对服务过程进行再造的研究［J］. 管理工程
学报, 1999（2）: 2.

［12］道格拉斯·诺斯. 制度、制度变迁与经济绩效［M］. 格致出版社, 2008.

［13］丁元耀. 一种企业内部经理人激励方式的模型分析［J］. 数学的实践与认识, 2006
（3）: 7 – 11.

［14］董玉华. 国有商业银行激励约束机制重塑［J］. 农村金融研究, 2005（8）: 25 – 28.

［15］窦洪权. 银行公司治理分析［M］. 北京: 中信出版社, 2005.

［16］段文斌, 袁帅. 风险分担与激励合同: 对委托—代理论的进一步检讨［J］. 南开经
济研究, 2004（5）: 21 – 27.

［17］段银第. 论中国金融制度变迁中的效用函数［J］. 金融研究, 2003（11）: 45 – 55.

［18］范钧. 区域软环境研究综述——基于企业战略管理视角［J］. 社会科学战线, 2008（9）.

［19］方春阳, 孙巍, 王铮等. 国有商业银行的效率测度及其行为特征的实证检验［J］.
数量经济技术经济研究, 2004（7）: 53 – 60.

[20] 冯继康. 论和谐社会视阈下的利益分享 [J]. 东方论坛, 2010 (1): 22 – 25.

[21] 弗里德赫尔姆·施瓦茨. 德意志银行 [M]. 华夏出版社, 2008: 12 – 26.

[22] 杭州商学院课题组. 委托人—代理人博弈确定基数的三种主要方法的比较研究 [J]. 商业经济与管理, 2000 (2): 32 – 36.

[23] 郝云宏. 我国国有企业治理模式的优化选择 [J]. 财经科学, 2005 (6): 126 – 132.

[24] 何大安. 我国公司的组织治理与市场治理 [J]. 经济学家, 2008 (4): 66 – 73.

[25] 赫国胜. 改革与完善国有商业银行内部组织结构 [J]. 上海金融, 2004 (9): 25 – 26.

[26] 胡洪力. 加快我国商业银行制度创新进程的路径分析 [J]. 特区经济, 2007 (9): 75 – 76.

[27] 胡佳, 李娟. 我国国有商业银行股份制改革后面临的问题及几点思考 [J]. 江西金融职工大学学报, 2007 (6): 39 – 41.

[28] 胡祖光, 胡月晓. 预测不良率的方法——联合基数确定法 [J]. 上海金融, 2001 (7).

[29] 胡祖光, 伍争荣. 应用型委托—代理理论研究: 管理中的基数确定问题 [M]. 杭州: 浙江大学出版社, 2000.

[30] 胡祖光, 徐冯璐. 国有商业银行分支机构设置效率研究 [J]. 金融理论与实践, 2009 (1): 3 – 7.

[31] 胡祖光. 联合确定基数合约: 对魏茨曼模型的一个改进 [J]. 经济研究, 2007 (3): 81 – 91.

[32] 胡祖光. "联合确定基数法"对策论模型——一个通俗的阐述 [J]. 商业经济与管理, 2001 (4): 8 – 12.

[33] 胡祖光. 不对称信息博弈中的委托人对策 [J]. 数量经济技术经济研究, 2000 (9): 34 – 36.

[34] 胡祖光. 不对称信息条件下的委托—代理理论的研究与实践 [J]. 数量经济技术经济研究, 1998 (5): 61 – 64.

[35] 华耀纲. 推进商业银行分支机构改革的探索 [J]. 中国金融, 2007 (23): 21 – 27.

[36] 黄贤福. 现代商业银行组织架构重组: 欧洲经验及其启示 [J]. 新金融, 2002 (6): 13 – 15.

[37] 黄宪, 牛慕鸿. 商业银行竞争力研究的新框架——以 X 效率为核心的三层次分析 [J]. 国际金融研究, 2008 (7): 25 – 33.

[38] 黄育馥. 发展中国家的政府腐败和行政改革 [J]. 国外社会科学, 1988 (9).

[39] 贾让成, 丁元耀, 唐绍祥. 未来收益不确定的委托代理基数的确定 [J]. 商业经济与管理, 2001 (8): 33 – 36.

[40] 简新华. 委托代理风险与国有企业改革 [J]. 经济研究, 1998 (9): 47 – 52.

[41] 江汕. 渣打银行矩阵式组织架构的借鉴和启示 [J]. 新金融, 2002 (12): 16 – 18.

[42] 江苏平. 引入"联合确定基数法", 利润增加三千万——北京北辰实业股份有限公司

的试验 [J]．商业经济与管理，2001 (4)．

[43] 姜波克，李军．产权组织制度的创新：中国银行改革道路的探索与反思——兼评《银行再造：浦发银行重组上市的探索与前瞻》[J]．上海金融，2001 (3)：4－6.

[44] 姜建清．国有商业银行分支机构管理问题研究 [J]．金融研究，2001 (9)：4－20.

[45] 焦道芹．关于国有商业银行授权授信情况的调查 [J]．济南金融，2008 (5)：19－21.

[46] 康蕾，段晓光．论商业银行组织架构的选择和改革 [J]．太原大学学报，2005 (2)：32－36.

[47] 拉丰，马赫蒂摩．激励理论（第一卷）委托—代理模型 [M]．中国人民大学出版社，2002：61－107.

[48] 雷雨林．日本商业银行人事制度及其变革 [J]．中国城市金融，2003 (3)：24－26.

[49] 李德全．科层制及其官僚化过程研究 [D]．浙江大学管理学院，2004：63－106.

[50] 李富国，杨智斌．商业银行：高层经营管理者激励约束机制的动态模型 [J]．当代经济科学，2004 (4)：31－35.

[51] 李靖华．模块化的多学科方法论思考 [J]．科研管理，2007 (2)．

[52] 李军杰，周卫峰．中国地方政府主导辖区经济增长的均衡模型 [J]．当代经济科学，2005 (2)．

[53] 李宋岚，刘嫦娥．基于平衡计分卡的商业银行绩效考核分析 [J]．财经问题研究，2010 (4)：76－79.

[54] 李维安，曹廷求．商业银行公司治理——基于商业银行特殊性的研究 [J]．南开学报（哲学社会科学版），2005 (1)：83－89.

[55] 李炜．加强商业银行内部控制浅析 [J]．财会研究，2009 (15)：64－66.

[56] 李垣，张完定．管理者激励组合的理论探讨 [J]．管理工程学报，2002 (3)：26－29.

[57] 厉以宁．对当前我国金融的一些看法 [J]．湖南商学院学报，2002 (5)：6－11，17.

[58] 梁颖．层级组织的经济学解释 [J]．管理科学，2004 (9)：38－40.

[59] 林毅夫，李志斌．政策性负担、道德风险与预算软约束 [J]．经济研究，2004 (2)：17－27.

[60] 林毅夫，刘培林．自生能力和国企改革 [J]．经济研究，2004 (1)：60－70.

[61] 凌华，唐弟良，顾军．公司化运作的地方政府贷款风险控制 [J]．金融研究，2006 (8)：158－164.

[62] 刘兵，张世英．企业激励机制设计与代理成本分析 [J]．系统工程理论与实践，2000 (6)：51－54.

[63] 刘兵．企业经营者：激励制约理论与实务 [M]．天津大学出版社，2002.

[64] 刘春明．国有商业银行组织机构调整的思考 [J]．上海金融，2000 (9)：23－24.

[65] 刘奎．国有商业银行的组织创新与结构设计 [J]．科技进步与对策，2000 (7)：84－85.

[66] 刘锡良，王正耀．对国有商业银行股份制改革有关问题的思考 [J]．中国金融，

2004 (11)：45 - 47.

[67] 刘晓辉，张璟．产权、竞争与国有商业银行改革逻辑 [J]．财经科学，2005 (3)：
8 - 14.

[68] 龙洪兴．二级分行扁平化改革实践 [J]．农村金融研究，2006 (1)：46.

[69] 卢鸿，贺书婕．商业银行的经营能力与组织结构调整 [J]．金融论坛，2001 (1)：
12 - 19.

[70] 鲁迪·多恩布什，佛朗西思科·吉瓦齐．化解中国的不良债权与防范金融风险 [J]．
金融研究，1999 (5)．

[71] 陆磊，李世宏．中央—地方—国有银行—公众博弈：国有独资商业银行改革的基本逻
辑 [J]．经济研究，2004 (10)：45 - 55.

[72] 吕福新．企业契约、剩余产权与企业家角色人格 [J]．商业经济与管理，2004 (7)：
41 - 44，58.

[73] 罗金生．金融制度变迁中的政治银行家 [J]．经济社会体制比较，2002 (4)：94 - 98.

[74] 马慧锋．商业银行组织体系扁平化改革分析 [J]．沈阳大学学报，2007 (2)：63 - 65.

[75] 马克斯·韦伯．经济与社会（下册）[M]．商务印书馆，1998.

[76] 米歇尔·克罗齐埃．科层现象 [M]．上海人民出版社，2002.

[77] 苗燕．农行公布股改后首份年报，披露不良资产剥离细节 [N]．上海证券报，
2009 - 4 - 27.

[78] 平新乔．中国国有企业代理成本实证分析 [J]．经济研究，2003 (11)：42 -
53 - 92.

[79] 商立平．论国有商业银行的交易成本和合约安排 [J]．财经问题研究，2005 (4)：
45 - 55.

[80] 宋林飞．西方社会学理论 [M]．南京大学出版社，1997.

[81] 宋清华，傅仲仁，林秉旋．论政府主导型国有商业银行改革 [J]．财贸经济，2008
(6)：22 - 29.

[82] 苏丹丹．论中美人力资源管理思想与实践的比较——对商业银行人力资源管理的启示
[J]．金融经济，2008 (12)：78 - 80.

[83] 孙经纬．西方学者论企业激励机制 [J]．外国经济与管理，1997 (2)：3 - 8.

[84] 孙智．日本银行如何对分支行进行绩效考核 [J]．银行家，2004 (2)：98 - 101.

[85] 唐绍祥，贾让成．确定委托代理基数的两种方法的比较研究 [J]．经济理论与经济
管理，2002 (3)：121 - 123.

[86] 陶厚永，刘洪，吕鸿江．组织管理的集权—分权模式与组织绩效的关系 [J]．中国
工业经济，2008 (4)：82 - 91.

[87] 童卫华．我国国有企业高管人员报酬：控制权激励观 [J]．经济学家，2005 (6)：
53 - 57.

[88] 王宝成，陈华．委托—代理框架下激励问题的理论综述 [J]．特区经济，2005

(5) .

[89] 王昌林. 企业授权激励与物质激励 [J]. 重庆工商大学学报（社会科学版），2006 (2).

[90] 王华. 中国商业银行激励机制与绩效管理研究 [M]. 北京：中国市场出版社，2008：140 – 147.

[91] 王淑贤，李德志. 委托—代理模型及其在商业银行中的应用 [J]. 商业经济与管理，2007 (5)：54 – 59.

[92] 王霄勇. 集权、分权与国有商业银行事业部改革 [J]. 农村金融研究，2005 (9)：22 – 24.

[93] 王元龙. 中国国有商业银行股份制改革研究 [J]. 金融研究，2001 (1)：89 – 98.

[94] 魏斌，汪应洛. 知识创新团队激励机制设计研究 [J]. 管理工程学报，2002 (3)：116 – 118.

[95] 翁君奕. 延迟或有性报酬与国企激励机制重构 [J]. 经济学家，1999 (4)：47 – 51.

[96] 吴国联，周荣俊. 宏观调控背景下基层政府过度负债与银行科学授信——基于政府类大额贷款的调查 [J]. 浙江金融，2008 (4)：23 – 25.

[97] 吴金旺. 资本市场对上市银行公司治理机制的影响研究 [J]. 海南金融，2010 (2)：2 – 4.

[98] 吴旺延. 建立国有商业银行法人授权等级评价体系的思路 [J]. 金融问题研究，2006 (2)：56 – 58.

[99] 吴新博. 信息不对称条件下委托—代理关系的主要问题 [J]. 北京师范大学学报（社会科学版），2005 (4)：114 – 118.

[100] 吴一平. 经济转轨、契约设计与银行改革——基于多任务委托—代理理论的经济学分析 [J]. 山西财经大学学报，2007 (2)：107 – 113.

[101] 贤成毅，覃合. 地方政府激励约束缺陷视角下的国有银行预算软约束 [J]. 改革与战略，2007 (9)：54.

[102] 肖刚. 基于科层治理理论的国有银行治理改革研究 [D]. 上海：复旦大学经济学院，2006：8 – 9.

[103] 肖刚. 我国国有商业银行委托代理关系之博弈分析 [J]. 金融经济，2006 (10)：115 – 116.

[104] 谢平，焦瑾璞. 中国商业银行改革 [M]. 经济科学出版社，2002.

[105] 谢平，陆磊. 国有商业银行公司治理结构专论 [M]. 北京：中国财政经济出版社，2002：35 – 37.

[106] 谢识予. 经济博弈论（第二版）[M]. 上海：复旦大学出版社，2002.

[107] 谢识予. 有限理性条件下的进化博弈理论 [J]. 上海财经大学学报，2001 (10)：3 – 9.

[108] 星星. 改革政府——20 世纪末的政治旋风 [M]. 经济管理出版社，1998.

［109］熊继洲．国有商业银行层级组织缺陷及建构［J］．经济体制改革，2004（6）：87－91.

［110］许国平，陆磊．不完全合同与道德风险［J］．金融研究，2001（2）：30－43.

［111］许学军．现代商业银行绩效考核和激励机制［M］．上海财经大学出版社，2008：22－23.

［112］闫伟．国有企业经理道德风险程度的决定因素［J］．经济研究，1999（2）：5－14.

［113］杨德勇．金融产业组织研究［M］．中国金融出版社，2004.

［114］杨军，姜彦福．国有商业银行改革的关键：完善银行治理结构［J］．清华大学学报，2003（3）：50－55.

［115］姚瑜琳．我国商业银行组织架构改革目标模式与路径选择［J］．金融研究，2008（4）：94－101.

［116］叶永刚，顾京圃．中国商业银行内部控制体系研究、设计与实施［J］．中国金融出版社，2003（11）：7－48.

［117］易纲，赵先信．中国的银行竞争：机构扩张、工具创新与产权改革［J］．经济研究，2001（8）：25－32.

［118］殷雷．国有商业银行组织结构的缺陷及其改进［J］．金融研究，2002（7）：96－101.

［119］俞乔，赵昌文．政治控制、财政补贴与道德风险：国有银行不良资产的理论模型［J］．经济研究，2009（6）：73－83.

［120］岳中志．非对称信息条件下的企业经营者激励契约设计［J］．数量经济技术经济研究，2005（2）：51－56.

［121］曾康霖，高宇辉．中国转型期商业银行公司治理研究［M］．北京：中国金融出版社，2005.

［122］曾康霖．商业银行：选择何种金融制度［J］．金融信息参考，2000（1）.

［123］曾康霖．企业治理结构与特派员制度探讨［J］．经济学家，1999（5）：33－37.

［124］张杰．中国金融制度选择的经济学［M］．中国人民大学出版社，2007.

［125］张力升．中国需要好银行：马蔚华与招商银行［M］．中央编译出版社，2009.

［126］张维迎．博弈论与信息经济学［M］．上海：三联书店，2005.

［127］张维迎．公有制经济中的委托人—代理人关系：理论分析和政策含义［J］．经济研究，1995（4）：10－20.

［128］张维迎．企业的企业家契约理论［M］．上海人民出版社，1995.

［129］张文．中国商业银行治理机制问题博弈分析［D］．上海：上海财经大学金融学院，2004.

［130］张新．债权契约与股权契约下的国有银行治理比较［J］．财经科学，2004（5）：280－282.

［131］张新．论我国银行业的产业组织结构改革［J］．海南金融，2004（6）：19－21，9.

［132］张延军．股份制商业银行发展策略探析［J］．中央财经大学学报，2003（4）：35－40.

[133] 张勇，吴传文. 有限执行假设下对最优契约的扩展模型研究 [J]. 运筹与管理，2005 (1)：123 – 127.

[134] 张政军. 多级委托代理关系与国有企业改革 [J]. 学术研究，1998 (2)：38 – 42.

[135] 张志祥. 间断动力系统的随机扰动及其在守恒律方程中的应用 [D]. 北京：北京大学数学学院，1998：55 – 59.

[136] 赵昕等. 基于 DEA 的商业银行竞争力分析 [J]. 数量经济技术研究，2002 (9)：86 – 89.

[137] 赵永乐，王均坦. 商业银行效率、影响因素及其能力模型的解释结果 [J]. 金融研究，2008 (3)：62 – 73.

[138] 郑良芳. 国有商业银行股份制改造探讨 [J]. 农村金融研究，2004 (1).

[139] 郑先炳. 解读花旗银行 [M]. 北京：中国金融出版社，2005.

[140] 郑先炳. 解读摩根大通银行 [M]. 中国金融出版社，2008.

[141] 郑泽华，王钮. 国有商业银行组织结构的战略调整 [J]. 海南金融，2000 (7)：25 – 27.

[142] 中国建设银行研究部课题组. 中国商业银行发展报告 [M]. 北京：中国金融出版社，2008.

[143] 钟伟，宛圆渊. 预算软约束和金融危机理论的微观建构 [J]. 经济研究，2001 (8)：44 – 52.

[144] 周建松，郭福春. 中国商业银行实行股票期权激励机制研究 [J]. 金融研究，2004 (11)：41 – 49.

[145] 周素彦. 国有商业银行激励约束机制改革初探 [J]. 金融教学与研究，2004 (1)：18 – 20.

[146] 朱南，卓贤等. 关于我国国有商业银行效率的实证分析与改革策略 [J]. 管理世界，2004 (2)：19 – 27.

[147] 朱正元. 商业银行治理结构问题 [M]. 经济学消息报，2000 (3).

[148] 邹新，马素红. 国有商业银行分支机构调整战略及规划探析 [J]. 金融论坛，2004 (3)：46 – 51.

[149] Aghion P, Tirole J. Formal and Real Authority in Organizations [J]. *Journal of Political Economy*, 1997, 105 (1)：1 – 29.

[150] Akerlof G. The Market for 'Lemons': Qualitative Uncertainty and the Market Mechanism [J]. *Quality Journal of Economics*, 1970, 84：488 – 500.

[151] Alchian, Armen A. and Demsetz Harold. Production, Information Costs, and Econometric Organization [J]. *American Economic Review*, 1972, 62：777 – 795.

[152] Arun T G and Turner J D. Corporate Governance of Banks in Developing Economies: Concepts and Issues [J]. *Corporate Governance: An International Review*, 2004 (12)：371 – 377.

[153] Aslh Demirgiiu – Kunt Ross Levine. Bank – Based and Market – Financial systems [J]. *The World Bank Development Research Group Finance*, 1999.

[154] Baker G, Gibbons R and Murphy K J. Subjective Performance Measures in Optimal Incentive contracts [J]. *Quarterly Journal of Economics*, 1994, 11 : 1125 – 1155.

[155] Bemheim D and Whinston M. Common Agency [J]. *Econometric*, 1986, 54 (4): 923 – 942.

[156] Berglof E, Roland G. Soft Budget Constraints and Banking in Transition Economics [J]. *Journal of Comparative Economics*, 1998, 26 (1): 18 – 40.

[157] Berle, Adolf A and Means Gardiner C. The Modern Corporation and Private Property [M]. New York: Macmillan Publishing Co, 1932.

[158] Biglaiser G. and Mezzetti C. Principals Competing for all Agent in the presence of Adverse Selection and Moral Hazard [J]. *Journal of Economic Theory*, 1993, 61: 302 – 330.

[159] Caprio, G. Jr and Levine R. Corporate Governance of Banks: Concepts and International Observations, paper presented in the Global Corporate Governance Forum research Network Meeting, 2002, April, 5.

[160] Dewatripont M and Maskin E. Contractual Contingencies Renegotiation [J]. *Rand Journal of Economics*, 1995, 76: 704 – 719.

[161] Dewatripont M, Jewitt I and Tirole J. The Economics of Career Concerns, Part I: Comparing Information Structures [J]. *Review of economic studies*, 1999, 66: 183 – 201.

[162] Dewatripont M. Renegotiation and Information Revelation over Time in Optimal Laber Contracts. On the Theory of Commitment with Application to the Labor Market [D]. Harvard University, 1986.

[163] Dewatripont M. Renegotiation and Information Revelation over Times: The Case of Optimal Labor Contracts [J]. *Quarterly Journal of Economics*, 1989, 104: 489 – 620.

[164] Dixit A, Grossman G and Helpman E. Common Agency and Coordination: General Theory and Application to Government Policy Making [J]. *the Journal of Political Economy*, 1997, 105 (4): 752 – 769.

[165] Fama, Eugene F. Agency Problems and the Theory of the Firm [J]. *Journal of Political Economy*, 1980, 88: 283 – 307.

[166] Gibbons R and Murphy K. Optimal Incentive Contracts in the Presence of Career Concerns: Theory and Evidence [J]. *Journal of Political Economy*, 1992, 100: 468 – 505.

[167] Grady D B. Operation and Management of Commercial Banks [M]. Beijing: China Financial Publishing House, 1991.

[168] Grossman S, O Hart. An Analysis of the Principal – Agency Problem [J]. *Econometrics*, 1983, 51 (1): 7 – 45.

[169] Hammer M. Beyond Reengineering how the Process – Centered Organization is Changing

Our Work and Our Lives [M]. Harper Collins Publishers, Inc., 1996.

[170] Harris and Raviv. Optimal Incentive Contracts with Imperfect Information [J]. *Journal of Economic Theory*, 1979, 20: 321 – 331.

[171] Harro M. Hopfl. Post – bureaucracy and Weber's "modern" bureaucrat [J]. *Journal of Organizational Change Management*, 2006, 19: 18 – 21.

[172] Hensel, Nayantara D. Strategic Management of Cost Efficiencies in Networks: Cross – country Evidence on European Branch Banking [J]. *European Financial Management*, 2003 (9): 333 – 360.

[173] Holmstrom B and Milgrom P. Multi – task principal – agent analyses: incentive contracts, asset ownership and job design [J]. *Journal of law, Economics and organization*, 1991, 7: 24 – 52.

[174] Holmstrom B. Moral Hazard and Observables [J]. Bell Journal Economics, 1979, 10 (1): 74 – 91.

[175] Holmstrom B. Moral Hazard in Team [J]. *Bell Journal of Economics*, 1982, 13: 324 – 340.

[176] Holmstrom Bengt. Managerial Incentive Problem – A Dynamic perspective [J]. *Review of Economic Studies*, 1999, 66: 169 – 182.

[177] James R Barth, Gerard Caprio Jr and Ross Levine. Bank Regulation and Supervision: What Works Best? *Working Paper* 9323 [Z]. Cambridge: NBER, 2002.

[178] Jenson M, W meckling. Theory of the firm: managerial behaviors, agency costs and ownership structure [J]. *Journal of Financial Economics*, 1976, 3: 305 – 360.

[179] Johannes M P. Structural Contingency Theory: A Reappraisal [J]. *Research in Organizational Behavior*, 1992, 14: 267 – 309.

[180] Kofman F and Lawarree J. A Prisoner's Dilemma Model of Collusion Deterrence [J]. *Journal of Public Economics*, 1996 – 1.

[181] Kofman F and Lawarree J. On the Optimality of Allowing Collusion [J]. *Journal of Public Economics*, 1996 – 3.

[182] Kreps D and Wilson R. Reputation and Imperfect Information [J]. *Journal of Economic Theory*, 1982, 22.

[183] Kreps, David. A course in microeconomics, chapters17 – 18 [M]. Princeton University Press, 1990.

[184] Laffont J J and Meleu M. Enforcement of Contracts with Adverse Selection in LDCs. Mimeo. IDEI, Toulouse. 2000.

[185] Laffont J J. Analysis of Hidden Gaming in a Three Level Hierarchy [J]. *Journal of Law and Economic Organization*, 1990, 6: 301 – 324.

[186] Laffont J. and Tirole J. Using Cost Observation to Regulate Firms [J]. *Journal of Politi-

cal Economy, 1986, 94: 614 – 641.

[187] Laussel D and Breton M. Conflict and Cooperation: the Structure of Equilibrium Payoffs in common Agency [J] . *Journal of Economic Theory*, 2001, 100: 93 – 128.

[188] Lazear E, Rosen S. Rank – order tournaments as optimum labor contracts [J] . *Journal of Political Economy*, 1981, 89 (5): 841 – 864.

[189] Lindgren C J G, Garcia and Saal M I. Bank Soundness and Macroeconomic Policy, International Monetary Fund, Washington, D. C, 1996.

[190] Macey J R. and Hara M O. The Corporate Governance of Banks [J] . *Economics Policy Review*, 2003 (9): 91 – 107.

[191] Martimort D and Stole L. Market Participation under Delegated and Intrinsic Common Agency Games [J/OL] . (2004 – 12 – 19) [2005 – 04 – 12] http: // econ. ucalgary. ca/ research / stoleseminar. pdf.

[192] Martimort D and Stole L. The Revelation and Delegation Principals in Common Agency Games [J] . *Econometric*, 2002, 70: 1659 – 1674.

[193] Melumad N, Mookherjee D&Reichelstein S. Contract complexity, incentives, and the value of delegation [J] . *Journal of Economics and Management Strategy*, 1997, 6 (2): 258 – 288.

[194] Mezzetti C. Common Agency with Horizontally Differentiated Principals [J] . *The Rand Journal of Economics*, 1997, 28 (2): 323 – 345.

[195] Mirrlees J. Notes on welfare economics, information, and uncertainty [J] . *Journal of Political Economy*, 1971, 79 (6): 1278 – 1292.

[196] Myerson R. Optimal auction decision [J] . *Mathematicas of Operaions Research*, 1981, 6: 58 – 73.

[197] Paul Wachtel. Institutional Development, Financial Deepening and Economic Growth: Evidence from China. BOFIT Discussion Papers, 2006.

[198] Penny Ciancanelli and Jose Antonio. Corporate Governance in Banking: AConceptual Framework, Working Paper [Z] . Glasgow: Department of Accounting and Finance, University of Strathclyde, 2002.

[199] Qian Y. Incentives and loss of control in optimal hierarchy [J] . *Review of Economic Studies*, 1994, 61 (3): 527 – 544.

[200] Richard Podpiera. Progress in China's Banking Sector Reform: Has Bank Behavior Changed? [N] *IMF Working Paper*, 2006.

[201] Robert K. Merton. Bureaucratic Structure and Personality [M] . in Social Theory and Social Structure, 3rd ed. New York: Free Press, 1958: 249 – 260.

[202] Robert K. Merton. Bureaucratic Structure and Personality [M] . in Social Theory and Social Structure, 3rd ed. New York: Free Press, 1958: 249 – 260.

[203] Roland G and Sekkar K. Managerial Career Concern, Privatization and Restructuring in Transition Economies [J]. *European Economic Review*, 1999.

[204] Ross Levine. The Corporate Governance of Banks: A Concise Discussion of Concepts and Evidence, Working Paper 3403 [Z]. Washington, D. C.: World Bank, 2004.

[205] Ross S. The Economic Theory of Agency: The Principal's Problem [J]. *American Economic Review*. 1973, 63: 134 − 139.

[206] Seal, Gary. Branching Continues to Thrives as the U. S. Banking System Consolidates. Federal Deposit Insurance Corporation FYI, October 20, 2004.

[207] Sinclair − Desgagne B. Incentives In Common Agency [J]. *CIRANO Scientific Series*, 2001.

[208] Spence, M, R. Zechhauser. Information and Individual Action [J]. *American Economic Review*. 1971, 61: 380 − 387.

[209] Stephen Letza, James Kirkbride, Xiuping Sun and Clive Smallman. Hierarchy governance theorizing: limits, critics and alternatives, international [J]. *Journal of Law and Management*, 2008, 50 (1): 17 − 32.

[210] Thorsten Beck and Luc Leaven. Institution Building and Growth in Transition Economies [J]. *The World Bank*, Working Paper, 2005.

[211] Tirole, Jean. Theory of industrial organization, chapter2, 3, 9 [M]. MIT Press, 1988.

[212] Wai Chun. China's Gradualism in Banking Reform [D]. *The Open University of Hong Kong*, 2001.

[213] Weitzman M L. The "Ratchet Principle" and performance Incentive [J]. *Bell Journal of Economics*, 1980, 11: 251 − 256.

[214] Williamson O E. The economic of Capitalism: Firms, Markets, and Relational Contracting [M]. New York: The Free Press, 2000: 285 − 313.

[215] Wilson R. The Structure of Incentives for Decentralization under Uncertainty [J]. *La Decision*, 1968, 171.